2017战略与管理丛书

战略与管理 2017 ①

Strategy and Management

东北振兴

中国战略与管理研究会 / 主编

中国发展出版社
CHINA DEVELOPMENT PRESS

图书在版编目（CIP）数据

战略与管理 . 1, 东北振兴 / 中国战略与管理研究会主编 .
北京 : 中国发展出版社 , 2017.3
ISBN 978-7-5177-0662-5
Ⅰ . ①战… Ⅱ . ①中… Ⅲ . ①国情 – 中国 – 丛刊②区
域经济发展 – 研究 – 东北地区 Ⅳ . ① D6-55 ② F127.3
中国版本图书馆 CIP 数据核字 (2017) 第 057123 号

战略与管理 1：东北振兴

总　编　辑：秦朝英　　执 行 主 编：郭琼虎
编辑部主任：蒋湘陵　　专题部主任：连　乐
研究部主任：林官宝
特 邀 编 辑：陈璧生　梅剑华　杨秀娟　厉克奥博　阎小骏　曹勉之　余　露　张在成

责 任 编 辑：宋东坡　范鹏宇　　封 面 设 计：樊　俊
版 式 设 计：樊　俊　　责 任 印 制：杨向辉

出版发行：中国发展出版社
地　　址：北京市西城区百万庄大街 16 号 8 层　邮政编码：100037
电　　话：(010)68990646　68990692　购书热线：(010)68990682　68990686
网络订购：http://zgfzcbs.tmall.com　网购电话：(010)68990639　88333349
网　　址：http://www.develpress.com.cn
E-mail：cheerfulreading@sina.com

经销：全国各地新华书店
印刷：北京时捷印刷有限公司
本书如有破损、缺页、装订错误，请与本社联系调换

开本：787mm × 1092mm　1/16
字数：216 千字　　印张：19.75
版次：2017 年 3 月第 1 版　　印次：2017 年 3 月第 1 次印刷
书号：ISBN 978-7-5177-0662-5

定价：48.00 元

编者前言

近年来，东北经济再显疲态，发展未如人意，个别省份的GDP增速仍然在全国末游徘徊。作为重要工业基地和国家大粮仓，东北地区在共和国的版图上举足轻重。中国的版图像一只雄鸡，东北是雄鸡的头部。今年正好是鸡年，雄鸡报晓，东北的振兴对整个中国的意义都很大。2016年全国两会期间，习近平总书记在黑龙江省代表团参加审议时指出，振兴东北要扬长避短、扬长克短、扬长补短，向经济建设这个中心聚焦发力，打好发展组合拳，奋力走出全面振兴新路子。我们必须拿出当年“闯关东”的精神，发挥创造力与实干精神，让东北重振雄风、再创辉煌，才不负总书记的谆谆教导、殷殷期望。为此，本期特别刊发一组关于东北振兴的文章，以期抛砖引玉，为东北的振兴谋良策、出实招。

“振兴东北”是进入21世纪以来国家提出的重大战略。从2003年中共中央、国务院第一次提出“振兴东北”，到2016年再次提出“全面振兴东北”，东北处在极其艰难的历史性“爬坡”过程中。东北振兴，事关全国经济发展和转型升级的大局，事关一亿多东北人乃至更多人的福祉。常修泽教授长期关注东北改革与发展，一直怀有难以割舍的“东北情结”，曾发表过多篇有影响力的研究东北问题的论作。本期的这篇《东北振兴战略新论》，从东北“大历史”、东北亚“大棋局”和中国发展改革开放“大格局”出发，对东北的战略地位作了高屋建瓴的分析；文中根据作者实际调查所得，并运用大量最新的数据资料，对东北问题的三大症结特别是体制上“沉重的翅膀”，作了鞭辟入里的剖析；在此基础上，常教授提出了有针对性的三大战略：国企增强活力与民企做大做强的“两翼齐飞”战略，对外开放与区域发展“内外贯通”战略，政府、企业家和民众的“金三角”结构支撑战略。文章的底蕴深厚，观点独到，资料详实新鲜，语言也比较活泼，是一篇研究东北问题的力作，极具参考价值。

国企改革是东北振兴的重头戏，是影响东北转型改革的关键所在。目前，东北国有经济占比偏高，国企改革与经济结构调整、经济转型升级紧密相连，牵一发而动全身。迟福林先生认为，国企改革不率先破题，全面振兴东北将困难重重。他的建议是，适应制造业转型升级的需求，以调整国有资本布局为目标，以发展混合所有制为重点，加快推动东北国资国企改革进程。无论从当前还是从中长期发展看，也必须同时提振东北民营经济的发展信心，防止民间投资断崖式下降，尽快使民营经济成为东北全面振兴的主力军之一。

产业结构问题是东北老工业基地的痼疾，是造成当前东北经济增长乏力的重要原因。东北地区产业结构的主要问题，是没有跟上 20 多年来国内产业演化的趋势，仍然以传统产业为主，新兴产业和大规模消费品工业发展滞后。这样的产业结构延续至今，始终没有产生根本性转变。李凯教授和高宏伟助理研究员发现，过度依赖重工业的发展路径不仅是当前东北经济增长乏力的主要原因，同时也产生了对东北经济发展影响深远的一系列问题。因此，对东北产业结构调整问题的复杂性和长期性要有充分的认识。必须从根本上解决产业结构问题，实现东北区域产业结构尤其是工业结构的深度调整，才能出现东北振兴的新局面。

年轻的人口结构是经济的支柱，东北衰退的核心原因之一是人口因素。东北的 20-39 岁常住人口占全国的比例在 1982 年就开始下降，从 1981 年的 10. 1% 下降到 2010 年的 8. 1%、2015 年的 7. 6%。这并非全是人口外流所致，长期的低生育率也不容忽视。东北民众已经完全习惯了一胎化政策，少生的观念已经根深蒂固。易富贤先生指出，振兴东北要从振兴人口入手，生育率应该成为振兴东北的一个重要评估指标。只有当人口恢复了可持续发展能力，才意味着东北的经济走向了可持续之路。老化的东北应该“养生”，应该优化经济结构，力求如德国那样在恶劣的人口结构下仍能维持经济的增长。如果东北能够探索出有效的“养生”之道，对全国也有借鉴意义。

“十三五”规划提出创新、协调、绿色、开放、共享五大发展理念。落实新的发展理念，必然面临着适度扩大总需求稳增长和着力推进供给侧结构性改革的双重任务。究竟是“改革优先”还是“景气优先”，恐怕是决策层乃至全社会十分纠结而又往往难以取舍的两难选择。孔泾源先生认为，近些年内，经济下行的压力还难以得到根本缓解，在景气追求中渐进式地推进供给侧结构性改革，仍然是可以预见的改革和发展政策选择。为避免双重目标的彼此冲突或顾此失彼，需要选择那些与经济景气相互兼容、既能缓解燃眉之急又能适应长远之计的供给侧结构性改革政策。

农业供给侧结构性改革，不仅仅只是农业内部的结构性调整，更是一次理念的变革、制度的变革、思维方式的变革，需要宏观层面的大战略、大思维、大逻辑。刘奇先生指出，以三产融合、三物并重、三域齐抓、三利共谋的理念重构农业发展战略，是农业供给侧结构性改革的大逻辑。只有这样，农民才能增收，农村才能致富，农业才能发展。

经过十几年的发展，作为补充养老保险的企业年金制度不断成长，取得了令人瞩目的成就。但企业年金制度存在一些问题，尤其是参与率仍然太低。参与率难以扩大的最大障碍，来自于某些制度设计的陈旧过时及其存在的诸多瑕疵。采取系列改革措施来提高企业年金的参与率，是构建多层次混合型社会保障制度的重要任务。郑秉文研究员的文章，考察了企业年金参与率太低的主要原因及其后果，提出了扩大参与率所必须采取的五项核心措施和五项辅助措施，详述了实施这些改革措施应该注意的问题。他指出，企业年金参与率如果不能得到有效提高，基本养老保险必将承受巨大压力，这将不利于为企业减负，不利于经济发展，不利于提高老百姓的获得感。因此，我们应将国际化的视野胸怀与中国本土的具体国情结合起来，努力提高企业年金参与率，稳步推进社会保障体系改革。

美国总统特朗普自竞选之时起，其言行就争议不断。特朗普之所以能赢得胜利，是因为底层民众对美国式确定性的厌弃，转而选择了不确定性。他们基本上是过去 40 多年来美国经济高速发展中的落伍者，是被甩下车的群体。这部分人被特朗普及其团队充分动员了起来。特朗普是个成功商人，但这并不确保商人治国也会成功。特朗普已表现出反全球化倾向，很可能在贸易领域对全球宣战，至少会跟中国拉开搞贸易战的架势。乔良将军认为，我们最好的应对策略是以静制动，而非以动制静。不过，虽然中国宜静不宜动，但也不能掉以轻心，必须提前做好各种准备。

“积力之所举，则无不胜也；众智之所为，则无不成也。”在民族复兴的新征程上，只要我们始终保持闯的勇气、干的实劲，开拓创新，狠抓落实，就一定能够谱写时代的新篇章，为全面建成小康社会、实现“两个一百年”奋斗目标作出新贡献。尤其是当前经济社会处于转型升级、爬坡过坎的关键阶段，我们必须保持战略定力，敢于担当，全面落实创新、协调、绿色、开放、共享的发展理念，以全面深化改革激发动力，以全方位务实开放拓展空间，在攻坚克难中开创新局，让人民更幸福，让世界更美好，让人类命运共同体早日实现。

目　录

东北振兴

经济战略

政制之道

目　录

国际关系

历史研究

文化与哲学

国家治理

东北振兴战略新论

常修泽

引言：难以割舍的“东北情结”

“振兴东北”是进入21世纪以来国家提出的重大战略。从2003年中共中央国务院第一次提出“振兴东北”，到2016年再次提出“全面振兴东北”，东北处在极其艰难的历史性“爬坡”过程中。东北振兴，从经济发展角度研究，事关全国经济发展和转型升级的大局，从人本主义角度研究，事关1亿东北人乃至相关更多人的福祉。全国民众、海外炎黄子孙以及国际人士对中国东北的发展及其战略寄予厚望。

笔者关注东北，非自近年始。1979年，即实行改革开放的第一年，当时的国务院财经委员会曾组织了一个“经济结构调查组”，由著名经济学家于光远和马洪两位先生领衔，对中国经济的深层结构及其体制进行调查。那年，笔者刚刚进入南开大学经济研究所从事理论研究，被临时借调到国务院财经委“经济结构调查组”，恰被分到“东北结构调查组”。1979年10月到12月底，笔者在冰天雪地调研了70多天，获大量一手材料。[1]调查完成后，除以调研组的名义撰写有关调查报告并上报外，回校后经理论升华撰写了两篇学术论文：一篇是探讨“所有制结构”的，题为《长期并存 比翼齐飞》；[2]一篇是探讨“可持续发展”的，题为《“竭泽而渔”后患无穷——经济工作中一个值得重视的问题》。[3]此后，笔者又数十次前往东北调研、讲学或出席会议，一直怀有一种难以割舍的“东北情结”。

37 年过去，今天重读 1980 年那两篇东北论文，不禁百感交集。当初盼望国有与非国有经济能“长期并存，比翼齐飞”，但时至今日，东北所有制结构依然颇不平衡，“比翼齐飞”之势尚未形成；至于当年发去的警示“‘竭泽而渔’，后患无穷”，则不幸被言中，东北经济出现了“后患”，甚至成为国家的“心腹之患”。

2015 年夏，中央领导到东北吉林考察。此时笔者恰好在吉林长白山区与几位博士“论道”，后沿着考察路线，从延吉的敖东制药出发，到吉林、辽宁进行了实地调研（后又到黑龙江）。调研之中深感东北问题之复杂。回京后完成研究报告《“再振兴”东北战略思路探讨》，提交第一届“东北振兴论坛”（2015 年 10 月），并上报国家主管部门。应中国战略与管理研究会之邀请，于 2015 年 10 月 16 日在钓鱼台国宾馆作了关于“‘再振兴’东北战略思路探讨”的报告。此后该报告在《人民论坛》2015 年第 11 期发表，为有关部门决策提供理论支撑。[4]

2016 年 2 月 6 日，中共中央国务院《关于全面振兴东北地区等老工业基地的若干意见》作为 7 号文件内部印发，4 月 26 日新华社授权公开发布。此中央文件下达后，围绕新阶段东北全面振兴、尤其是走出困境的问题，笔者先后赴东北 5 次调查。2017 年 1 月 31 日，《经济日报》（理论·智

[1] 见李连第主编：《中国经济学希望之光》，经济日报出版社，1991 年 11 月版。

[2] 常修泽：《长期并存 比翼齐飞》，《人民日报》理论版，1980 年 5 月 9 日。

[3] 常修泽：《“竭泽而渔”，后患无穷——经济工作中一个值得重视的问题》，载《南开学报》1980 年第 4 期，《光明日报》在《百家争鸣》栏转载（1980 年 8 月 17 日）。

[4] 常修泽：《“再振兴”东北战略思路探讨》，载《人民论坛》，2015 年第 11 期。

库版）发表了笔者的《东北振兴应瞄准国企攻坚》和调研手记《对东北改革发展的四点建言》，引起有关方面关注，也引起讨论。但这两篇文章重点只是论及国企改革问题，尚未达到“整体战略”层面。现根据自己实际调查所得，并运用东北振兴有关统计数据（2003-2016年）和其他最新资料，就新阶段东北振兴战略问题进行再探讨，故题为“东北振兴战略新论”。

一、东北的战略地位

在分析东北的战略地位及其战略构思前，先界定一下“东北”的内涵，了解其基本的情况。根据中央文件精神，“东北”的范围包括辽宁、吉林、黑龙江三省以及内蒙古自治区的东部五市盟（呼伦贝尔市、兴安盟、通辽市、赤峰市和锡林郭勒盟）。区域总面积148.23万平方公里，占全国（960万平方公里）的15%；人口1.22亿人，占全国（13.75亿人）的9%；2015年经济总量（GDP）6.49万亿元，占全国GDP总量（68.9万亿元）的9%。[1]笔者研究东北以“三省五盟”为视野，但有些方面因缺乏内蒙古东部五市盟的具体数据，故分析“东北”多以东北三省代之。

（一）从东北大历史看战略地位

笔者从上世纪80年代始，先后参观了辽吉黑三省“省博”以及相关地市州博物馆，深深感到东北地区是中华文明的发祥地之一。在黑龙江博物馆看到一张东北地区与中原地区朝代对应表，由此表和其他历史资料得知，东北历史源远流长。笔者认为东北历史可分为4个阶段，具体如下：[2]

---

[1] 本文所引有关数据除个人调查或有专门说明外，均引自有关年度《中国统计年鉴》，不再一一做注。

[2] 本节4阶段历史部分资料，源自辽宁吉林黑龙江三省历史博物馆文字资料。

1. 古代：从“楛矢石砮”到大清“龙兴地”

早在夏商周时期，此地就有肃慎、东胡、华夏等民族。到春秋战国时期与中原地区人员物品往来进一步密切。笔者在黑龙江博物馆看到《孔子世家》记载的一个“楛矢石砮”的历史事实：楛是桦木，“楛矢石砮”是用桦木制作的箭杆、用石头制作的箭头。孔子时，“有隼集于陈庭”（有两只大雁被箭射中落于陈国庭前），“楛矢贯之，石砮长尺有咫”，陈国的“陈湣公使问仲尼”，子曰：“隼来远矣，此肃慎之矢也”。从孔夫子回答可见：在遥远的中国北方，有个使用“楛矢石砮”的古老民族——肃慎族（近年有人提出在长白山建“矢石”古文化园）。此后，经高句丽、渤海国、辽金元、明朝建立卫所，直到努尔哈赤建立后金，1636 年皇太极改国号为大清。东北乃大清帝国的“龙兴之地”也。

2. 近代：帝国列强争夺的“肥肉”

鸦片战争后，东北成为帝国列强争夺的一块肥肉。最早的不平等条约《瑷珲条约》和《北京条约》，使沙皇俄国强占了中国黑龙江以北、乌苏里江以东 100 多万平方公里的土地，致使今日东北人民仍难以释怀。

为防止沙俄进一步蚕食东北，咸丰帝决定“开禁放垦”、移民实边（1860年），形成东北历史上第一波“闯关东”潮，东北人口迅速膨胀，打下了日后发展的人力基础。此后，经中日甲午战争、日俄战争等，造成东三省“纵横千里，几同赤地”。进入 20 世纪后，东北地区工业开始启动，外国资本竞相进入设厂开矿，近代科学技术、生产设备和经营手段传入东北。1907 年，清政府分设奉天、吉林、黑龙江三省，“东三省”之名至今已逾百年。

3. 现代：中国“十四年抗战”标志地

辛亥革命后满清覆灭，军阀混战，东北进入张作霖统治时期。此时东北工业化水平逐步提高，20 世纪 20 年代末超过长江流域。后“九一八”爆发，东北进入长达 14 年的抗日战争时期。2017 年初，国家教育部下发通知，要求各级各类教材原 “八年抗战”说法将不再出现，新教材改为 “十四年抗战”。依据何在？东北即是中国“十四年抗战”的标志之地。同时，为战争需要，日本侵略者也把重工业作为主导产业，全力扩大生产，使东北重工业急剧膨胀。1945 年日军投降，中共控制东北大部分地区。据统计，1945 年在全中国工业总产值中，东北占 85%，超过日本。

4. 当代前期：“计划经济的大本营”

1949 年之前东北先行解放，故谋划发展最早。建政伊始，中央选定东北作为新中国第一个重要工业基地。苏联援建的 156 个项目 1/3 以上在东三省，形成了辽宁以钢铁、机械制造为主，吉林以化学工业为主，黑龙江以机械、电力工业和军事工业为主的产业格局。与此同时，因当时没有经验可依，便把苏联的模式最早移植过来，东北逐步成为“计划经济的大本营”。全国计划经济体制首先在东北创建并推行，逐步形成了一套完备的计划经济体制，使东北与计划经济结下实质性“不解之缘”。就在这个“新中国的工业摇篮”和“中国计划经济的大本营”里，摇出了共和国的“长子”，成就了往日之辉煌，同时也积累下今日的矛盾。

（二）从东北亚大棋局看战略地位

东北所在的东北亚地区，一直以来是大国博弈和冲突之地。美国总统特朗普上台后，东北亚大国关系变得更加复杂。新变局、新情况无疑会对东北地区的战略地位及其政治经济格局产生新的影响。当前，东北地区面临着与之相联系的几股势力博弈。

1. 结盟的美日韩与东北

特朗普上台后，总的看，在美国的主导下，美日韩不仅同盟，而且可能将不会放弃遏制中国的政策。最新动态表明，日本安倍政权依然致力于将自己的安全与美国利益捆绑。特朗普虽然退出 TPP，但美日同盟的基本战略价值并未消除，从国务卿蒂勒森和防长马蒂斯相继访问来看，美日之间将继续维护《美日安全保障条约》，并再次确认钓鱼岛适用于该条约第五条，显然是在给日本打“强心针”。美韩之间，据称将如期在韩部署“萨德”防御系统。在东北亚问题上，特朗普将延续此前美国同盟政治优先的基本政策。[1] 这对东北产生不小压力。

2. 东向的俄罗斯与东北

笔者曾对俄罗斯远东地区进行过考察。从考察中了解到，俄罗斯一直渴望重振其大国雄风，甚至想重返世界中心舞台。在经历了“解体”产生的“阵痛”之后，尽管经济增长有所波动，但总的看已走出低谷。在俄西线受到“北约”挤压的情况下，出现战略东移（至少是经济东拓）的某些迹象。为了应对西方制裁，避免腹背受敌，俄罗斯将会选择“睦中”方略，这给东北地区带来某些商机，如中俄天然气管道、中俄原油管道输送能源等。

至于东北地区西面的蒙古国，由于历史上就与中原交流甚广，两国彼此感情较深，“北线、西线无大事”，这有利于形成东北地区相对稳定的局势。

3.“核”字当头的朝鲜与东北

朝鲜是一只不可小视的力量。虽然联合国通过了相关的制裁决议，但目前看来，这个机制并没有遏制住朝鲜的核发展。2017 年 2 月 13 日，朝鲜播出所谓“新型战略武器”——“北极星 -2”型中远程弹道导弹的试射画面，引起全世界的关注。此前，笔者从地图上找寻以往核试验位置，发现朝鲜核试集中于咸镜北道一带，与中国的长白山地区距离较近。朝核问题具有很大的不确定性，将来会不会发生战争，以及相关的难民问题等很难预计，这对东北的经济社会发展战略造成威胁。

除上述三股势力之外，中国自身更是东北亚的一股重要力量。这里涉

[1] 上述分析所用资料源自 2017 年 1 月 20-2 月 28 日的《环球时报》和《参考消息》等。

及到六国关系（加上美国是“非常6+1”），东北三省和内蒙古的东五盟，位于东北亚的核心地带，临俄罗斯、朝鲜、蒙古、日本、韩国，恰好处于“非常6+1”错综复杂的关系之中，战略地位非常重要。只有全面振兴，方能为其战略地位提供全面的支撑。[1]要站在全球角度，看待东北的战略问题。

（三）从中国发展改革开放大格局看战略地位

从现实看，东北振兴正处在一个关键的时刻。2015年8月7日，我在报告中指出，从国家发展改革和开放的大局来审视东北战略地位，形成三个观点，即“从发展看东北，东北是短板；从改革看东北，东北是难点；从开放看东北，东北是前沿”。2015年10月，笔者在《“再振兴”东北战略思路探讨》中详细阐述这三个观点。[2]今天依据新的资料对上述观点作进一步分析。

1．从发展看东北：东北是短板

从发展的基础和前景来看，东北作为我国过去和现在的重要工业和农业基地，确实拥有一批关系国民经济命脉和国家安全的战略性产业。而且，无论在资源、产业、科教、人才乃至技术设施方面，都具有一定的支撑能力，有的能力还比较强。经过艰难的深化改革和创新发展后，东北是否有可能成为继珠三角、长三角、京津冀之后又一个新的重要的经济增长点？不是没有这种可能。但现在的严峻事实是，东北是整个中国经济发展的短板。

其实，这个经济发展的短板并非从近年开始，早在本世纪初就已经显露，只是由于依靠国家的大量投入，把这一矛盾掩盖并延续下来而已。2003年到2013年，这10年确有成绩，2003年东北三省的GDP约1.3万亿元，人均2000美金以下；2015年，三省GDP达到5.8万亿，人均8000美金，

[1] 上述分析所用资料源自《环球时报》和《参考消息》等。

[2] 常修泽：《“再振兴”东北战略思路探讨》，载《人民论坛》，2015年第11期。

不能忽视。但对成绩不能估计过高，尤其是潜伏的问题不能忽视。与现在的情况比较起来有差异：前十年叫做“水涨船高”，现在叫做“水落石出”。

2003-2013 年“水涨船高”，有 3 股“水”涨。第 1 股，是整个世界 2003 年以后增长不错，虽然 2008 有个金融危机，但总的来讲这 10 年世界经济处于稳定时期。第 2 股，2003 年以后全国来讲也是“水”涨，全国经济处于高速的涨势期。第 3 股，在国家东北振兴大背景下，政府和企业对东北的投资大幅度上升。2003 年东三省全社会固定资产投资总额 4212 亿元（辽宁 2076 亿元、吉林 969 亿元、黑龙江 1166 亿元）；2014 年全社会固定资产投资总额达到 45899 亿元（辽宁 24731 亿元、吉林 11340 亿元、黑龙江 9829 亿元），超过 10 倍。据反映辽宁上数中有“水分”，即使如此，水量也可观。如此海量的“水”注进来以后，自然东北“水涨船高”。[1] 矛盾就这样被掩盖下来。

2014 年以后，世界经济放缓，中国经济回落，这是大背景。但是有两点值得注意。一是“天下回落，东北先落”，二是“天下平落，东北大落”。当年 GDP 增长率全国平均 7.3%（国家统计局），各省上报加总平均 8.3%，辽宁 5.8%，吉林 6.5%，黑龙江 5.6%，下滑迹象开始显露。

到 2015 年，问题更加明显，当年 GDP 增长率全国平均 6.9%，各省上报加总平均 7.8%，辽宁 3.0%，吉林 6.3%，黑龙江 5.7%，居全国后 5 名之列。

2016 年是国家第十三个五年规划的第一年，笔者调查发现，开局很不理想：2016 年一季度，辽宁的工业增速是负 8.4%，在 31 个省份中垫底；黑龙江虽然是正的，但是增速微乎其微，只有 0.3%，排名倒数第 4；吉林稍好一点，增速 5%，但都明显低于全国平均水平。

至于 GDP 增长率，从 2017 年初国家初步统计结果和相关各省人代会“政府工作报告”披露的数据来看，各地经济增速中东北呈现最弱的特征。

[1] 常修泽：2016 在全国政协“东北转型专题调研专家座谈会”上的发言，《关于东北经济转型的四点建议》，载《改革内参》，2016 年第 11 期。

2016年全国GDP增长率平均6.7%，而东三省GDP增长率简单平均为3%左右，但三省情况不尽相同，已经出现分化，吉林超全国平均水平，黑龙江比全国低一些，主要问题是辽宁（-2.5%，且板块大）。据称辽宁有“挤水分”的因素，但是即使如此，下滑依然很严重，在31个省份中辽宁“垫底”是不争的事实。东北平均增长率如此下滑，是“非常态”，不是“新常态”。东北三省确实是整个国家经济发展的“短板”。[1]

2. 从改革看东北：东北是难点

中国的体制改革，在经济领域，将继续推进向社会主义市场经济转变。与此同时，根据中共十八届三中全会精神，新阶段的改革是包括政治、经济、社会、文化和生态环境在内的“五环式”改革，争取“在各方面形成一整套更加成熟、更加定型的制度”。[2]

从全面改革的战略高度来审视，东北地区是改革的难点：

第一，从净化政治生态和政治体制改革来看，东北的政治生态一直令国人关注。改革开放初期（1979年），第一个反映当时东北贪腐大案（黑龙江宾县王守信贪污案）及其所依存的社会条件和复杂的政治生态的报告文学《人妖之间》，震惊全国。此后沈阳“慕马案”，黑龙江“田韩案”，吉林“米凤君案”，直到近年横跨吉林辽宁两省的“王珉案”和其他案件相继爆发，更凸显此地政治生态污化严重。笔者2016年12月在辽宁沈阳调研中得知，仅2016年前10个月，该省内地市厅局级落马165人，省级5人，党纪政纪处分干部11099人。新华社评定的2016年十件大事中，“辽宁贿选案”名列其中，这是中华人民共和国成立以来最大的贿选丑闻。在东北地区净化政治生态、推进政治体制改革，任务相当艰巨。

---

[1] 本文所引东北三省有关数据源于有关年度《中国统计年鉴》。其中地区加总、东北合计等的绝对量为地区直接加总数据，增长速度为加权平均数。由于全国和地方在指标数据核算上存在的差异，部分指标各地加总数不等于国家统计局公布的全国数，因此本文在计算相关省份占全国比重时，统一使用了各地加总数。

[2] 《邓小平文选》第三卷，人民出版社，1993年版。

第二，从经济体制改革来看，当年学习苏联经验，时至今日，计划经济残余影响仍在。鉴于东北计划经济根深蒂固，因而由计划经济向市场经济转变十分艰难，特别是当前中央提出供给侧结构性改革之后，传统的经济体制和失衡的经济结构叠加，更增加了改革的难度。再以解决产能过剩为例，2017 年 1 月，李克强指出，2016 年中国分别压减了 6500 万吨和 2.9 亿吨以上的落后过剩钢铁和煤炭产能。其中；辽宁省化解钢铁产能 602 万吨，化解煤炭产能 1361 万吨[1]，吉林化解钢铁产能 108 万吨，化解煤炭产能 1643 万吨[2]，黑龙江化解钢铁产能 610 万吨，化解煤炭产能 1010 万吨[3]。从全国看，计划在 3 至 5 年内，钢铁、煤炭产能分别压减 1.4 亿吨和 8 亿吨。在这当中，未来几年东三省将面临着各自压缩几千万吨过剩煤炭和可观的钢铁产能的任务。显然，结构性改革东北地区是难点。

第三，从社会稳定和社会体制改革来看，与结构性改革相联系，如何安置以数万计甚至更多的钢铁、煤炭等行业下岗人员成为难题。如工作不慎就会酿成社会事件。2016 年两会期间，因有关负责官员谎称龙煤集团“不欠工人一分钱”而酿成“双鸭山事件”，在国内外造成恶劣影响。这只是其中一例。在新阶段，如何推进社会管理体制创新，包括如何培育和创新社会组织，如何推进社区自治，如何建立公民利益表达协调机制（用对话代替对抗），特别是如何落实保障劳工权益为标志的公民权利问题，这在东北都有待展开。

第四，在文化体制改革方面，东北文明悠久，特别是内蒙古赤峰（属于中央文件东北振兴范围）的“红山文化”，值得高度重视。据《世界史》和其他书籍的排序[4]，一般把中华文明排在世界四大文明之四（前面是两

---

[1] 《2017 年辽宁政府工作报告》。

[2] 《2017 年吉林政府工作报告》。

[3] 《2017 年黑龙江政府工作报告》。

[4] 威廉·麦克尼尔著：《世界史》，中信出版社，2013 年版。

河文明、埃及文明和印度文明），虽然也有把中华文明列为第三的，但真正有可能被国际认定为第三名的，则是因赤峰红山文化的考古成果。[1] 另一方面，东北文化虽厚重，但也有一些负面的东西，这些东西积重难返，需要改造。就体制而言，由于东北的行政权力过于强势，加之国有文化产业比重较大，文化体制改革任务艰巨。

第五，在生态环境体制方面，东北是我国的自然资源大省，水资源、矿产资源、土地资源、森林资源、草原资源等颇为丰富，相应地，自然资源资产制度改革任务繁重。例如，森林资源产权方面，笔者曾 5 次前往伊春调研林权制度改革进程。从 2004 年伊春成为国有林改试点算起迄今已过 12 年，但这项改革的进展极为迟缓[2]。如何按照中共十八大的精神，建立自然资源的产权制度，把“绿资源”变成“绿资产”，甚至部分变成“绿资本”，建立自然资源资产有偿使用、流转、补偿制度，尚未“破题”。

3. 从开放看东北：东北是前沿

中国开放有几个前沿地带？改革初期，中央决定以广东福建作为开放前沿地带，特别是创办深圳经济特区。1984 年春，笔者曾跟谷书堂老师到深圳调研[3]，回南开后写了《从蛇口工业区开发得到的启示》[4]。后再经过多省调查，得出结论：单纯实行东南沿海地区对外开放，有可能形成外向型的沿海经济和内向型的内地经济不协调的局面。为避免中国陷入区域“板块碰撞”境地，与戈晓宇提出《“四沿”（沿海、沿江、沿边境、沿铁路干线）——渗透型开放战略》并上报。[5] 这实际是一个全方位开放的战略。就东北开放而言，提出以大图们江地区为基点《积极创建“远东跨

[1] 见唐加文：《中华文明基本脉络》，来源百度文库。

[2] 常修泽：《国有林权改革：森林生态保护的制度探索——关于伊春国有林权制度改革的研究》，提交伊春国际生态论坛论文，2007 年。

[3] 谷书堂主编、杨玉川、常修泽副主编：《深圳特区调查和经济开发区研究》，南开大学出版社，1984 年版。

[4] 常修泽：《从蛇口工业区开发得到的启示》（1984 莫干山会议论文），载《经济日报》，1984 年 9 月 28 日。

[5] 新华社《国内动态清样》：《常修泽等建议实行“四沿——渗透型”开放战略》，1988 年 5 月 4 日。

国经济特区”》[1]，但因多种原因（主要是国际原因），实践并未展开。

按照笔者的思路，诺大一个中国，不应只有一个开放前沿。从全局计，东西南北应各有开放前沿：南部应以珠三角为开放前沿，东部应以长三角部和环渤海南片为开放前沿，西部应以新疆为开放前沿，北部应以环渤海北的东北为开放前沿。从这个意义上，笔者不赞成所谓东北是全国开放的“盲肠末端说”。

当前世界出现新变局。2017 年 1 月，特朗普宣布退出 TPP，东亚经贸面临新的格局。前面指出，东北亚现在是“非常 6+1”的关系。中国与那 6 国经济贸易情况如何？2016 年中国和美国、日本、韩国、蒙古、俄罗斯、朝鲜 6 国贸易总额为 11843.7 亿美元，占对外贸易总额的 32.1%（见表 1）。

表 1　　2016 年中国和六国对外贸易规模　　单位：亿美元

日本出口	1296.175	日本进口	1455.24
韩国出口	958.156	韩国进口	1591.871
朝鲜出口	172.3848	朝鲜进口	149.8963
蒙古出口	59.65278	蒙古进口	220.4201
俄罗斯出口	376.9649	俄罗斯进口	320.5841
美国出口	3891.125	美国进口	1351.243

资料来源：UN COMTRADE 数据库。

从 2016 年数据可见，中国与美、日、韩、蒙、俄、朝六国贸易在中国对外贸易总额中“三分天下有其一”。美国退出 TPP 后，中国应该发挥何种作用？这是一个重大战略问题。而在这盘大棋局上，中国东北作用不可低估。别的且不论，仅中国从俄罗斯进口原油一项，2015 年就达 424.3 亿美元，何况还有那么多天然气、木材、矿产。尤其是下一步在出现战略东移、美国退出 TPP 后，东北作为中国开放前沿之一的作用将会进一步发挥。

以上从历史、国际、现实三个维度看东北，就会得出结论，东北的战略地位十分重要。正如《中共中央国务院关于全面振兴东北地区等老工业

[1] 见常修泽、戈晓宇：《积极创建“远东跨国经济特区”》，载香港《经济导报》，1989 年 5 月 7 日。

基地的若干意见》开篇所言:“东北地区区位条件优越，沿边沿海优势明显，是全国经济的重要增长极，在国家发展全局中举足轻重，在全国现代化建设中至关重要”，“要充分认识推进东北老工业基地全面振兴的重要性和紧迫性，坚定不移地把这项宏伟事业推向新阶段”。[1]

二、东北战略问题的症结

自2003年10月中央实施“东北振兴战略”以来，恰值全球经济处于“大稳定”时期，国内经济也处于上升期，再加上加大对东北的投资，使得东北的经济社会经历了一段快速的发展阶段，但深层的内在矛盾被掩盖下来。到2014年，在国内外经济下行压力加大的背景下，“水落石出”，问题暴露出来。

2016年2月，在全国政协“东北转型专题调研专家座谈会”上，笔者提出，这里有一点值得深思，就是一年投入46540多亿元的资金（2013年），按说不应该先落，应该挺得住。但是，辽宁、吉林、黑龙江2014年、2015年都在中国的最后5名之内。那就需要研究：那么大的投资，效果如何？不能说没有作用，没有意义，但是需要反思：这个“行政投入型”思路行不行？能不能让它继续在新的10年中惯性运作？

现在来看，在2003-2013年这一时期，虽然做了很大的努力，但采取的不少是“短平快”“先得利”的办法，“治标未治本”。有两个关没有闯，更谈不到闯过去。就是今天看到的“水落石出”的那两个石头：一个大石头是“体制”，“体制关”没有过；一个大石头是“结构”，“结构关”也没有过。与这两个石头相联系的还有“发展方式”问题。

现在，社会有些舆论把“东北经济下滑”作为深层和症结性问题，笔

[1] 《中共中央国务院关于全面振兴东北地区等老工业基地的若干意见》，来源于新华社，2016年4月26日。

者认为，这只是“表层现象”而已。透过“东北经济下滑”的表层现象，探讨其深层的问题，笔者以为，是根深蒂固的“体制病”“结构病”“发展方式病”三种“病”在作怪。

（一）体制病：“沉重的翅膀”

1．影响东北起飞的“沉重的翅膀”

“沉重的翅膀”一词引自现代著名女作家张洁的长篇小说《沉重的翅膀》。这是一部反映改革开放初期工业经济体制改革并获““茅盾文学奖”作品，小说中描写的工业战线复杂斗争即有东北的某些原型。恰好在小说描写的同一年（1980年），笔者在东北调研基础上发表了《长期并存 比翼齐飞》一文。文章重点是探讨“所有制结构”的，主张国有经济与非国有经济（当时只认识到非国有的城镇集体经济，未提出民营经济）“长期并存，比翼齐飞”。有意思的是，这里的“齐飞”与“翅膀”息息相关。

37年过去，笔者认识有所深化：除认识到“所有制结构”内部需增加非公有的“民营经济”外，还需增加一个与“所有制结构”同样重要的“经济调节结构”。因此，在21世纪第1个10年的今天，探讨“长期并存，比翼齐飞”，就不是一个，至少是两个：一个是“经济调节结构”方面的“长期并存，比翼齐飞”；一个是升级版“所有制结构”方面的“长期并存，比翼齐飞”。而恰好在这两个2.0版的“长期并存，比翼齐飞”中，我们都看到了东北“沉重的翅膀”。

2．“经济调节结构”：市场化程度不高，行政调节“沉重的翅膀”

中共十八届三中全会提出，“使市场在资源配置性中起决定性作用及政府发挥更好作用”。最关键的就是五个字——“决定性”和“更好”。笔者认为，这是十八届三中全会在“经济调节结构”方面最大的理论进展，应该说，是一个理论突破。意味着将向政府干预性模式告别。那么，东北“经济调节结构”，究竟是“市场决定”，还是“政府主导”（或称政府干预性模式）？长期以来，东北存在的“政府主导”到底改了多少？笔者调查的结论：政府权力存在明显的跨界，企业的市场主体地位没有得到充分的体现。2016 年中共中央国务院《关于全面振兴东北地区等老工业基地的若干意见》在揭示东北体制病时第一个判断就是“市场化程度不高”。这是符合东北是实际情况的。需要从“市场化”视角切入进行深入探索。

在资源配置方面，世界各国都不可能有 100% 的市场化，总会有政府调节的一定空间。如何从统计数据上测算上述“使市场在资源配置性中起决定性作用及政府发挥更好作用”的程度，是一个需要探讨的问题。王小鲁教授、樊纲教授等所著的《中国分省份市场化指数报告》一书，是从这 5 个方面来测算市场化程度的：政府与市场的关系；非国有经济的发展；产品市场的发育程度；要素市场的发育程度；市场中介组织的发育和法律制度环境。[1] 其中“政府与市场的关系”又有 3 个分项指标：“市场分配经济资源的比重”；“减少政府对企业的干预”；“缩小政府规模”。应该说，用上述 5 大方面和“政府与市场的关系”3 个分项，来反映市场化程度是可以的。

我们先看辽宁省，2014 年“政府与市场的关系”排在全国第 21 位，其中：“市场分配经济资源的比重”排在第 13 位；“减少政府对企业的干预”排在第 25 位；“缩小政府规模”排在第 19 位。

再看吉林省，2014 年“政府与市场的关系”排在全国第 19 位，其中：“市场分配经济资源的比重”排在第 12 位；“减少政府对企业的干预”排在第 16 位；“缩小政府规模”排在第 21 位。

再看黑龙江省，2014 年“政府与市场的关系”排在全国第 15 位，其中：“市场分配经济资源的比重”排在第 14 位；“减少政府对企业的干预”

[1] 王小鲁、樊纲、余静文：《中国分省份市场化指数报告》，社会科学文献出版社，2017 年版。

排在第 14 位；“缩小政府规模”排在第 15 位。另外，在“要素市场的发育程度”方面表现较差，其中金融业的市场化排第 26 位，金融业的竞争排第 27 位，信贷资金分配的市场化排第 25 位，明显居于中国的后列。[1]

上述数据尽管只是位次的相对数，而且在采集时也难以避免被调查单位的误报，但是也在一定程度上反映了市场化指数情况，与笔者在实际调查获得的一些案例感悟，大体符合。笔者的结论是：市场化程度依然不高，政府干预性模式仍在发挥较大作用。

3．“所有制结构”：民营经济不发达，国有经济“沉重的翅膀”

先看国有经济这部分。

习近平总书记在中共十八届三中全会作出具有决定性的《中共中央关于全面深化改革若干重大问题的决定》的说明中，曾专门针对国有企业明确指出：“经过多年改革，国有企业总体上已经同市场经济相融合。同时，国有企业也积累了一些问题、存在一些弊端，需要进一步推进改革。”[2]后来他在多次会议上列举国企存在的问题，归纳起来主要有：（1）国企市场主体地位未真正确立；（2）现代企业制度尚不健全；（3）国资监管体制需要完善；（4）国有资本运行效率不理想；（5）“内部人控制”；（6）国有资产流失严重；（7）前些年遗留下的企业办社会职能以及其他历史遗留问题等等。2014 年年底，在中央经济工作会议上针对片面地为国企改革唱赞歌的思维，习近平更鲜明地指出：“推进国企改革要奔着问题去。”[3]

笔者认为，“奔着问题去”是习近平指导国企改革的“着眼点”。依据“问题导向”思维，结合本人的实际调查，发现习近平列举的国企存在的 7 个问题，在东北地区不仅存在，而且其严重程度超过关内，加之还有东北特

[1] 上述辽吉黑有关数据参见王小鲁、樊纲、余静文著：《中国分省份市场化指数报告》，社会科学文献出版社，2017 年版，第 84-98 页。

[2] 引自习近平在十八届三中全会关于决定的说明。

[3] 引自习近平在 2014 年年底中央经济工作会议上的讲话。

殊的问题，因而国有经济起飞的“翅膀”更加“沉重”。

2015 年笔者在东北详细调查了黑龙江、吉林和辽宁三省规模以上国有企业资产情况，从当时拿到的 2013 年有关数据来看，国有经济的比重确实过高。三省规模以上国有企业资产占规模以上工业企业总资产比重的具体数据是：黑龙江 64.69%、吉林 54.09% 和辽宁 45.8%，[1] 三省算术平均 54.86%。根据国务院国资委研究中心负责人在“2013 上海国资高峰论坛”中提供的数据，2012 年底，我国规模以上工业企业资产总额中，国有比重只占 23%，[2] 东北三省每家都比平均数高 20-40 个百分点。

以上是工业领域情况比较，换一个比较指标，与更大范围的非金融领域相比，情况同样严重。据了解，2014 年全国非金融国有企业总资产占非金融企业全部总资产的比重为 30.2%。用上面三省的算术平均数 54.86% 与非金融的 30.2% 相比，也高出 20 多个百分点。

2016 年 4 月 26 日中共中央国务院《关于全面振兴东北地区等老工业基地的若干意见》公布之后，为进一步了解东北三省地方国有企业的资产情况，笔者查阅了最新的《2016 中国会计年鉴》有关数据，获得更详细各方面资料，见下列各表：

表 2　　2015 年东北三省地方国有企业资产总额

地　区	户数（户）	资产总额（亿元）
辽宁省	3473	14737.0
吉林省	822	4112.8
黑龙江	2781	9362.1

以上是地方国有企业（不包括央企在当地的企业）资产总额（包括负债），除去负债以后，那么所有者权益总额是多少？见表 3。

[1] 常修泽：《常修泽：“再振兴”东北战略思路探讨》，载《人民论坛》，2015 年第 11 期。
[2] 引自国务院国资委研究中心主任楚序平在 2013 上海国资高峰论坛的报告，2013 年 12 月 31 日。

表 3　　东北三省地方国有企业所有者权益总额

地 区	户数（户）	所有者权益总额（亿元）
辽宁省	3473	5377.0
吉林省	822	1242.4
黑龙江	2781	4467.0

在以上所有者权益总额中也包括一部分非国有的股份，那么剔除这一部分，纯粹的国有资产（资本）是多少呢？见表 4。

表 4　　东北三省地方国有企业国有资产总额

地 区	户数（户）	国有资产总额（亿元）
辽宁省	3473	4312.9
吉林省	822	874.6
黑龙江	2781	4281.3

如此大的国有资产规模，其经营状况如何？特别是经营效果如何，这是大家关心的问题，也是近来讨论中有争议的问题。见表 5 到表 9。

表 5　　东北三省地方国有企业营业总收入

地 区	户数（户）	营业总收入（亿元）
辽宁省	3473	3806.9
吉林省	822	782.4
黑龙江	2781	1226.6

表 6　　东北三省地方国有企业利润总额

地 区	户数（户）	利润总额（亿元）
辽宁省	3473	-52.0
吉林省	822	2.5
黑龙江	2781	-3.2

表 7　　东北三省地方国有企业盈利面

地 区	户数（户）	盈利面（%）
辽宁省	3473	48.2
吉林省	822	45.0
黑龙江	2781	55.5

表 8　　　　　　　　东北三省地方国有企业资产负债率

地　区	户数（户）	资产负债率（%）
辽宁省	3473	63.5
吉林省	822	69.8
黑龙江	2781	52.3

表 9　　　　　　　　东北三省地方国有企业净资产利润率

地　区	户数（户）	国有企业净资产利润率（%）
辽宁省	3473	-1.0
吉林省	822	0.2
黑龙江	2781	-0.1

从以上 5 表中可以看出，2015 年东三省的国有企业利润总额是 -52.7 亿元（其中辽宁负值最高），三个省的亏损面大体在一半左右，特别是作为经济效益重要指标的国有企业净资产利润率为 -0.3%。这就意味着东三省，近 1 万亿元的国有净资产（加上银行贷款等超过 2.8 万亿元的国有总资产）经营一年，不但没有利润，反而整体亏损。

国企的“翅膀”是如此“沉重”，那么民营经济如何？由于前面提出国有经济的“沉重的翅膀”，经济活力和经济效益不佳，导致 GDP 增长缓慢，甚至出现辽宁省负增长的尴尬局面。在这种经济下滑的情况下，东北民企发展有所加快，数量上有所增加（中小企业数量确实不少），对经济发展发挥了一定的支撑性作用，因此在 GDP 中占有不小份额。但民营经济发展还很不充分，离浙、沪、粤还相差很远。

这里提供一下与“民营经济”相关的《中国分省份市场化指数报告》中的“非国有经济发展”指数。该指数由三个分项指数构成：（1）“非国有经济在工业企业主营业务收入中所占比例”（原为非国有经济在规模以上工业企业产品销售收入中所占比例）；（2）“非国有经济在全社会固定资产总投资中所占比例”；（3）“城镇非国有经济就业人数占城镇总就业人数的比重”。从该报告中得知，非国有经济发展指数的排位，广东排第 2 位，浙江排第 3 位，上海排第 10 位，而东三省的辽宁排第 13 位，吉林排第 17 位，黑龙江排第 24 位。[1]

如果从 2016 中国民企 500 强各省区市上榜企业数量及总营收排行来看，东三省与浙、沪、粤的差距就更为明显。在全国 500 强中，浙江占 134 家，广东占 50 家，上海占 14 家，而辽宁只有 7 家（大连万达集团股份、辽宁亿达集团、盘锦北方沥青燃料、辽宁环嘉集团、锦联控股、同益实业集团和沈阳远大企业集团），占 1.4%，7 家总营业额为 3498.5 亿元；吉林和黑龙江各只有一家（吉林：修正药业，营业额为 575.2 亿元；黑龙江：东方集团，营业额为 362.9 亿元），远远落后于珠三角和长三角地区。

4. 东北的体制病不是“伪命题”而是“真命题”

从本节以上可以看出，在“经济调节结构”方面：东北地区确实市场化程度不高，行政调节存在“沉重的翅膀”；在“所有制结构”方面，东北地区民营经济确实发展不充分，国有经济比重过高且效益不佳，国有经济存在“沉重的翅膀”。

体制病造成的后果是严重的。按照市场经济运行的一般原理，经济体在具有足够弹性和韧性的条件下，有一定的自我修复能力。但在东北，由于市场体制尚不完善，经济体资源配置的灵活度不足，自我修复能力比较弱。在经济下行情况下，产生比较严重的经济和社会问题，以致陷于困境。以上是关于体制病的分析。

（二）结构病：“失衡的格局”

除“体制病”外，另一个就是“结构病”，具体表现为 3 个方面：

[1] 引自王小鲁、樊纲、余静文：《中国分省份市场化指数报告》，社会科学文献出版社，2017 年版。

1. 需求结构：三个层面的消费需求相对减弱

笔者从三个层面来“砸核桃”剖析：

第一层，从三省最终消费占全国比重的变化来看，1993-2013 年这 20 年，黑龙江省由 3.66% 下降到 2.65%，吉林省由 2.09% 下降到 1.83%，辽宁省由 4.62% 下降到 3.73%。

第二层，在最终消费中，居民消费比重下降：居民消费占最终消费（包括政府消费和居民消费之总和）的比重，1993-2013 年这 20 年，黑龙江省由 83% 下降到 62.49%，吉林省由 83.68% 下降到 68.39%，辽宁省由 80.02% 下降到 78.89%。

第三层，在居民消费中，除拥有较多国营农场的黑龙江省外，吉辽二省农村居民消费比重下降较多，仍按上述 20 年统计，吉林省由 34.51% 下降到 26.17%，辽宁省由 31.19% 下降到 17.15%。

此乃“结构病”之一。

2. 三次产业结构：服务业发展滞后

2015 年，整个东北地区服务业增加值占地区生产总值比重为 37.6%，比全国平均水平（46.1%）低 8.5 个百分点，而更为值得忧虑的是，比 2010 年同样比值低 6.3 个百分点。尽管 2016 年三省服务业比重有上升趋势（从 2017 年政府报告来看，吉林提高 3.1 个百分点，辽宁称“逐步提升”），但服务业仍未成为该地区的支柱产业。此乃“结构病”之二。

3. 工业结构内部：重工业超高，新型工业滞后

由于历史原因，东北三省二产比重过高，二产中重工业超高。37 年前，1980 年笔者曾写过一篇论文《黑龙江省的轻工业为什么如此薄弱？》。[1]37 年后，东北三省重工业增加值占工业增加值的比重在 70% 以上，而尤其是

[1] 常修泽：《黑龙江省的轻工业为什么如此薄弱？》，载《经济研究参考资料》，1980 年第 156 期，并上报国务院财经委员会。

煤炭、石油、钢铁、有色等“原”字头比重过高，而新型工业发展滞后。这都属于结构调整需要解决的问题。

（三）发展方式病：“粗放的模式”

1．“投资驱动型”经济特征明显

“发展方式病”主要体现在拼资源、拼人力、拼设备，增长方式粗放。东北“投资驱动型”经济特征明显。

请看事实。东北三省全社会固定资产年度投资额2003年为4212亿元，2004年为5580亿元，2005年为7679亿元，2006年为10520亿元，2007年为13920亿元，2008年为18714亿元，2009年为23733亿元，2010年为30726亿元，2011年为32643亿元，2012年为41043亿元，2013年46540亿元，2014年45899亿元，2015年40806亿元。前10年，投资与GDP之比大概平均在56.78%左右，最高的年份达到86%。这种经济增长模式还能继续下去吗？

2．“创新驱动型”经济尚未形成

技术创新对经济发展的作用较弱。虽然，从研发力量来看，东北有一定基础（如哈尔滨工业大学、吉林大学、大连理工大学、东北大学等高校的信息和自动化专业水平较高），但相关产业却没有发展起来。据2015年国家高科技产业统计年鉴，东北GDP占全国的8.4%，然而高技术企业在全国的占比只有4.5%，高科技的主营业务收入，占比也只有3.65%。[1] 另据了解，2013年，东北地区研究与试验（R&D）支出占地区生产总值比重为1.33%，比全国平均水平低0.77个百分点。2014年不仅没有进步，反而有所下降。辽宁吉林黑龙江研究与试验（R&D）支出占地区生产总值比

[1] 引自国家高科技产业统计年鉴，2015年。

重分别为 1.52%、0.95%、1.07%，[1] 简单平均为 1.18%。

3. 实体经济乏力：非因“虚拟经济”过头

在信息革命时代，东北地区虚拟经济发展究竟如何？一部分同志认为“虚拟经济发展过头”，笔者认为是不过头的，不能把南方套到东北。笔者在沈阳报告中提出，要处理好实体经济与虚拟经济的关系，并提出讨论：东北实体经济发展乏力，“是不是因为虚拟经济发展的过头了？”中央提倡发展实体经济，这里涉及到究竟怎样理解今天的实体经济、东北要发展什么样的实体经济和如何发展等问题这些问题，都需要冷静地分析，实事求是地寻求结论。

关于结构病和发展方式病，中国东北振兴研究院副院长李凯教授另有专论，本文不再详细论述。

通过以上三个方面的分析，可见，东北经济的问题不是一个“病”，而是“综合症”、“并发症”——体制病：“沉重的翅膀”；结构病：“失衡的格局”；发展方式病：“粗放的模式”。呼唤全方位的改革和转型。

三、国企增强活力与民营做大做强：“两翼齐飞”战略

《长期并存 比翼齐飞》是笔者在东北调研基础上撰写的关于“所有制结构”的论文，故对此情有独钟，多年来一直“念念不忘”。2013 年在《包容性改革论》一书中进一步提出“包容国有与民营”，[2] 并形象称“国有民营都是共和国的亲儿子”。全国如此，东北更应如此。

针对东北，2016 年中共中央、国务院关于全面振兴东北文件中，鲜明提出两点。第一，“国有企业改革切实增强企业内在活力、市场竞争力

[1] 引自《2014 年全国科技经费投入统计公报》，国家统计局 2015 年。

[2] 常修泽：《包容性改革论》，经济科学出版社，2013 年版，第 220 页。

和发展引领力”；第二，“支持民营经济做大做强”。这个文件是实事求是的，是符合东北实际的。其基本精神很明确：国有企业需要“增强活力”，民营经济需要“做大做强”。

因此，研究东北的国企改革与民营发展，必须咬定“增强活力”和“做大做强”这两个关键词，实施“两翼起飞”战略。（1）国有经济“一翼”如何“增强活力”？（2）民营经济“一翼”如何“做大做强”？（3）如何在“两翼起飞”中，促进国企与民企的交融发展？下面按这3个问题探讨。

（一）国有企业“一翼”如何“增强活力”？

国有企业是中国经济发展的重要力量，以国有企业为基础形成的国有经济是党和国家事业发展的重要物质基础。习近平一再强调：“必须毫不动摇巩固和发展公有制经济，坚持公有制主体地位，发挥国有经济主导作用，不断增强国有经济活力、控制力、影响力。”[1]2015年7月在吉林省考察时又指出：“国有企业是国民经济发展的中坚力量”，“我们要向全社会发出明确信息：搞好经济、搞好企业、搞好国有企业，把实体经济抓上去”。[2]

笔者在前面指出，东北经济困境，不是依靠上多少基建项目或资金扶植就能解决的。根本问题是体制问题，而其要害在国有企业，是东北沉重的“翅膀”。多年来，从上到下一直致力于国有企业的改革，并试图在困境中突破。在1997年，笔者也曾对吉林省（长春、四平、吉林以及吉林油田等地）调研，并撰写了《在困境中“突围”》一文，但是从现在来看，东北国有经济依然没有“突围”成功。

几年来，东北改革的“攻坚”之战打得十分艰苦，至今在一些方面改

[1] 习近平关于十八届三中全会决定的说明，新华社，2013年11月。

[2] 习近平在吉林省考察时讲话，新华社，2015年7月。

革仍处于“胶着”状态。要走出困境，须寄希望于实质改革。正如2016中央关于东北的文件重申的，“全面深化改革，扩大开放，是振兴东北老工业基地的治本之策”。而核心问题是国资国企改革，必须以“壮士断腕”之气魄，啃国企改革“硬骨头”。针对本文第二部分所揭示的国有经济活力不足、效益不佳的问题，这里就国有企业“一翼”如何起飞提出5点意见。

1. 改革基点：打造“市场主体”，切实“增强活力”

为什么提出把国有企业改革的基点放在“成为真正的市场主体”、进而“增强活力”？1994年笔者在主持完成的国家哲学社会科学重点科研项目成果《现代企业创新论》中曾提出：“社会主义经济体制改革的实质，就是在以公有制为主体的条件下，由原来排斥市场的‘社会巨型科层’组织转变为社会主义市场经济新体制，具体到微观运行层次，就是把国有企业从庞大的行政机构的附属物塑造成真正的企业组织。”[1]今天，中国国企面临的最大的课题，依然是如何适应社会主义市场经济新体制的要求，将自己打造成为“真正的市场经济主体”。如果打造不成市场主体，社会主义市场经济体制就不可能确立。

东北地区作为我国的老工业基地，从上世纪50年代以来，所有制结构一直以国有企业为主。改革开放以来，为探索国企改革，多年来三省走过了从企业租赁制、资产经营责任制（辽宁创造）、企业破产制，到实行公司制、股份制改造（沈阳金杯曾率先探索）的道路，虽然取得了一定成效，但国企至今并未打造成市场主体。鉴于此，必须紧紧咬住“市场主体”这个核心命题，切实增强企业内在活力、市场竞争力和发展引领力，使其成为东北老工业基地振兴的重要支撑力量。

有论者主张东北必须以“做大比重”为核心命题，动机是好的，但于此地的实际并不完全符合，要实事求是分析。

---

[1] 常修泽等：《现代企业创新论》，天津人民出版社，1994年版。

前面曾提供数据：东北三省规模以上国有企业资产占规模以上工业企业总资产比重：黑龙江 64.69%、吉林 54.09% 和辽宁 45.8%，[1] 三省算术平均 54.86%。不仅远远高于国有工业企业资产占全国规模以上工业企业资产总额的比重，而且远远高于全国非金融国有企业资产占非金融全部企业总资产的比重。在这种特殊的经济区域中，国有经济比重已经不低了，应重在“增强活力”，而不宜以“做大比重”为主要目标。

对此观点再做三点说明，以免引起误解，以讹传讹：

第一，是局部不是全国。这里有个普遍性和特殊性的关系问题。这里讲的是“东北地区国有企业”问题，并非讲的全国。就全国来讲，2015 年 9 月，《中共中央 国务院关于深化国有企业改革的指导意见》强调“要坚定不移做强做优做大国有企业”。这里不谈面上（普遍性）问题，而讲特殊性问题，即东北三省的问题。

第二，是“片区”而非某个特定“企业”。这里有个“片”与“点”的关系问题。上述观点，是就区域讲的，不是讲的某一个国有企业。就某些优质国企而言，该“三做”（做优、做强、做大）就“三做。具体问题具体分析。

第三，是“比重”而非“控制力”。比重与“控制力”有关系但是两个概念。在中国，国有企业是国有经济的基石，主要在掌握国民经济命脉。在东北地区重在“增强活力”而非“做大比重”，并不意味着失去国有经济的控制力和带动力，相反能提高国有经济的活力。

这样说，与东北国有企业的根本矛盾有关。国有资产比重如此之高，经济发展却持续走低，甚至出现整体亏损，为什么？表明东北国有企业的根本矛盾是活力不足、效益不佳。只有“增强国企活力“才是根本出路。

中共中央、国务院专门给东北下的文件，“经”很好，但念得“不准”。

[1] 常修泽：《“再振兴”东北战略思路探讨》，载《人民论坛》，2015 年第 11 期。

文件下达后，笔者5次到东北调研（2016年5月、7月、8月、9月、12月）了解的实际情况是，目前一些地方政府和企业仍旧沿袭旧的思维，并未全面贯彻落实7号文件。政令虽然出了“中南海”但是没有“落地”，这种惯性运作应该纠正。要突破其中传统理念和既得利益的掣肘，[1] 切实确立国有企业的“市场主体”地位，让企业按照市场规律而不是靠别的规律来获得“起飞”。

2. 按两个系列分类推进：高飞、升级、停飞

中共十八届三中全会决定将国有企业界定为商业类和公益类两大类。其中，商业类又分成“主业处于充分竞争行业和领域的商业类”、“主业处于关系国家安全、国民经济命脉的重要行业和关键领域、主要承担重大专项任务的商业类”和“处于自然垄断行业的商业类”；公益类是指以保障民生、服务社会、提供公共产品和服务为主要目标的企业类别。据此，经济界一般把国企归纳为三类，即公益性国企、垄断性国企（包括自然垄断性国企和稀缺资源垄断性国企）、竞争型国企。以上是功能类别系列。

还有一个是按照经营状况，特别是盈利亏损情况分类，大体分为优质、中间和劣质企业。应按照国有企业功能类别和经营状况两个系列分类推进改革。鉴于三省地方国企主要是竞争性国企（垄断性国企主要在央企），可按照“做优、祛劣、提升中间”的分类思路推进：所谓“做优”，就是把优质企业做优做大做强；所谓“祛劣”，就是祛除劣质的企业；至于中间状态的企业，要提升素质和市场竞争力。

3. 当前焦点：以“产权人本共进论”处置僵尸企业

“僵尸企业”是指已停产半停产、连年亏损、资不抵债，主要靠政府补贴和银行续贷维持经营且无望恢复生气的企业。据查“僵尸企业”一词

---

[1] 有关“突破既得利益集团的阻挠和掣肘”的详细分析，参见常修泽：《包容性改革论——中国新阶段全面改革的新思维》，经济科学出版社，2013年10月版，第372页。

是经济学家彼得·科伊提出的一个经济学概念。“僵尸企业”这个提法，可以意会，但不可深究，它不太准确，不太严格。如果所说“僵尸企业”真的成了“尸体”，真的“寿终正寝”，不再吞噬国家资源，不再吞噬人民血汗，那倒也是 “不幸之幸”。但现在的问题是，它没有成为“尸体”，而是继续以活体的形式给它“输血”、“输氧”、“输液”，它继续“吞噬”人民的财富和血汗（即“吸血”的长期性和依赖性）。笔者认为它不是“僵尸”的 “尸”，而是“吞噬”的“噬”，把它叫做“僵噬企业”更贴切。

中国有多少“僵尸企业”？据国务院国资委报告，三年内要清除 345 家“僵尸企业”（这里都是国有企业，因为民营企业无人给它“输血”、“输氧”，有一种自我淘汰机制）。目前，东北地区国企问题的聚焦点，在如何对待国有经济中的某些“僵尸企业”上。2015 年 7-8 月，我在东北调研时获知，仅东北地方国企就有好几百家国有企业处于亏损状态，其中不少属于“僵噬企业”。这些“僵噬企业”已成经济的“毒瘤”，已经吞噬并且将继续吞噬大量的宝贵资源。我们不能只重视“显性”的国有资产流失，而忽视这种“隐性”的国有资产流失。现实是，重视“显性”者众（这是对的），重视“隐性”者寡（这是不对的）。

如何处理“僵噬企业”？笔者于 2010 年出版了《产权人本共进论——关于国有制改革》一书。书中所提到的“产权人本共进论”的思路可以用于处理“僵噬企业”问题，一则解决“产”，一则解决“人”。具体来说，十个字：“保人不保企”、“淘企不淘人”。第一，对于“僵噬企业”坚决不保，该拔掉输血管的拔掉输血管，该拔掉呼吸机的拔掉呼吸机，不能再优柔寡断。第二，对于“僵噬企业”里的员工，要采取“保人“的方针。笔者从 1986 年起研究人本经济学。按《产权人本共进论》观点，对员工一定要保护、要尊重，多种渠道实现再就业或社会保障。

4. 根据新的情况探索完善国有企业新的治理模式

习近平 2014 年底在分析国企存在的问题时指出：特别是有的国企内部管理混乱，侵吞、贪污、输送、挥霍国企资产现象大量发生，从近期揭露出来的一些国企中发生的腐败案件看，问题触目惊心！[1]东北问题尤甚，为此，必须根据新的情况探索完善国有企业新的治理模式。

一是按《公司法》规定完善公司治理结构。笔者在调查中发现，虽然国有企业已经建立由股东会、董事会、监事会、经理层等形成的组织架构，但董事会的决策作用和经理层的管理作用发挥不够，随着下一步引进战略投资者、员工持股等改革的实施，企业治理结构的改革突出出来，建立公司现代治理结构迫在眉睫。

二是建立企业经理人员市场化选拔任用机制。东北地区受传统官本位体制的影响，不少地方“错把经理当官员”，尚未形成企业家市场选择和配置机制。可采取党组织“管资格”、企业家“参加竞聘”、董事会“择优选聘”的办法。实行企业家与企业双向选择。

三是寻求企业党组织建设与完善公司治理的统一。如何统一得更好，需要继续摸索。

5. 建议设立“东北国企改革先行试验区”

2015 年笔者曾建议中央在东北设立“国企改革综合实验区”。如果按照千篇一律、缺乏针对性的思路，国企改革很难突破。应该像当年邓小平同志在深圳的办法，划出一个特别区——“国有企业综合改革试验区”，突破现行的体制和政策，用非一般的做法推进改革。搞是势在必行。但搞几个？搞多大？特别是搞到什么力度上？需要高层研究。

[1] 习近平 2014 年底在中央经济工作会议上的讲话。

（二）民营经济“一翼”如何“做大做强”？

民营经济是东北经济发展的“短板”。中共中央国务院针对东北地区指出：“支持民营经济做大做强，使民营企业成为推动发展、增强活力的重要力量。”如何促进东北民营经济起飞呢？

1.“两平一同”：为民营经济起飞“开拓跑道”

所谓“两平一同”：一是平等使用生产要素，包括资本、土地、劳动力、技术（包括信息）、管理。民营企业家普遍反映融资难、贷款难，拿到土地也难，应在使用生产要素上平等。二是公平参与市场竞争。做到起点一样、环境一样、负荷一样（现在东北企业办的社会机构仍近千家，负荷大不同）。一“同”是同等受到法律保护，这里面的问题最多，民营企业的资产应同等受到法律保护。从而为民营经济起飞“开拓跑道”。

2.市场准入：鼓励民营“飞”进垄断性行业领域

放开市场准入，应遵循“非禁即入”的原则，即凡是法律法规没有明确禁止的行业和领域都应该鼓励民间资本进入。目前东北有些基础设施部门的民营资本投资微乎其微。在国家加大力度支持东北地区振兴的形势下，应大力吸引民间资本投资基础设施领域和其他垄断性行业领域，尤其是中央已经放开的电力、电信、交通（铁路、公路、航空、港口）、石油、天然气、市政公用、食盐等领域，消除各种隐性壁垒，鼓励民营企业扩大投资。否则，国家加大东北投资，可能还会复制原体制，惯性运作而已。

3.稳定预期：保障民营企业“安心飞行”

现在，东北不少民营企业出现“预期”和“信心”问题，原因固然很多，但与缺乏产权保护的安全感有一定的关系。产权保护制度不完善，已经成为当地经济发展的一个制约因素。尤其在近年经济增速下降的情况下，这个制约力更加突出，引发的后果比较严重。

2016 年 11 月，中共中央、国务院发布《关于完善产权保护制度 依法保护产权的意见》，这是中华人民共和国成立以来第一个由中央颁发的系统性产权保护文件。强调依法保护产权，有利于“稳定民营企业家信心”、“引导形成良好社会预期”。[1] 下一步必须严格保护企业家的“产权”和其他合法权益，以便保障民营企业“安心飞行”。

（三）探索国企与民企的交融发展

1. 由“包容”走向 “交融”

前面分析的国有与民营，还是按两个板块“包容”在一起展开的，在新阶段，不仅要包容，而且要走向交融。包容是互不排斥，各自独立；交融是互相渗透，你中有我，我中有你。在包容基础上进一步交融的形式之一就是发展混合所有制经济。

2003 年，笔者曾发表一篇《发展混合所有制经济：完善市场经济体制新课题》的文章，主要针对产权结构的“三性”，一是“单一性”，即把中国经济看成“纯而又纯”的单一的公有制经济，将非公有经济视为与公有制经济格格不入的“异己力量”；二是“封闭性”，即把社会所有制结构和企业产权结构看成是一种封闭的系统，排斥不同所有制之间的相互渗透，更谈不到彼此之间的相互融合；三是“凝滞性”，单一性和封闭性的结果导致产权流动和交易的僵滞。[2]

10年后，中共十八届三中全会进一步指出：“积极发展混合所有制经济，强调国有资本、集体资本、非公有资本等交叉持股、相互融合的混合所有制经济。”[3] 从宏观层面审视，不仅就经济体制而言：混合所有制是公正的市场经济新体制的产权基础。 而且从社会体制改革分析：混合所有制经济是“社会共生”体制的经济支撑，尤其是从东北分析：发展混合所有

---

[1] 引自中央经济工作会议公报，新华社，2016 年 12 月 16 日。

[2] 常修泽：《发展混合所有制经济：完善市场经济体制新课题》，载《21 世纪经济报道》，2003 年 10 月 16 日。

[3] 引自国家高科技产业统计年鉴，2015 年。

制经济，是寻求由“包容”走向 “交融”的突破点。

2. 发展混合所有制经济应实行“四线并进”

如何发展混合所有制经济，应实行“四线并进”。

第一条线，立足于国有企业，吸引民营资本、外资与国有资本融合。国有资本是东北最重要的资本力量。建议把混合所有制经济作为东北经济的微观基础来构造。[1] 按相关规定，国企应集中于安全类、公共产品生产和服务类、命脉类和特定任务类等主要经营业务，其他非主营业务领域，特别是商业类即竞争较充分的领域，尽快向民营资本开放。明确提出“三可”：国资“可控、可参、可退出”，让民营资本进入组成混合企业。对此，东北民营企业家多有疑虑，唯恐出现“关门打狗”之事 ，应采取措施，予以疏导，研究怎么改变“混改”环境，防止堕入“混改”的陷阱。

第二条线，立足于民营企业，让国资、外资与其他民营资本融合。《决定》提出“鼓励发展非公有资本控股的混合所有制企业”，这是一个新的命题。调查发现，东北对此重视不够，实践中比较罕见，可从一些大型或较大型民营独资企业入手，吸引国资、外资与其他民营资本，逐步将其改造成混合所有制企业。但注意，要让“非公有资本控股”，否则民营企业缺乏积极性。

第三条线，立足于外资企业，让国资、民资与其他外资融合。总的来说，外资在东北总量较小，比重很低，估计下一步外资企业资本可能到东北扩张，需要研究如何利用跨国并购方式发展混合所有制问题。

第四条线，立足于企业员工，实行员工持股。十八届三中全会《决定》重新提出：“允许混合所有制经济实行企业员工持股。”东北可在以下三类企业率先推进：第一类是人才资本和技术要素贡献占比较高的转制科研院所；第二类是高新技术企业；第三类是科技服务型企业。在开展员工持

---

[1] 参见常修泽：《 混合所有制经济的价值再发现和实现途径》，载《人民论坛 学术前沿》，2014 年 3 月下。

股试点中，除职工以货币资本投入外，技术可以评估作价持股，人力资本也可以评估作价持股。

3．把住“四关”，防止混合所有制被“异化”

在“混改”过程中，会不会有人借此侵吞国资或者民资？在东北确实出现过“侵吞”的问题，也出现过被错扣“侵吞”帽子而造成“混改”失败的案例。考虑到目前社会腐败情况，建议采取措施，提前预防和遏制。尤其要警惕党内腐败分子“假借改革以营私”，然后“倒打一耙”，把“异化”的责任扣在“混合所有制经济”的制度设计上。[1]

具体来说，要严格把好四关：（1）资产评估关，评估要科学，既不能高值低评，也不能低值高评；（2）价格确定关，在资产科学评估基础上，制定底价，然后在竞争中形成均衡价格；（3）交易透明关，在产权交易所公开进行，防止内幕交易；（4）资金到位关，产权交易后，资金及时到账，不能悬空虚置。[2]严格把好“四关”，防止把“混改”变成个别人“浑水摸鱼”的机会，不仅国有资本不能被侵吞，民营资本、外商资本、职工股本都不能被侵吞。对此，要规范运作、一视同仁。

四、对外开放与区内发展：“中外贯通”战略

在新的阶段 ，面对新的国际形势和东北的实际，如何把东北打造成我国向北开放的重要窗口，甚至打造成东北亚地区合作的中心枢纽地带呢？特别是依据东北的地缘优势，把对外开放与区内发展统筹协同，形成一体呢？这里提出一个“中外贯通”战略。

[1] 常修泽：《混合所有制：产权结构创新的主要着力点》，载《北京日报》，2014 年 3 月 3 日。

[2] 常修泽主笔：《产权交易理论与运作》，经济日报出版社 1995 第一版、1998 第二版。

（一）实施“一带一路”：“中外贯通”

1．“一带一路”与俄蒙“两路”对接

在近年东北振兴讨论中，多位人士谈到了实施“一带一路”战略的问题，笔者是赞成的。从全国看，现在“一带一路”战略的实施，存在着一种偏向，即把“丝路”仅仅解释为“西向”开放（即向中亚以及中东等国家和地区开放），这种认识是不全面的。对于“一带一路”，需要把握四个“不只是”：（1）“一带一路”不只是中国人的创造，而是周边几十个国家人民共同创造的；（2）丝绸之路不只是指向西，而且也向东西南北四个方面。即使古代也不是只有一条“西向”的路。例如，笔者曾在吉林省安图县二道白河镇的天福街上，看到当年大唐王朝到“渤海国“的丝绸之路石头标记。当年到渤海国的丝绸之路，不仅到东北，而且到俄罗斯远东地区、朝鲜半岛、日本海等。（3）丝绸之路不只是到外国的某一个地方，而是到四大洲的很多地方。从广义上说，“一带一路”战略思想需要拓展中国周边东西南北几大地域方向。（4）“一带一路”不只是经贸交流，而且包括人文交流。[1]

“一带一路”这篇大文章，东北要做，而且要主动融入并积极推进。根据上述“广义一带一路”观（而不是“狭义一带一路”观），东北应该意识到“一带一路”跟整个东北和东北亚的关系非常密切。应以东北为基点，推进向东、向西、向南、向北“四个向度”的“一带一路”建设。

从国家实施“一带一路”战略重点、梯次展开研究，笔者在实际调研基础上逐步形成“六条线路”的构思。第一条线，战略起步点——中巴经济走廊；第二条线是中国与伊朗线；第三条线是中国与哈萨克斯坦等中亚五国线；第四条线是中国与印度尼西亚线。最后两条线，分别是向南、向北实施：一条是中缅印孟经济走廊；另一条就是中国与俄罗斯、蒙古线。[2]

---

[1] 有关四个“不只是”的分析，参见常修泽：《人本型结构论——中国经济结构转型新思维》，安徽人民出版社，2015 年 8 月版，第 20 页。

[2] 常修泽：《世界三大博弈与中国开放新局》，载《群言》，2017 年第 1 期。

尤其要把“丝绸之路”与俄罗斯的“亚欧之路”、蒙古的“草原之路”等其他国家的发展战略衔接起来。在中国境内称“丝绸之路”，到外国那边，可“一路两名”，要尊重多元文明。随着推进“一带一路”，在包容互鉴中共同组成“命运共同体”。

2. 打造东北“三纵四横”多条经济带

东北开放虽然要全面贯通，但在区域上不应齐头推进、面面俱到，建议抓重点经济带、抓带上的关键节点城市，特别是核心城市。与上述东北向东、向西、向南、向北“四个向度”的“一带一路”建设相适应，建议打造东北三纵四横多条经济带。

三纵：(1)主轴线：把东北四个核心城市串起来：哈尔滨－长春－沈阳－大连(出海口)；(2)“东纵线”由中俄边境同江－佳木斯－牡丹江－通化－丹东（出海口）；（3）“西纵线”，由中俄边境的黑河－大庆－通辽－锦州（出海口）。由此形成三条经济带。

四横：北面：中俄蒙交界的满洲里－哈尔滨－中俄交界的绥芬河（临近海参崴出海口)；中间：中蒙交界的阿尔山－长春－延吉－“一眼望三国(中朝俄)”的珲春(接近出海口)；南面：丹东(出海口)－沈阳经京沈高铁－阜新－朝阳－北京。

横向：除以上三条外，笔者 2016 年 7 月，到吉林南部做实地考察，从集安出境到达朝鲜的满浦，引起思考。建议打造一个满洲里到集安的通道，由中俄边境的满洲里经齐齐哈尔、大庆、哈尔滨、长春、四平、通化、到集安（对面就是朝鲜满浦），形成一条“满集（或满满）经济带”，将俄罗斯、蒙古国、中国、朝鲜、韩国和日本等贯通起来，以此经济带为纽带，进一步将东北地区融入东北亚经济发展大战略中。此构思在 2016 年 8 月哈尔滨“东北振兴”论坛提出，引起关注。

3. 以“八大边口”为支点扩大沿边开放

东北的对外开放，从天然条件来看，辽宁有沿海“五点一线”，吉林、黑龙江虽然近海，但没有出海口。再考虑到内蒙古自治区的东部五市盟（呼伦贝尔市、兴安盟、通辽市、赤峰市、锡林郭勒盟），因此可以沿边的开发开放，实现“中外贯通”战略 。

沿边的开发开放，建议以“八大边口”为支点：辽宁的丹东，吉林的集安、珲春，黑龙江的绥芬河、抚远、黑河，内蒙古的满洲里、二连浩特等。在基础设施建设的基础上，搞跨境经济合作（有的可在此地跨境经济合作区），以此向边境内外辐射。

4. 因地制宜实施“手臂延长方略”

20多年前，联合国曾有一个大图们江开发计划。彼时，笔者曾在香港《经济导报》发表过建议设立跨国经济特区构想，但实施并不理想。鉴于情况比较复杂，笔者主张，目前比较可行的办法，是采用“手臂延长方略”，扩大东北地区对外开放。

2015年8月，笔者曾到中朝边境，了解中朝共同开发和共同管理的罗先经济贸易区（以下简称罗先区）的情况。整个罗先区面积890平方公里，其中一部分属于“中朝罗先经贸区”。通过双方合作共同管理，中国获得朝鲜罗先区若干码头几十年的使用权。从中朝边境的圈河口岸到罗先区港口修建50公里公路，可把货物运进运出。笔者称之为“手臂延长方略”：“公路相当于手臂，港口相当于手掌”。通过“手臂延长”，使“近海而不沿海”的吉林“借港出海”，打通进入日本海和太平洋的通道。

从圈河到罗先的开放实践中，受到启发，由此联想到，由中俄朝边境的珲春到俄罗斯的扎鲁比诺，是否也可以搞“手臂延长方略”呢？其他口岸也可因地制宜实施“手臂延长方略”。

5. 东北向国内其他地区的开放

东北实施对外开放与区内发展的“中外贯通”战略，除以上之外，还有与国内兄弟地区的开放的问题。首先是跟京津冀的合作。中共中央、国务院已决定把京津冀协同发展作为21世纪第1个10年的大发展战略。东北与京津冀在基础设施联通、产业转移承接、生态环境联合保护等方面合作的领域和空间很大。环渤海经济区北面是辽宁，南面是山东。东北可与山东半岛经济带合作。

此外，东北南边的大连港、丹东港、营口港、盘锦港、锦州港、葫芦岛港可以直接跟上海、宁波航线往来，通过上海可以与长江经济带对接。同时落实辽宁与江苏、吉林与浙江、黑龙江与广东之间的省际对口合作。

（二）办好自由贸易区：“中外贯通”

1. 为什么2015年建议创办自由贸易区

2015年笔者到沈阳机床和新松机器人公司（“机器人”权威专家蒋新松先生当年创办）考察。这两个企业是辽宁沈阳的“宝贝企业”。但是，沈阳机床拟将全球总部设在上海，新松机器人公司也将研发总部设在上海或深圳。辽宁沈阳好不容易有这么两个宝贝，为什么走？主要是政策、行政官僚体制束缚。他们反映在东北办事很难，申批很麻烦，到上海自贸区去办事，很快可以搞定。这种体制是人可以改变的。鉴于此，2015年，建议中央在东北设一个自由贸易区，给这些企业提供制度和政策的空间。[1]

2. 辽宁自由贸易区应“外溢化”

现在，在东北设立自由贸易试验区已成为现实。2016年9月G20会议前，中央决定在辽宁、浙江、河南、湖北、重庆、四川、陕西新设立7个自由贸易试验区。辽宁被排在首位。

[1] 见常修泽：《“再振兴”东北战略思路探讨》，载《人民论坛》，2015年第11期。

自2013年中国最高决策层决定在上海成立第一家自由贸易区以来，迄今已经批准11个自由贸易区，这些自由贸易区并非地方的，而是国家的。自由贸易试验区是按照全球最新的规则来开展工作的，办事速度快、效率高，可以给企业提供制度和政策的空间。从“东北振兴”全局来讲，辽宁已经成为自贸区，下一步，两点建议：（1）建议将辽宁自贸区内涵“外溢化”、“东北化”，即不仅在辽宁省内的沈阳、大连、丹东等设自贸区，也可考虑在长春、哈尔滨设自贸区，弟兄3个共用自贸区政策有何不可？（2）自贸区可以在上海基础上有所创造，更好地为东北地区振兴服务，促进东北区域经济发展和“一带一路”战略的实施。

3. 用自由贸易区倒逼体制改革

“自由贸易区”并非社会上误解的“自由贸易园区”。中央领导特意圈掉“园”字，为的是与国际接轨，寓意深刻，在东北设立自由贸易试验区，除了一般的贸易、投资、金融这些开放的功能以外，还可以倒逼国内的体制改革。

第一，倒逼政府自身体制改革。通过自贸区的创建，就可尝试按照新的规则遵循“法无禁止即自由”的原则，实行“负面清单”管理（同时暂停实施某些法律法规），推动东北政府由管制型向中立型和服务型转变。

第二，倒逼国有企业改革。设立自贸区，首先就要为区内所有企业创造一个公平竞争的环境。现实是，东北的国有企业确有某种特殊待遇。设立自贸区将进一步推动公平竞争的实施，倒逼国有企业改革。

第三，倒逼区内服务业开放。前些年，东北开放的重点在工业领域，服务业的很多领域尚未开放，设立自贸区，倒逼电信、交通等垄断性行业开放除此之外，倒逼区内竞争性产业开放。

第四，倒逼区内社会体制改革。随着自贸区新规则的建立，以保障劳工权益为标志的公民权利问题将会进一步落实，这就要求推进社会管理体制创新。

第五，倒逼区内生态环境体制改革。自贸区新规则对环境的要求非常苛刻，促进环境保护制度。此外，还有知识产权保护问题，自贸区新规则对此要求也非常严格。[1]

（三）扩大产业开放："中外贯通"

1. 发挥装备制造业开放优势

装备制造业是东北地区的一张"王牌"，曾被称作"共和国的装备工业部"。与其他地区相比，高铁车辆、核电装备以及造船等，力量雄厚。2016 年 7 月，习近平同志到吉林调研，考察了两家装备制造企业：一家是中车长客，一家是东北工业集团长春一东离合器公司。前者是高铁生产企业。近年国内的高铁突飞猛进，海外市场也有很大需求，总理出访，首先推销的就是高铁。后者离合器公司制造配套的零件。随着中国下一步对外开放力度的加大，高铁、核电、其他装备成热烙商品。东北地区应抓住这个历史难得的机遇，成为整个国家参与新一轮国际产业分工的"新支点"。从中德工业园收到启发，东北除与东北亚合作之外，要与德国、瑞士、以色列等国合作。

2. 补足服务业开放"短板"

服务业开放是经济全球化的新趋势。据《二次开放》一书数据，"近年来，货物贸易增速明显下降，但服务贸易却较快增长。2008 年至 2014 年，全球服务贸易比货物贸易的年均增长速度约高 1 倍。2015 年，我国服务贸易占对外贸易的比重比全球平均水平低 8 个百分点左右，比发达国家低 10 个百分点以上，尽管 2016 年的这一比重提升了 3 个百分点，但仍与世

[1] 参见常修泽：《人本型结构论——中国经济结构转型新思维》，安徽人民出版社，2015 年 8 月版。

界发达国家有明显差距”。[1] 前些年，东北开放的重点在工业领域，服务业的很多领域尚未开放（特别是一些垄断性的行业尚未开放），导致服务贸易滞后。据统计数据，2015 年东北全部进出口总额只有 1358 亿美元，占全国比重仅 3.44%。全部进出口总额中，主要是货物贸易，服务贸易比重微乎其微，服务贸易滞后已成东北产业开放和对外贸易的“短板”。

下一步东北开放应把服务业市场开放作为新的任务。重点抓三条：一抓服务业市场开放准入：首先是开放竞争性服务业，比如大健康产业（东北人参鹿、茸等中药、资源丰富）、旅游产业（长白山、大兴安岭等旅游资源丰富）、文化创意产业、教育培训产业等，同时推进垄断性行业（至少是垄断行业的竞争环节）开放，实现重点领域准入的突破。二抓服务业引资，一方面吸引国外资本（特别是东北亚资本）投资服务业；另一方面鼓励本地和关内社会资本进入服务业市场。三抓服务贸易，面向国际市场，在扩大货物贸易的同时，扩大服务贸易，逐步提高服务贸易占对外贸易的比重。

3. 不可忽视的海洋产业开放

在吉林珲春一带考察，深感沉痛的历史教训：黑龙江、吉林本有辽阔的海岸线，但通过《瑷珲条约》、《北京条约》等，陆续丧失了通往太平洋、日本海的海岸线和出海口。未来国际竞争的重点在海洋。国土二字，不仅仅包括陆地国土，而且包括蓝色国土。好在辽宁有 1443 公里长的海岸线，发展海洋产业具有优势。前些年曾提出“五点一线”，“五点”指大连长兴岛临港工业区、辽宁（营口）沿海产业基地、辽西锦州湾沿海经济区（包括锦州西海工业区和葫芦岛北港工业区）、丹东临港产业园区、大连花园口工业园区等，“一线”即滨海路。应以“五点一线”为依托，大力推进渔业、海洋资源、港口建设、临港产业、海上旅游等产业开放，使海洋经济成为辽宁的一张开放“新牌”。

[1] 参见迟福林：《二次开放》，中国工人出版社，2017 年版。

五、政府、企业家、1亿民众："金三角"支撑战略

东北要振兴，必须要有战略支撑。这里提出以政府、企业家、1亿民众组成的"金三角"结构，作为战略支撑。

（一）政府：宜"服"不宜"主"

1. 务必由"政府主导型"走向"服务型政府"

长期以来，东北实行的是"政府主导型"的经济发展模式。政府过多采取行政许可、审批制度，在很大程度上导致政府权力的任性以及与市场的边界不清。如何使政府有权而不任性？就要推进权力职能的结构性改革，设法解决"政府主导型"问题。

老子《道德经》说：圣人"能辅万物之自然，而不敢（乱）为"。[1]这个"辅"字颇有哲理，"辅"的深刻奥妙值得参悟参透。当代，这里讲的"圣人"，可以看成政府决策者或管理者。古代圣人讲究一个"辅"字。今之，政府可讲究一个"服"字，走向"服务型政府"，参透其中奥妙，自觉摆脱"政府主导型"模式，以此建立良好的经营环境。

既然政府变成"服务型政府"，那么，在经济活动里面，应理顺政府和市场关系，做到放管结合、优化服务。服务之中，笔者建议保持包容与超然。比如前面提出的国企改革与民营发展"两翼齐飞"战略，在实施"两翼齐飞"中，政府应包容国有与民营，同时应超然一些。国企与民营之间如何摆平、站哪一边？"手心手背都是肉"，原则上说，建议中立公正（至于具体问题，则具体分析）。同样，在对待企业、劳工这两个方面，无论对企业（投资方）或者对（职工）劳方，也都要保持包容与超然，企业（投资方）与（职工）如何摆平，政府站哪边？"手心手背都是肉"，原则上说，

[1] 老子：《道德经》，吉林文史出版社，2004年版，第312页。

也建议中立公正（至于具体问题，也具体分析）。

2. 着力解决政府职能“四位”问题

十八届三中全会提出市场“决定”作用和政府“更好”作用，表明要向政府干预型模式告别。受计划经济根深蒂固的影响，东北一些政府权力比较任性，表现在经济职能上“四位”（错位、越位、缺位、不到位）现象比较严重。应努力解决上述“四位”问题。“四位”之中重点扭住政府直接配置资源、管得过多过细即“越位”问题，无论是对国企，还是对民企，都不应搞“政府干预”。针对现在权力“干预过多”以及“吃卡要”的风气，应以市场主体需求为导向，深入推进简政放权，尤其要深化行政审批制度改革，大幅减少行政审批事项，凡能取消的一律取消，凡能下放的一律下放。与此同时，解决服务“缺位”“不到位”问题。

3. “三张清单”与避免“贿选案”重演

“三张清单”，即权力清单、责任清单、负面清单。东北欲优化营商环境，须进一步放开放活市场，激发市场内在活力，这就要推进商事制度改革。《辽宁省优化营商环境条例》于 2016 年 12 月 7 日已审议通过，这是东北地区首部规范营商环境建设的省级地方法规，是一有力举措。在调研中感到，东北不少地方在推行 PPP 模式。在此情况下，更应建立和完善权力清单、责任清单、负面清单管理模式，强化对权力的约束和监督。鉴于东北一些地区政治生态恶化，应强调围绕“把权力关进制度的笼子里”，要建立权力的约束和监督机制，避免贿选案及其引起的连锁之类的事件重演。

（二）企业家阶层：宜“扶”不宜“除”

1. 提高对企业家阶层的社会尊重度

笔者在调研发现，东北地区现在对企业家阶层的社会认知度、尊重度不高，一些地方有所谓“关门打狗”说；一些地方前些年竟出现经理在企业被“除掉”的惨剧，后遗症犹存；还有的冤假错案至今并未解决。人们呼唤创造适合于企业家生存发展的政治环境。习近平早讲过：“全面深化改革就是要激发市场蕴藏的活力，市场活力来自于人，特别是来自企业家，来自于企业家精神。”[1] 笔者在调研中问过多位人士对习近平此语的看法，多回答“闻所未闻”。要落实习近平讲话精神，切实提高对企业家的认知，此乃市场活力的来源也。

2. 营造保护企业家合法权益的环境

企业家合法权益，一是权，二是益。关于权，笔者讲“复位就是让企业家在企业坐其位，行其权”。今天，东北企业权力方面面临复杂的关系。一些企业家在企业生产经营决策方面的权力有被截留的现象，应设立企业家维权服务平台。关于益。今天，东北企业家的薪酬已经不是突出问题，主要是财富问题。应建立新的机制，让企业家专心创造财富，安心享有财富，遂心支配财富，放心传承财富。建好企业家权益之“巢”，自然就会“凤还巢”，甚至会引得新的凤凰来。

3. 社会容错与企业家自我纠错并举

李克强在 2016 年政府工作报告中明确提出，要“营造敢为人先、宽容失败的良好氛围，充分激发企业家精神，调动全社会创业创新积极性，汇集成推动发展的磅礴力量”。[2] 东北应率先完善对企业家的容错帮扶机制，对不涉及违规决策、没有不当利益输送，按照有关规定可以容错的，应予以宽容。

与社会建立容错机制相向而行，无论是本地土生企业家还是外来的企业家，自身都要建立自我约束、自我净化、自我纠错的内在机制。而且，“社会越容错，自己越应自觉”，应加强自身修炼，特别是仁义、诚信、敬业等品质的修养和锻炼。有了这样一支企业家队伍，东北“金三角”支撑结构，就有了可靠的第 2 个“金角”。

[1] 见《人民日报》，2014 年 11 月 17 日 05 版。
[2] 李克强：2016 年政府工作报告。

（三）民众：宜“鼓”不宜“堵”

1. “鼓起”1亿东北人的士气

东北人民是有光荣传统的人民。无论在抗日战争时期坚持“十四年抗战”，还是解放战争时期建立可靠的“东北根据地”；无论是在抗美援朝时期“担起后方重任”，还是在“一五”时期156项国家建设“三分天下有其一”……东北人民都做出过突出贡献。今天，东北遇到困难，有些人产生悲观情绪、失望情绪，个别人甚至 “唱衰东北”，中央和地方党政应该扭转局面，奋力“鼓起”1亿东北人的士气，“唱兴东北”。由于东北腐败较重，矛盾重重，群众有些怨气，对此宜“疏”不宜“堵”。要改变事件出来后“一包围，二撒钱”的后发模式，提前做好疏解工作，把矛盾解决在前面。

2. 改善1亿东北人的民生问题

民生问题是东北振兴的关键问题。2016年文件“破例”提出“允许地方在国有企业改革中，可以有序的转让部分地方国有企业的股权，所得收入用于支付地区的改革成本，来弥补社保基金的缺口”。这个“资产换保障”的思路是基于“人本”的，应该落实。除去与教育、医疗、就业、收入、社保、食品安全这“六大共性”问题之外，主要有四：（1）下岗人员再就业问题。虽然上世纪90年代和本世纪初“下岗潮”问题基本已经过去，但是近年因压缩“过剩产能”产生的下岗人员再就业问题突出；（2）工矿区、林区、垦区的棚户区改造问题；（3）“厂办大集体”职工的生活困难问题；（4）号召回东北或来东北的高校毕业生就业及生活问题。此外，从更大视野看问题，还有城乡公共服务均等化问题等。无论如何要坚决守住民生底线，防止当地经济发展下行压力传导到民生领域。

3. 驱动1亿东北人的自身发展

笔者在《人本结构论》中指出，应把“以人的发展为导向”作为结构转型和发展的基本导向。第一，从理论角度来分析，追求人的发展不仅是马克思主义的核心价值，而且是人类文明的最高价值。第二，从现实角度分析，“以人的发展为导向”是摆脱“GDP中心主义”惯性运作的理性选择。第三，从未来趋势分析，“以人的发展为导向”是适应新阶段国人需求变化的必然要求。[1]

东北经济振兴，主体是“人”。近年来，东北人才外流是事实。怎样留住人才，而且能够吸引更多的外地人才？如何实现人的创新创业？这涉及到在“东北全面振兴”的新的阶段工作的落脚点放到哪里的问题。习近平同志在东北吉林讲“要把人的全面发展作为出发点和落脚点”。中共十八届五中全会特别强调3个“人人”：“人人参与，人人尽力，人人享有”。东北全面振兴也必须把握这样一个根本导向。

从人的发展这一“根本出发点和落脚点”出发，需要科学把握“东北全面振兴”的大逻辑。对于“振兴驱动”不能做“单向度”的理解。要有全面的把握，笔者称之为“双驱动”：一则，通过全面振兴，驱动东北经济社会全面发展；二则，通过全面振兴，驱动一亿东北人自身的全面发展。具体说，改变人自身的结构和素质，实现人的价值。在这个问题上，必须要克服狭隘化和“单向度”的传统思维。既要他人扶助，更要自我救赎；既要回味光荣，更要新的解放，让每一个东北人“心灵放飞”，把东北人从传统体制这个无形的笼子里解放出来，实现自身进步和发展。马克思说这是“新社会的本质”，也是东北全面振兴的战略本质和“伟力”之所在。

（常修泽，中国宏观经济研究院教授、中国东北振兴研究院专家委员会副主任）

[1] 常修泽：《人本结构论》，安徽人民出版社，2015年版，第56页。

东北振兴需国企改革率先破题

迟福林

国企改革是东北振兴的重头戏，是牵动影响东北转型改革的关键。目前，东北国有经济占比偏高，国企改革与经济结构调整、经济转型升级紧密相连，尤其在涉及政府与市场的关系问题上，牵一发而动全身。国企改革不率先破题，全面振兴东北将困难重重。总的建议是，适应制造业转型升级的需求，以调整国有资本布局为目标，以发展混合所有制为重点，加快推动东北国资国企改革进程。

一、推动东北制造业转型升级关键看国企

东北振兴离不开制造业。国企是制造业的主力军。如果国企改革不破题，实现结构调整、制造业转型升级也很困难。

1. 推动东北制造从数量扩张型向质量效益提高型升级。目前，我国产能严重过剩地区的共同特点是以重化工业为主。东北地区在这方面的问题更为典型和突出。主要表现在东北地区的重化工业比重较高，在重化工业领

域国企占比高。以国企为主的工业增速较高既是2003年以来东北经济发展的重要原因，也是近年来东北经济困难的主要症结所在。在产能过剩、工业需求难以持续扩张的情况下，东北制造需从数量扩张型转向质量效益提高型。

2. 产业转型升级重在国企改革。实践证明，大规模投资和需求刺激政策已成强弩之末。如果继续沿用扶持输血支持国企、投资拉动经济增长的办法，短期刺激增长的效果未必见效，反而造成东北国有企业的负债率高企，更重要的是可能错失国企改革的历史机遇。未来，东北振兴的重点应放在改革国有企业发展的体制机制上，把保增长的任务让位于调结构和促改革尤其是国有企业改革，以破解经济结构失衡的难题。

3. 产业结构调整要适应市场需求。东北产业结构的突出问题是产业转型升级与消费结构变化的趋势不相适应。为此，当全国出现产能过剩时，东北在整个产业链条中受到的冲击最大。全面振兴东北产业，需要依据市场需求选择主导产业。国有企业在保持优势产业发展的同时，着力转变供给结构，跟上国内产业结构、消费结构、城镇化结构演变的趋势，尤其是要在市场规模巨大的中高端消费品生产产业中找到突破口。

4. 以国企转型改革带动生产性服务业发展。“十三五”，东北能不能在新一轮科技革命中把握先机，能不能抓住13亿人消费升级的重要机遇，关键在于以国有经济为重点，实现由生产型制造向服务型制造的转型。2014年东北三省生产性服务业占服务业的比重为35%-40%，低于全国平均水平约5-10个百分点，低于德国30-35个百分点。如果东北三省能以国企转型改革带动生产性服务业发展，将形成东北制造业转型升级的推动力。

二、东北国企改革需要提速

国企改革是牵动影响东北转型改革的关键，国企改革不率先破题，全面振兴将无从谈起。

1. 国企改革滞后制约东北转型发展。与全国相比，东北国企改革相对滞后，在有些领域严重滞后，尤其是东北还存在很多企业办社会、企业办大集体问题仍然十分突出，严重制约国企改革。

2. 东北国企改革需要有新思路。东北国企改革的基本目标是增强国企的活力和竞争力。一是要以“做活做优做大国有资本”为重大任务。二是要敢于向僵尸企业“动刀”。采取兼并重组、债务重组和破产清算等方式坚决让僵尸企业退出市场，做到“保人不保企”，对于严重亏损、资不抵债的国企要坚决实施破产，防止新的产能过剩、新的僵尸企业出现。三是率先开展社会保障体制改革。加快建立多层次养老保险制度体系，探索社会保障税改革，解决东北地区养老金缺口问题。四是创新激励机制。慎用债转股，探索“分红权改革”，实行减亏分红、扭亏分红，切实增强国企活力和竞争力。五是重点推进东北地区的央企改革。东北央企数量众多，央企出现亏损是近年来东北经济下滑的主要原因之一。没有央企改革的实质性突破，去产能、结构调整很难顺利推进。

3. 关键在于调整国有资本布局。2014 年东北三省国有企业资产占规模以上工业企业总资产比重平均是 50% 左右，全国这一指标约为 10% 左右。国有经济比重过大，不仅增加了国企改革本身的难度，也挤占了民营经济发展空间。东北国企改革的基本要求是增强国企的活力和竞争力。建议以公益性为重点调整国有资本布局，尽快使国有资本退出一般性竞争性领域，使其肩负起“国计民生”的历史责任；不断增加对公益类行业的投资，使国有资本主要配置在公共服务、前瞻性战略性产业、生态环境、科技创新、国家安全等重点领域。

4. 在东北设立国有企业综合改革试验区。东北老工业基地应积极申报设立国有企业综合改革试验区，争取在国企改革的关键问题上尽快有所突破。采取兼并重组、债务重组和破产清算等方式坚决让僵尸企业退出市场；在试验区率先开展社会保障体制改革，探索社会保障税改革试验，解决东北地区养老金缺口问题；　采取特殊措施尽快剥离企业办社会、企业办大集体等国企非主业，扔掉包袱轻装前行。

三、支持民营企业参与国有企业改革

无论从当前还是从中长期发展看，必须提振东北民营经济发展信心，防止民间投资断崖式下降，尽快使民营经济成为东北全面振兴的主力军。

1. 东北民营经济发展严重滞后。目前，东北三省民营经济占 GDP 比重超过 50%，但与全国水平（60% 以上）相比，至少还有 10 个百分点的增长空间；东北地区民间投资占全国民间投资的比重由 2003 年的 8.1% 下降到 2015 年 5.4%；2015 年以来东北地区民间投资增速开始大幅下滑，2016 年 1-6 月同比下降 31.9%。全国国有企业与私人企业的比例为 1 ∶ 50，而东北仅为 1 ∶ 24；全国工商联发布的 2016 年中国民企 500 强中，东北仅有 9 家，与排名第一的浙江省（138 家）差距巨大，民营经济还有相当大的发展空间。

2. 打破垄断、开放市场。在做强做优国企的同时，可以把做大做强民营经济作为打破基础部门垄断的突破口。当前，应支持民营资本进入基础设施建设、国企改革及其他垄断领域，为民营经济发展拓展空间。例如，国有企业与民营企业仍在某些非国企主业领域（如房地产）争夺市场，这既不利于国企改革，也不利于民营企业发展。建议更大程度地放宽市场准入，使国有企业退出国企非主业领域，让出一定空间让民营资本进入；鼓励民营企业扩大投资，支持民企参与到国有企业改革，实现国企、民企携手并进；重点开展混合所有制改革，通过多种形式使社会资本、国外资本能够参与国企改革，搞活国有企业。

3. 重在改善民营经济投资营商环境。营造良好的市场投资营商环境是东北振兴的首要关键。东北经济社会发展面临着诸多矛盾和困难，重要原因在于以“官本位”为主要特征的软环境不优，突出表现在“政府太强、市场太弱”。这是民营经济发展滞后的重要原因。破解“投资不过山海关”的问题，主要不是靠政策和资金项目扶持，关键在于为市场经济运行营造法治化、公平高效的市场环境，为企业和创业者提供稳定的宏观经济环境和良好的法治环境，形成各类市场主体公平公正参与市场竞争的新格局，把过多、过滥干预市场的公权力关进制度的笼子里。

四、以开放合作提高东北国企创新能力

开放度低是制约东北经济发展的“最大短板”，是产业结构调整滞后、国企改革进程缓慢、体制机制改革难以破题的症结所在。为此，抓住“一带一路”机遇，以开放合作提高东北国企创新能力。

1. 开放度低、开放进程滞后是制约东北振兴的“突出短板”之一。以对外贸易为例。2015 年，东北三省的对外贸易依存度为 14.6%，比全国平均水平低 21.8 个百分点；东北三省 GDP 占全国比重约 8.6%，但其进出口总额仅占全国的 3.4%；辽宁、吉林高新技术产品进出口额占外贸进出口总额的比重分别为 9.6%、10.9%，分别比全国平均水平低 20.8 和 19.6 个百分点。到 2020 年，若东北三省对外贸易水平达到 2015 年的全国平均水平，至少还有 20 个百分点以上的增长空间。

2. 以开放合作推动国企由“东北制造”向“东北智造”升级。东北地区高等院校、科研机构、科研人才众多，但创新能力并不高。例如，2015 年，辽宁、吉林、黑龙江研发经费投入强度（研发经费与 GDP 之比）

分别为1.27%、1.01%、1.05%，低于全国2.07%的平均水平，与全国研发经费投入强度最高的北京相差近5个百分点。东北三省需要扩大与先进制造业国家的技术合作，以市场换技术、以资源换管理，提升重大技术装备自主化以及核心技术与关键零部件研发制造水平，形成科技创新支撑东北国企转型发展的新动力。与此同时，以企业走出去为重点提升“东北制造”的国际竞争力。

3. 以制造业转型升级为目标形成“一带一路”东北大平台。

（1）创新中德（沈阳）高端装备制造产业园、中以（哈尔滨）产业合作园等合作机制。以汽车等产业为重点，吸引国际知名跨国公司总部、生产性服务业企业和研发中心，加强东北国企与发达国家和地区在重点领域和项目方面的合作，引进先进技术、管理经验和高素质人才，推动“中国制造2025”与德国“工业4.0”战略对接融合。

（2）探索发展“飞地型跨区域特别合作区”。借鉴广东深汕特别合作区的体制飞地经验，通过引入市场机制，创新东北对外开放体制、机制、政策和管理模式，与东北地区向北开放的广阔空间相融合，探索设立“辽沪特别合作区”、“吉浙特别合作区”、“黑苏特别合作区”等，共同打造对外开放新平台，加快建设中国向北开放的重要窗口和东北亚地区合作的中心枢纽。

（3）推进跨境经济合作园区创新发展。发挥中韩俄蒙四国紧密合作、基础扎实的优势，按照自贸区标准推进黑龙江绥芬河－东宁重点开发开放试验区和图们江跨境经济合作区等沿边重点开发开放试验区建设，探索跨境经济合作区的运营模式、管理体制与多层次跨境协调机制。

（迟福林，中国（海南）改革发展研究院院长）

东北全面振兴
为什么需要产业结构的深度调整

李　凯　高宏伟

产业结构问题是东北老工业基地的痼疾，是造成当前东北经济增长乏力的重要原因。东北地区产业结构调整的主要问题是没有跟上20几年来国内产业演化的趋势，产业结构仍然以传统产业为主，新兴产业和大规模消费品工业发展滞后，这样的产业结构延续至今，始终没有产生根本性转变。党中央、国务院对东北产业结构问题高度重视，中共中央 国务院印发的《关于全面振兴东北等老工业基地的若干意见》（中发［2016］7号）[1] 明确指出，东北经济的核心问题归根结底是体制机制问题，是产业结构、经济结构问题。因此，东北全面振兴必须在产业结构问题上出现根本性的改变，实现产业结构尤其是工业结构的深度调整，才能出现东北全面振兴的新局面。

一、东北地区产业结构存在的问题

要实现对东北产业结构调整的破局，必须对东北产业结构存在的问题

[1]　《中共中央国务院关于全面振兴东北等老工业基地的若干意见》（中发［2016］7号）。

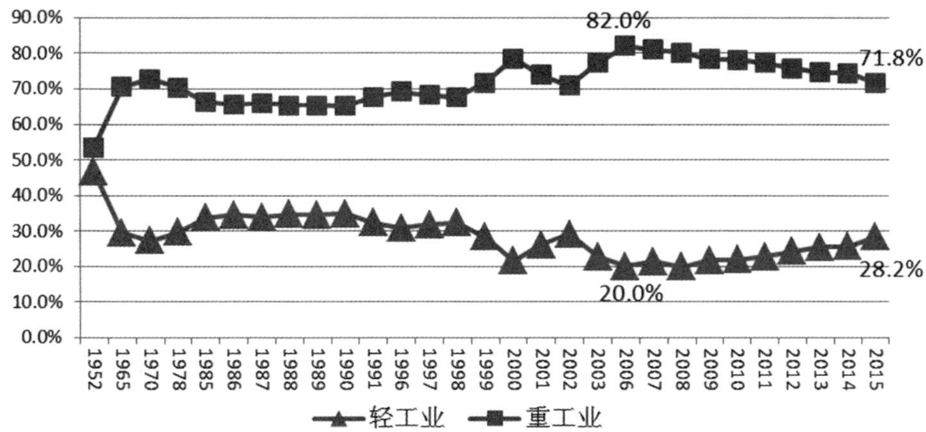

图 1 建国后东北地区工业结构变化情况

数据来源：《辽宁统计年鉴 1984-2016》，《吉林统计年鉴 1984-2016》，《黑龙江统计年鉴 1984-2016》。

有充分的认识[1]。问题主要集中在以下五个方面：

1. 轻重工业发展极不平衡

新中国成立之后，在国家优先发展重工业的战略指导下，工业基础较好的东北地区依托区位和资源优势，形成了以原材料加工、冶金、石化和机械制造等重工业为主的产业结构，重工业在东北工业体系中占有举足轻重的地位。1952 年以来，重工业产值占工业总产值的比重持续上升，轻工业产值占工业总产值的比重逐渐降低。在 2003 年国家实施东北振兴战略之后，重工业在工业结构中的地位有所下降，轻工业在工业结构中的地位有所加强，但重工业产值占工业总产值比重仍然较高（见图 1）。

2. 原材料加工业在重工业中仍占较大比重

根据国家统计局出版的《中国统计年鉴》指标解释，工业总产值是以

[1] 东北地区的数据仅包括辽宁省、吉林省和黑龙江省，未包括内蒙古的东部五盟。

货币形式表现的，工业企业在一定时期内生产的最终产品或提供工业性劳务活动的总价值量，它反映一定时间内工业生产的总规模和总水平。因此，本文采用工业总产值和主营业务收入两项指标来衡量东北地区原材料加工业、装备制造业的规模和水平情况。

本文对原材料工业的数据收集范围采用中华人民共和国工业与信息化部原材料工业司发布的《2014 年原材料工业经济运行情况和 2015 年展望》报告中对原材料工业的界定为准，包括采掘业、钢铁工业、有色金属工业、石油化工、化学工业、建材工业[1]。

本文对装备制造业的数据搜集范围以国家统计局对装备制造业的界定为准。国家统计局发布的《中华人民共和国 2014 年国民经济和社会发展统计公报》中，装备制造业包括金属制品业、通用设备制造业、专用设备制造业、汽车制造业、交通运输设备制造业、电气机械及器材制造业、通信设备、计算机及其他电子设备制造业、仪器仪表及文化、办公用机械制造业、金属制品修理业[2]。

从原材料工业总产值占重工业产值的比重看，“十二五”期间东北地区原料加工业比重有所下降，但占比仍接近 50%，装备制造业在重工业体

表 1　　东北地区原材料工业在重工业体系中所占比重情况

行业 \ 年份	2012	2013	2014	2015
重工业（单位：亿元）	60546.75	65940.91	64784.71	48920.7
其中：原材料加工	33522.75	35230.09	33719.61	24104.83
装备制造业	23084.96	25938.16	26131.05	20295.37
装备制造业占比	38.13%	39.34%	40.34%	41.49%
原材料加工业占比	55.37%	53.43%	52.05%	49.27%
其中：采掘业占比	12.23%	11.14%	10.54%	8.36%
冶金、石化占比	43.13%	42.29%	41.51%	40.91%

数据来源：《辽宁统计年鉴 2013-2016》，《吉林统计年鉴 2013-2016》，《黑龙江统计年鉴 2013-2016》

[1] 原材料工业司：《2014 年原材料工业经济运行情况和 2015 年展望 [DB/OL》，中华人民共和国工业与信息化部官方网站，http://www.miit.gov.cn，2015 年 02 月 25 日。

[2] [英] 大卫·李嘉图著，郭大力，王亚南译：《政治经济学及赋税原理》，北京联合出版公司，2013 年版。

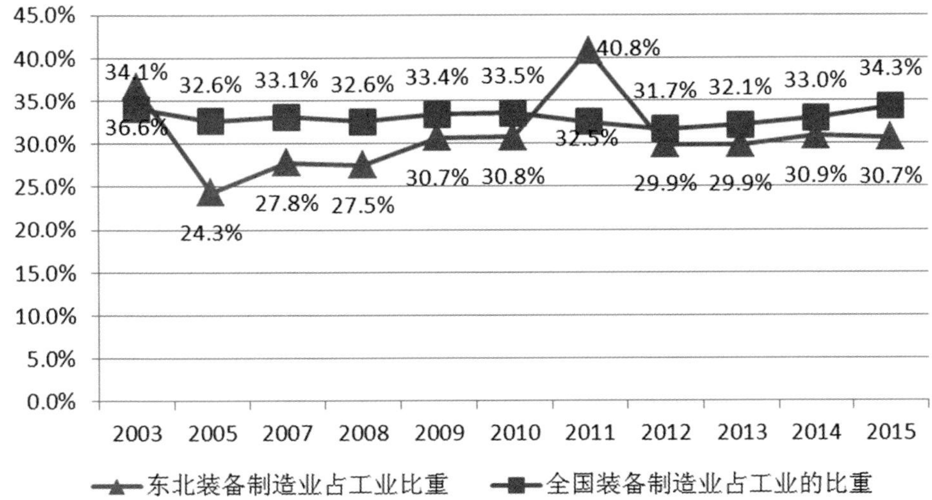

图 2　2003-2015 年东北装备制造业占工业比重与全国装备制造业占工业比重的比较

数据来源：《中国统计年鉴 2004-2016》，《辽宁统计年鉴 2004-2016》，《吉林统计年鉴 2004-2016》，《黑龙江统计年鉴 2004-2016》。

系中比重有所上升，2015 年已经达到 41.49%，但还低于原材料加工业（见表 1）。说明，东北地区重工业内部的结构调整产生一定效果，但原料加工在重工业体系中仍占较大份额。

在原材料工业中，采掘业比重有所下降，从 2012 年的 12.23% 下降到 2015 年的 8.36%，冶金石化工业在工业体系中比重有所下降维持在 40% 以上。

以主营业务收入为指标，对 2003 年以来东北地区装备制造业规模和水平情况进行分析。主营业务收入是企业确认的销售商品、提供劳务等主营业务的收入，未包括兼营业务收入，是衡量企业主要生产和经营活动的重要指标[1]。装备制造业在东北工业体系中的地位并没有显著变化，且与全国平均水平相比，装备制造业在东北工业体系的比重还不高。除了 2003 年和 2011 年，东北地区装备制造业主营业务收入占工业主营业务收入的比重低于全国平均水平（见图 2）。

[1] 国家统计局：《中华人民共和国 2014 年国民经济和社会发展统计公报 [DB/OL]》，国家统计局官方网站，http://www.stats.gov.cn/， 2015 年 02 月 26 日。

表 2　2015 年全国主营业务收入前八位的行业中各地区所占份额　单位：亿元

	1 计算机、通信和其他电子设备	2 化学原料和化学制品制造业	3 汽车制造业	4 电气机械和器材制造业	5 农副食品加工业	6 黑色金属冶炼和压延加工业	7 非金属矿物制品业	8 电力、热力生产和供应业
全国	91606.58	83564.54	71069.40	69183.18	65378.24	63001.33	58877.11	56625.81
东北地区	715.75	4016.55	8971.23	1974.17	8719.10	4004.19	4289.52	3718.17
辽宁	603.93	2034.77	2734.99	1374.51	2871.83	3315.82	2243.78	1600.84
吉林	89.10	1455.74	6044.09	380.28	3070.03	548.08	1552.30	878.59
黑龙江	22.72	526.03	192.15	219.38	2777.23	140.30	493.44	1238.74
江苏	18200.18	16591.41	6487.01	15871.35	4615.55	9554.59	4668.92	5002.45
广东	29421.29	5862.76	5724.30	11757.43	3006.57	2143.78	4697.52	6374.43

资料来源：《中国统计年鉴 2016》，《辽宁省统计年鉴 2016》，《吉林省统计年鉴 2016》和《黑龙江省统计年鉴 2016》。

3. 缺乏大规模消费品工业的支撑

（1）全国的支柱产业。改革开放以后，国民人均收入逐渐提高，居民消费结构逐渐升级，汽车、电视、电子计算机、移动通信等逐渐成为国内居民消费的重要领域。汽车制造业、计算机、通讯和电子设备制造业，电器机械及器材制造业成为 20 年以来崛起的主导产业，2015 年是按规模全国排名第一、第三和第四位（见表 2）。由于这些工业的最终产品直接面向人的最终消费，因此本文将这些行业命名为大规模消费品工业。

东北地区工业结构未能跟上这一趋势，除了汽车制造业，东北地区在计算机、通信和电子设备制造业和电器机械及器材制造业所占比重仅为 0.78% 和 2.85%，广东为 32.12% 和 16.99%，江苏为 19.87% 和 22.94%，形成鲜明对比（见表 3）。

（2）东北地区的支柱产业。东北地区支柱产业（2015 年排名前八的行业，占工业主营收入的 60% 以上）中，重工业占据主导地位，包括黑色金属冶炼及压延加工业，石油加工、炼焦及核燃料加工业，非金属矿物制品业，化学原料及化学制品制造业，通用设备制造业。除汽车之外缺少大规模消费品工业（见表 4 和表 5）。

表 3　2015 年全国主营业务收入前八位的行业中各地区比重　单位：%

	1	2	3	4	5	6	7	8
	计算机、通信和其他电子设备	化学原料和化学制品制造业	汽车制造业	电气机械和器材制造业	农副食品加工业	黑色金属冶炼和压延加工业	非金属矿物制品业	电力、热力生产和供应业
全国	91606.58	83564.54	71069.40	69183.18	65378.24	63001.33	58877.11	56625.81
东北地区	0.78%	4.81%	12.62%	2.85%	13.34%	6.36%	7.29%	6.57%
辽宁	0.66%	2.43%	3.85%	1.99%	4.39%	5.26%	3.81%	2.83%
吉林	0.10%	1.74%	8.50%	0.55%	4.70%	0.87%	2.64%	1.55%
黑龙江	0.02%	0.63%	0.27%	0.32%	4.25%	0.22%	0.84%	2.19%
江苏	19.87%	19.85%	9.13%	22.94%	7.06%	15.17%	7.93%	8.83%
广东	32.12%	7.02%	8.05%	16.99%	4.60%	3.40%	7.98%	11.26%

资料来源：《中国统计年鉴 2016》，《辽宁省统计年鉴 2016》，《吉林省统计年鉴 2016》和《黑龙江省统计年鉴 2016》。

表 4　2015 年东北地区主营业务收入排名前八位的全国份额　单位：亿元

	3	5	14	7	2	6	8	10
	汽车制造业	农副食品加工业	石油加工、炼焦和核燃料加工业	非金属矿物制品业	化学原料和化学制品制造业	黑色金属冶炼和压延加工业	电力、热力生产和供应业	通用设备制造业
全国	71069.40	65378.24	34604.49	58877.11	83564.54	63001.33	56625.81	47039.64
东北地区	8971.23	8719.10	4524.78	4289.52	4016.55	4004.19	3718.17	3065.21
辽宁	2734.99	2871.83	3343.92	2243.78	2034.77	3315.82	1600.84	2259.09
吉林	6044.09	3070.03	180.54	1552.30	1455.74	548.08	878.59	464.29
黑龙江	192.15	2777.23	1000.32	493.44	526.03	140.30	1238.74	341.82
江苏	6487.01	4615.55	2170.61	4668.92	16591.41	9554.59	5002.45	8676.20
广东	5724.30	3006.57	2321.45	4697.52	5862.76	2143.78	6374.43	3448.07

资料来源：《中国统计年鉴 2016》，《辽宁省统计年鉴 2016》，《吉林省统计年鉴 2016》和《黑龙江省统计年鉴 2016》。

注：表中排名代表东北前八位产业在全国支柱产业中对应的位置。

（3）东北地区比较优势产业。比较优势的概念源于大卫·李嘉图的《政治经济学及赋税原理》，核心思想是指国家在一种产品的机会成本低于在其他国家生产该产品的机会成本，则这个国家在该种产品上就拥有比较优势。国家或地区比较优势的差别是专业化分工和贸易的产生的重要原因[1]。

[1] B.Balassa.Trade Liberation and Revealed Comparative Advantage.The Manchester School of Economic and Societal Studies, 1965,(33)99 -123.

表 5　　2015 年东北地区主营业务收入排名前八位行业的全国比重　　单位：%

	3	5	14	7	2	6	8	10
	汽车制造业	农副食品加工业	石油加工、炼焦和核燃料加工业	非金属矿物制品业	化学原料和化学制品制造业	黑色金属冶炼和压延加工业	电力、热力生产和供应业	通用设备制造业
全国	71069.40	65378.24	34604.49	58877.11	83564.54	63001.33	56625.81	47039.64
东北地区	12.62%	13.34%	13.08%	7.29%	4.81%	6.36%	6.57%	6.52%
辽宁	3.85%	4.39%	9.66%	3.81%	2.43%	5.26%	2.83%	4.80%
吉林	8.50%	4.70%	0.52%	2.64%	1.74%	0.87%	1.55%	0.99%
黑龙江	0.27%	4.25%	2.89%	0.84%	0.63%	0.22%	2.19%	0.73%
江苏	9.13%	7.06%	6.27%	7.93%	19.85%	15.17%	8.83%	18.44%
广东	8.05%	4.60%	6.71%	7.98%	7.02%	3.40%	11.26%	7.33%

资料来源：《中国统计年鉴 2016》，《辽宁省统计年鉴 2016》，《吉林省统计年鉴 2016》和《黑龙江省统计年鉴 2016》。

注：表中排名代表东北前八位产业在全国支柱产业中对应的位置。

贝拉•巴拉萨[1]于1965测算部分国家国际贸易比较优势时采用显示性比较优势指数方法，通过该产业在该国出口中所占的份额与世界贸易中该产业占世界贸易总额的份额之比来表示，该指标剔除了国家总量波动和世界总量波动的影响，可以较好地反映国家某一产业的出口与世界平均出口水平的相对优势。本文借鉴显示性比较优势指数计算的思想，以主营业务收入为指标，计算东北地区相对于国内其他地区到底有哪些比较优势产业，计算公式如：

$$i\text{产业比较优势指数}=\frac{\text{区域第i个产业主营业务收入}}{\text{区域所有产业的主营业务收入}}\Bigg/\frac{\text{全国第i个产业主营业务收入}}{\text{全国所有产业主营业务收入}}$$

如果第 i 个产业比较优势指数大于 1，说明该产业相对全国其他地区具有比较优势；如果第 i 个产业比较优势小于 1，说明该产业相对全国其他地区不具有比较优势。通过比较发现（见表 6）：

第一，东北地区的比较优势产业大多为传统产业，其中能源、原材料加工、汽车产业优势最大，而江苏和广东地区的比较优势产业分布非常均

[1]［美］道格拉斯 .C. 诺思著，陈郁译：《经济史中的结构与变迁》，三联书店，1991 年版。

表 6　　　　　东北、江苏和广东地区的比较优势产业情况

东北地区				江苏				广东			
行业	比较优势指数	在本地工业中所占比重	在全国该产业中所占份额	行业	比较优势指数	在本地工业中所占比重	在全国该产业中所占份额	行业	比较优势指数	在本地工业中所占比重	在全国该产业中所占份额
开采辅助活动	5.054	0.79%	30.49%	仪器仪表制造业	2.885	2.27%	38.22%	计算机、通信和其他电子设备制造业	3.021	24.93%	32.12%
石油和天然气开采业	3.030	2.16%	18.28%	化学纤维制造业	2.684	1.74%	35.55%	废弃资源综合利用业	2.826	0.96%	30.05%
农副食品加工业	2.211	13.02%	13.34%	电气机械和器材制造业	1.732	10.80%	22.94%	文教、工美、体育和娱乐用品制造业	2.304	3.30%	24.49%
石油加工、炼焦和核燃料加工业	2.168	6.76%	13.08%	铁路、船舶、航空航天和其他运输设备制造业	1.502	2.58%	19.90%	家具制造业	2.152	1.53%	22.88%
黑色金属矿采选业	2.163	1.40%	13.04%	计算机、通信和其他电子设备制造业	1.500	12.38%	19.87%	纺织服装、服饰业	1.658	3.32%	17.63%
汽车制造业	2.093	13.40%	12.62%	化学原料和化学制品制造业	1.499	11.29%	19.85%	电气机械和器材制造业	1.598	9.96%	16.99%
木材加工和木、竹、藤等制品业	1.945	2.44%	11.73%	纺织服装、服饰业	1.489	2.98%	19.73%	皮革、毛皮、羽毛及其制品和制鞋业	1.533	2.03%	16.31%
其他采矿业	1.854	0.00%	11.19%	通用设备制造业	1.392	5.90%	18.44%	印刷和记录媒介复制业	1.470	0.98%	15.63%
医药制造业	1.705	3.95%	10.29%	纺织业	1.327	4.78%	17.58%	橡胶和塑料制品业	1.415	3.96%	15.05%
铁路、船舶、航空航天和其他运输设备制造业	1.414	2.43%	8.53%	金属制品业	1.232	4.14%	16.32%	金属制品业	1.397	4.69%	14.86%
非金属矿采选业	1.397	0.68%	8.43%	专用设备制造业	1.228	3.97%	16.26%	金属制品、机械和设备修理业	1.287	0.11%	13.68%
非金属矿物制品业	1.208	6.41%	7.29%	木材加工和木、竹、藤等制品业	1.227	1.54%	16.25%	造纸和纸制品业	1.277	1.60%	13.58%

数据来源：《中国统计年鉴 2016》，《辽宁统计年鉴 2016》，《吉林统计年鉴 2016》和《黑龙江统计年鉴 2016》。

衡，包括纺织等轻工业、计算机、电子设备制造业、电气机械和器材制造业等大规模消费品工业以及医药制造、仪器仪表等高技术产业。

第二，东北地区比较优势集中在增长率下降的产能过剩行业，而且面临着国内其他地区的竞争。广东和江苏的比较优势产业以高增长的高技术产业和大规模消费品工业，而且在区域竞争中占据较大市场份额，占据先发优势。

4. 高技术产业发展缓慢，对产业结构调整作用有限

高技术产业是我国产业结构升级的主要方向，但与全国平均水平相比，东北地区高技术产业在工业结构中的比重较低，对东北地区产业结构调整的作用不明显。2001 年到 2008 年期间，东北地区高技术产业主营业务收入占工业主营业务收入比重逐渐下降，从 2001 年的 10.41% 下降到 2008

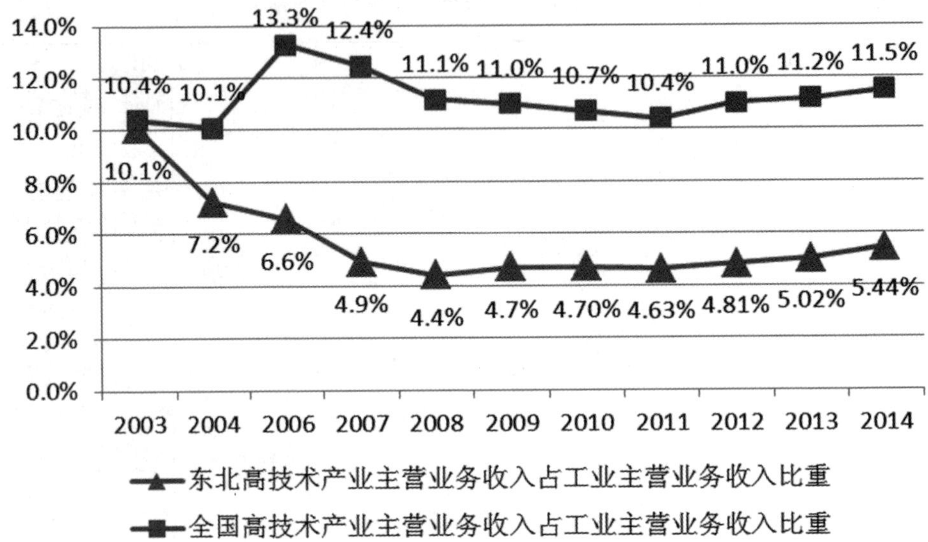

图 3　2001-2014 年东北地区高技术产业在工业中所占比重情况

数据来源：《中国高技术产业统计年鉴 2015》。

年的 4.4%，2008 年之后，高技术产业在工业结构中的比重有所回升，但始终保持在 6% 以下（见图 3）。

从高技术产业各行业的全国份额看，市场规模较小的航空航天制造业在东北地区高技术产业的比重较大，而市场规模较大的电子通信设备和计算机办公制造业的东北占比较少。2014 年东北地区航空航天制造业的全国份额达到 13.36%，但其市场规模较小仅有 3028 亿元，电子通信制造业的市场规模是其 22 倍。东北地区电子通信设备和计算机办公制造业的全国份额仅为 1.53% 和 0.54%，而广东、江苏在这两个领域的占比分别为 32.97% 和 24.97%、21.14% 和 19.97%，与东北形成鲜明对比（见表 7 和表 8）。

5. 服务业尚处于低水平的扩张阶段

东北地区服务业发展较快，2015 年服务业在三次产业中的比重已经

表 7　　2014 年东北地区高技术产业各行业情况　　单位：亿元

	合计	医药制造业	航空航天器及设备制造业	医疗仪器设备及仪器仪表制造业	电子及通信设备制造业	计算机及办公设备制造业
全　国	127367.7	23350.3	3027.6	9906.5	67584.2	23499.1
东北地区	4652.0	2664.6	404.5	423.5	1031.4	127.9
辽　宁	2351.7	783.1	255.6	302.2	908.0	102.8
吉　林	1667.9	1480.4	0	95.5	76.4	15.6
黑龙江	632.4	401.1	148.9	25.9	47.0	9.6
江　苏	26113.9	3043.5	297.3	3794.5	14285.0	4693.7
广　东	30328.9	1294.6	91.9	789.8	22284.0	5868.6

数据来源：《中国高技术产业统计年鉴 2015》。

表 8　　2014 年东北地区高技术产业各行业的全国比重情况　　单位：%

	地区 GDP 占全国比重(%)	医药制造业	航空航天器及设备制造业	医疗仪器设备及仪器仪表制造业	电子及通信设备制造业	计算机及办公设备制造业
东北地区	8.40%	11.41%	13.36%	4.28%	1.53%	0.54%
辽　宁	4.18%	3.35%	8.44%	3.05%	1.34%	0.44%
吉　林	2.02%	6.34%	0.00%	0.96%	0.11%	0.07%
黑龙江	2.20%	1.72%	4.92%	0.26%	0.07%	0.04%
江　苏	9.51%	13.03%	9.82%	38.30%	21.14%	19.97%
广　东	9.91%	5.54%	3.04%	7.97%	32.97%	24.97%
广　东	30328.9	1294.6	91.9	789.8	22284.0	5868.6

数据来源：《中国高技术产业统计年鉴 2015》。

达到 44.7%，但是其总体水平不高、结构不合理的问题依然存在，具体来说：

（1）传统服务业仍占主导。2015 年，东北地区交通运输业增加值为 3527.1 亿元，占服务业增加值比重达到 13.5%、批发零售和住宿餐饮增加值为 6616.9 亿元，占服务业增加值比重达到 25.4%，传统服务业增加值比重合计为 40%，较 2003 年的 52.1% 有所下降，但所占比重仍然较大。从吸纳就业人数来看，交通运输业和批发零售和住宿餐饮服务就业人数占服务业比重达到 11%。传统服务业技术水平不高，对产业结构调整的作用有限，仅依靠传统服务业既不能决定产业结构升级，也无法保证经济的加速增长（见表 9）。

表 9　2003-2015 年东北地区服务业各行业年末就业人员情况　单位：万人

	2003		2015	
	人数	比重	人数	比重
服务业总计	857	100%	699.3	100%
批发和零售业	126.2	14.7%	53.6	7.7%
交通运输、仓储及邮政业	13.2	1.5%	79.6	11.4%
住宿和餐饮业	167.4	19.5%	13.6	1.9%
信息转输、计算机服务和软件业	42.9	5.0%	26.6	3.8%
金融业	34.8	4.1%	49.5	7.1%
房地产业	13.2	1.5%	24.6	3.5%
租赁和商务服务业	18.1	2.1%	22.2	3.2%
科学研究和技术服务业	23.9	2.8%	33.9	4.8%
水利、环境和公共设施管理业	24.2	2.8%	33.3	4.8%
居民服务、修理和其他服务业	61.2	7.1%	9.0	1.3%
教育	147.8	17.2%	136.4	19.5%
卫生和社会工作	57.9	6.8%	72.2	10.3%
文化、体育和娱乐业	15.7	1.8%	12.5	1.8%
公共管理、社会保障和社会组织	110.5	12.9%	132.3	18.9%

数据来源：《2004 辽宁统计年鉴》，《2004 吉林统计年鉴》，《2004 黑龙江统计年鉴》，《2016 辽宁统计年鉴》，《2016 吉林统计年鉴》，《2016 黑龙江统计年鉴》。

（2）生产性服务业发展较快但还未形成规模。2015 年，东北地区从事科学研究和技术服务业的就业人员达到 33.3 万人，较 2003 年增长了 41.6%，占服务业就业人员比重仅为 2.5%，信息转输、计算机服务和软件业就业人数达到26.6 万人，较2003 年下降了 38%，占服务业比重仅为 2%（见表 9）。

（3）医疗、旅游、文化、体育等高端生活性服务业发展滞后。相比于“衣食住行”的主导的消费结构，东北地区居民消费需求正逐渐向个性化、高端化、服务化转变，对“文化、娱乐、体育、旅游、健康”等消费需求不断扩大，但东北这些服务业发展却滞后。如 2015 年东北地区的文化、体育和娱乐业就业人员比 2003 年下降了 20.4%，从业人员占服务业比重仅占 0.9%；医疗卫生、社会保障业等社会福利业从业人员比重仅为 5.4%；居民服务从业人员比重仅为 0.7%，而且相比 2003 年水平，居民服务业就业人员大幅下降（见表 9）。

（4）公共管理等非营利服务业就业人员比重较高。2015 年东北地区公共管理、社会保障和社会组织的就业人员达到 123.3 万人，占服务业就业人数比重达到 18.9%，比 2003 年增加了 21.8 万人（见表 9）。虽然公共服务就业人数增加，但东北地区公共服务质量却广受诟病，政府“吃、拿、卡、要”、“关门打狗”、“投资不过山海关”等舆论在网络等新媒体广泛流传。虽然难以拿到准确数据，但网络舆论在一定程度上反映了公共服务质量和政府提供公共服务能力差的问题。

二、东北地区产业结构产生的影响

过度依赖重工业的发展路径不仅是当前东北经济增长乏力的主要原因，同时也产生了对东北经济发展影响深远的一系列问题，包括：

1. 只带来 GDP 增长，阻碍区域工业化进程

从世界工业结构升级的一般规律来看，工业升级路径通常是从劳动密集型的轻工业向资本和技术密集型的重工业转变，轻工业在工业化进程中扮演者至关重要的角色。而东北地区工业升级路径则相反，走的是优先发展重工的路径，而且未能实现轻重工业的协调发展。

1978 年以后，东北第二产增加值和就业人员占三次产业的比重开始下降，对就业的拉动作用逐渐减弱。但是，随着第一产业增加值比重继续下降，其就业人数比重却始终高于其他产业，甚至在 1997 年 -2003 年期间，就业人员比重还有所上升。说明在东北工业化推进过程中，劳动力没有从第一产业流向第二产业（见图 4 和图 5）。

究其原因，在于重工业是资本和技术密集型产业，过度依赖重工业势必排斥劳动力流向重工业，而东北轻工业又没有发展起来，导致农业人口

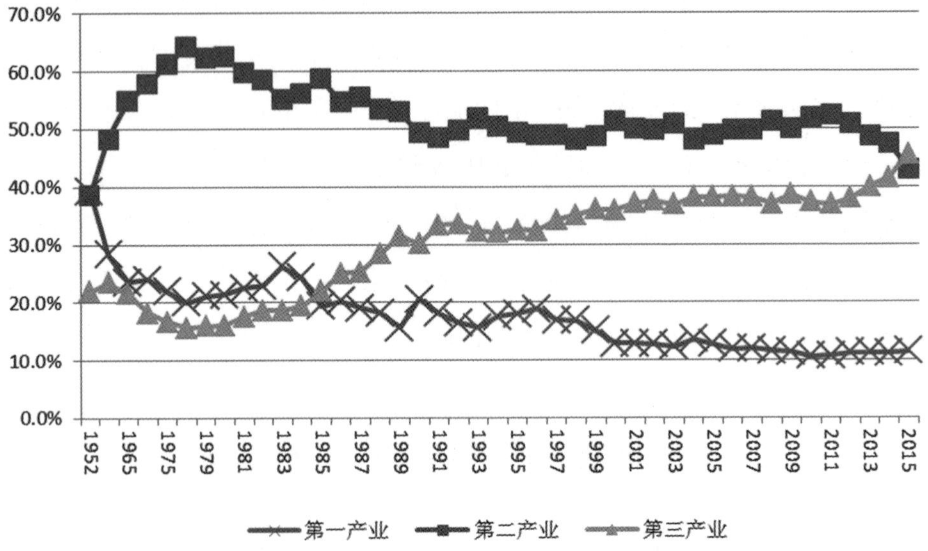

图 4 建国后东北地区三次产业增加值构成情况

数据来源：《辽宁统计年鉴 1984-2016》《吉林统计年鉴 1984-2016》《黑龙江统计年鉴 1984-2016》。

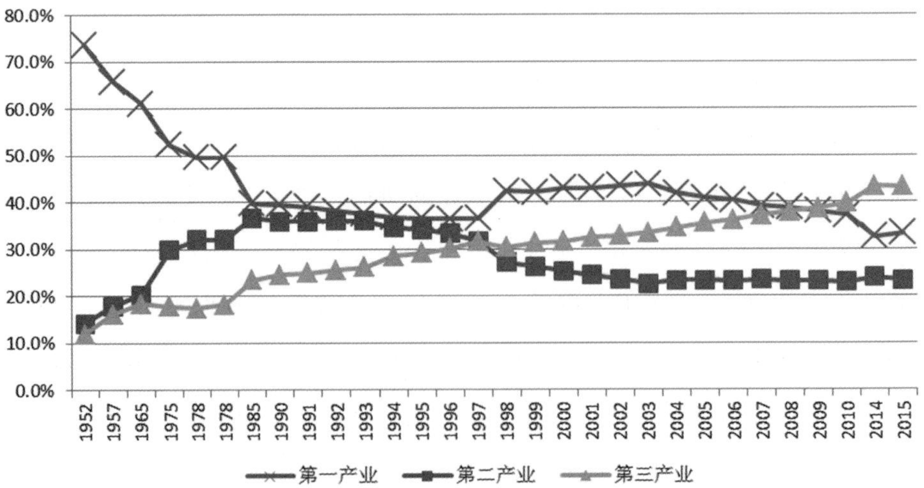

图 5 东北地区三次产业就业人数构成情况

数据来源：《辽宁统计年鉴 1984-2016》《吉林统计年鉴 1984-2016》《黑龙江统计年鉴 1984-2016》。

无法向劳动生产率更高的工业流动。再加上东北地广人稀，广大农民依靠农业基本能实现“自给自足”，因此大量劳动力滞留在劳动生产率低的第一产业，进而导致工业和农业、城市和农村发展的不平衡，广大农村地区人均收入普遍较低。尽管第三产业增加值和就业人数比重持续上升，但这与东北第三产业主要集中在一些重工业城市和对外开放节点城市的结果，农村地区第三产业发展始终处于落后状态。因此，过度依赖重工业发展只带来了 GDP 的增长，并没有产生就业效应和财富累积效应。

2. 全球价值链分工的“低端锁定”

东北重工业为主的产业结构使得东北地区始终处于全球化价值链分工的低端，主要体现在：

（1）原料加工业在工业结构中仍占较大比重。2015 年，东北原料加工业总产值占重工业总产值比重达到 57.6%，主营业务收入占工业比重达到 34.4%。2008 年金融危机之后，世界市场外需不振，国际大宗商品价格下跌，东北地区原材料加工业产能过剩问题集中爆发，东北采掘业规模逐渐萎缩，长时间的资源开采导致的资源日渐枯竭，产生一批资源枯竭型城市，亟待转型；冶金石化行业占比重维持在 40% 左右，一方面将廉价生产资料销往外地，另一方面将环境污染和能耗留在东北，产业发展和资源环境之间的矛盾日益凸显。

（2）装备制造业中低端产能不断扩大，高端产品供给不足。东北地区是我国重要的装备制造业基地之一，近些年东北装备制造中低端产品的生产能力不断扩大，但高端产品供给不足尚需进口。在产业体系方面，整装企业规模较大，功能零部件企业规模普遍较小，功能部件行业发展缓慢，关键零部件企业的发展更显滞后，依赖整机组装、缺乏技术创新和品牌的产业体系已经不适应外部需求环境的变化，研发和创新能力的“瓶颈”制约日益凸显。

3. 计划经济体制的"路径依赖"

相比于前两者，计划经济体制 "路径依赖"对东北地区的影响更为深远。路径依赖是指人类社会一旦选择了某个体制，由于规模经济、学习效应、协调效应以及既得利益约束等因素的存在，会导致该体制沿着既定的方向不断得以自我强化。[1]

重工业大多是关系国民经济命脉和国家安全的战略性产业，出于生产的规模经济和范围经济要求，一些国有企业集中在东北重工业领域。自1978年我国实施国有企业改革以来，东北国有企业改制基本完成，有些还成为上市公司，受长期计划经济体制的影响，国有企业还未成为独立的市场经济主体。国有企业对东北地区经济发展带动效应极大，各级政府高度重视，国企成为政府完成绩效目标的主要抓手，两者已经成为整个区域资源分配的顶层设计者，共同决定了东北区域经济发展的方向和前景，人才等生产要素进一步向政府和国有企业集聚，民营企业发展也严重依赖政府和国有企业。

东北地区重化工业为主的产业结构，使得外商投资的空间进一步被挤压。2015年东北地区工业外商主营业务收入达到1634.21亿美元，占全国比重仅为4.2%，江苏和广东分别为7840.12和7975.29亿美元，占全国比重为20.4%和20.7%。其中，江苏和广东仅在计算机、通讯和电子设备制造业上，外商主营业务收入就达到2416.62和2244.29亿美元，比东北地区外商主营业务收入总量都多。另外，受重化工业中所有制结构单一的影响，传统产业的外商投资也不高。如汽车制造业，2015年外商主营业务收入达到498.69亿美元，占东北工业外商主营业务的30.5%，低于广东的789.74亿美元和江苏的585.26亿美元，其他如化学工业、专用设备制造业、通用装备制造业等行业外商主营业务收入也低于江苏和广东地区（见

[1] [美] 道格拉斯.C. 诺思著，陈郁译：《经济史中的结构与变迁》，三联书店，1991年版。

表 10　2015 年东北地区工业中外商主营业务收入前八位行业与江苏和广东比较

东北地区				广东				江苏			
排名	行业	数额（单位：亿美元）	在工业中所占比重	排名	行业	数额（单位：亿美元）	在工业中所占比重	排名	行业	数额（单位：亿美元）	在工业中所占比重
1	汽车制造业	498.69	30.50%	1	计算机、通信和其他电子设备制造业	2416.62	30.3%	1	计算机、通信和其他电子设备制造业	2244.29	28.6%
2	农副食品加工业	177.32	10.90%	2	汽车制造业	789.74	9.9%	2	化学原料和化学制品制造业	904.12	11.5%
3	化学原料和化学制品制造业	89.77	5.50%	3	电气机械和器材制造业	600.36	7.5%	3	电气机械和器材制造业	795.96	10.2%
4	医药制造业	78.36	4.80%	4	化学原料和化学制品制造业	486.98	6.1%	4	汽车制造业	585.26	7.5%
5	通用设备制造业	70.14	4.30%	5	橡胶和塑料制品业	324.25	4.1%	5	通用设备制造业	418.56	5.3%
6	专用设备制造业	68.76	4.20%	6	文教、工美、体育和娱乐用品制造业	312.01	3.9%	6	专用设备制造业	269.93	3.4%
7	电气机械和器材制造业	62.06	3.80%	7	通用设备制造业	303.71	3.8%	7	纺织业	224.66	2.9%
8	食品制造业	58.76	3.60%	8	金属制品业	296.51	3.7%	8	铁路、船舶、航空航天等运输设备制造业	202.53	2.6%
工业总计		1634.21		工业总计		7975.29		工业总计		7840.12	

数据来源：《辽宁省统计年鉴 2016》，《吉林省统计年鉴 2016》，《黑龙江省统计年鉴 2016》，《江苏省统计年鉴 2016》，《广东省统计年鉴 2016》。

表 10）。

在这样的利益格局下，市场竞争的焦点集中在争取政府和国企的资源上，而非市场经济体制下的良性竞争，所谓“关系”成为资源获取的重要手段，这种现象体现在东北社会经济发展的各个层面，对社会各界人士的思维观念和意识形态产生深远影响，营商环境进一步恶化，人才、资本等生产要素在区域竞争中流向国内其他地区。

三、东北地区产业结构深度调整的思路和途径

东北地区的产业结构问题主要是没有跟上 20 几年来国内产业演化的趋势，其产业结构仍然以传统产业为主，新兴产业和大规模消费品工业的始终没有发展起来，这样的产业结构延续至今，始终没有产生根本性转变，这也是当前东北经济增长乏力的重要原因。

东北产业结构问题由来已久，产业结构调整也非一朝一夕能够完成。从世界老工业基地产业调整的经验来看，较大区域的产业结构调整一般要花几十年时间才能完成，因此对东北产业结构调整问题的复杂性和长期性要有充分的认识。但是这个问题不能等待，越等待越回避就越被动越落后，越早认识早动手就越主动。产业结构问题是东北老工业基地的痼疾，必须在产业结构问题上出现根本性的改变，实现东北区域产业结构尤其是工业结构的深度调整，才能出现东北振兴的新局面。

1. 产业结构调整的思路

要实现东北地区产业结构的深度调整，必须实现产业结构调整思路的转变。从目前情况来看，以下几点认识应予以注意：一是要果断放弃单纯依靠自身比较优势产业的发展思路，大力发展新兴产业；二是不要期待未来经济形势好转会自发化解过剩产能，在加大力度推进“去产能、去库存”的同时，逐渐将资源从产能过剩行业中抽离，加大对新兴产业的资源配置力度；三是需要考虑将国内其他地区成熟产业（电子计算机、移动通信等产业）移植到东北地区，以弥补传统产业增长乏力和新兴产业规模不大的缺陷；四是要高度重视科技创新对产业结构调整的重要性，推动科研条件好、科研能力强的大企业实现创新驱动发展，推动高校和科研机构进一步服务产业和企业创新需求；五是要花大力气推动体制机制改革，提升营商软环境水平，为民营经济和外资提供更大的生存空间，将对外开放和民营经济发展与产业结构调整紧密结合起来。

2. 产业结构调整的途径

当前东北老工业基地产业结构调整正处于关键时期，如何找到符合市场需求规律的产业结构深度调整的方向，找到结构调整的突破口和合适路径，实现新旧发展动能的转变，是这一时期的重要任务。以下几点是对结构调整路径的几点思考。

一是建立国际产业合作新模式，以国际高端制造技术为标杆，实现东北装备制造产业转型升级。以中德（沈阳）高端装备制造业产业园、中以（哈尔滨）国际创新创业产业园等园区落户东北为契机，创新园区开发建设管理模式和对外开放合作模式，建立与国际接轨的规则机制，完善园区水、电、资金及基础设施建设，不断吸引德国及欧洲企业落户东北；推动沈阳机床等东北地区大企业、高校和科研院所与中德（沈阳）高端装备制造等产业园区有效对接，围绕新能源汽车、新材料、新一代信息技术等领域，就共建技术平台、人才培养等方面开展科技合作和交流；充分利用汽车制造、数控机床等大企业的创新引领作用，带动本地中小企业创新转型升级，进一步提升大企业的集聚效应和辐射能力。

二是以轻工业和消费品制造业为突破口，做大做强东北民营经济。相对于重化工业和工业品生产，轻工制造和消费品制造投资少、市场需求规模大，民营经济进入门槛低。但当前东北地区仍以国有经济为主，国有企业对地区经济发展的带动效应较大，经常出现一个国企养活一个地区的现象，地方政府对轻工业重视程度不足，再加上地方市场机制不健全，营商环境差，民营经济处于“小、弱、散”的局面，难以发挥对地方经济发展的带动作用。为此，建议地方政府高度重视轻工制造和消费品制造的重要性，加大政策引导和扶持力度，同时加快推进行政审批改革，不断优化营商软环境，带动民营经济发展；重点培育若干大企业，带动配套中小企业实现产业集群化发展，改变民营经济“小、弱、散”的无序自发的产业业态；与电商企业联手打造“互联网+”平台，打造产业集群品牌影响力，扩大国内外市场空间；依托生产制造和市场优势，积极对接国内外创意设计等生产性服务业，助推东北轻工制造类产业集群转型升级。

三是以自由贸易试验区为载体，推动新技术、新模式、新业态、新产业与服务贸易融合发展。以集成电路、新能源汽车、轨道交通研发设计、大数据、云计算等为重点，推进服务贸易与装备制造业转型升级融合发展；以中央打造东北国家大数据基地为契机，依托东北地区高校在大数据、云计算的科研和产业基础，打造东北大数据服务品牌优势，形成东北服务外包高地；依托中蒙俄经济走廊建设，大力发展对俄蒙及周边国家，在运输、旅游与文化服务，推动跨境电子商务及相关服务业集聚。

四是扩展特色优势产业的应用领域和市场空间。依托在机器人、大数据、云计算、物联网等新兴技术的科研和产业基础，通过一些重大项目工程，加快新兴技术向农业、装备制造业、服务业等领域的扩散，扩展和深化新兴技术的应用领域，推动相关产业的产业化进程，重点培育和形成若干聚集效应突出、在全国具有技术优势和特色优势的产业基地。

五是以现代服务业为重点，推动服务业转型升级。推动“互联网 +”和旅游、住宿餐饮、批发零售等传统服务业的融合，释放传统服务业增长潜力，以发展科学研究与技术服务业等现代生产性服务业为重点，推动生产型服务业和产业转型升级紧密结合；促进健康、养老、旅游、文化等生活性服务业快速发展，破解服务消费有需求无供给的结构性矛盾。

（李凯，中国东北振兴研究院副院长、教授；高宏伟，中国东北振兴研究院助理研究员）

人口视角下的东北衰落和广东崛起

易富贤

作为“共和国长子”的东北，在1945年时超过日本成为亚洲第一“经济体”；到1978年，东北经济占全国比例仍为14.0%；但是到2010年下降到8.6%，2015年下降到8.0%，2016年甚至只有6.8%；从GDP增速来看，2015年辽宁、黑龙江和吉林分别是3.0%、5.7%和6.5%，均低于全国增速（6.9%）。而处在珠江三角洲的广东，经济总量占全国的比重从1980年地5.4%达到2010 年的11.0%，2016年广东经济总量达到79512.05亿元，比2015年增长7.5%，持续蝉联第一位。

本人认为，年轻的人口结构是经济的支柱，东北的崛起到衰落，以及广东的崛起，人口都是至关重要的因素之一。本文从人口视角来比较东北衰落和广东崛起，分析它们的现状和前景，并认为，振兴东北首要的是振兴人口。

一、东北崛起的人口因素

清初，满族人入主中原后，东北只剩下40万人口。清廷于康熙七年（1668年）开始，将东北视为龙兴之地，限制汉人移垦。从此，东北地区进入了长达200年的“封禁”。而山东等地“地少人稠”，又旱灾、涝灾、兵灾、匪患不断，迫于生计，大量难民纷纷“闯关东”。

俄国崛起后，对中国东北虎视眈眈，清朝政府不得不于1860年开始解除对东北实行了200多年的“封禁”，“燕赵齐鲁之民负耒而至”，“各省商贾亦辐辏来集”， 于是“地日以辟，民日以聚，繁庶之象渐异曩时”。

明治维新后的日本也迅速成为工业化强国，苏联更是在1931年之后成为世界第二大经济体。以1990年不变的国际元计算，[1]1940年日本、苏联的人均GDP是中国的5.3倍、4.0倍。崛起的两个工业大国俄国和日本给临近的中国东北带来了空前的发展机遇，东北像吸水机一样吸引着内地移民。东北人口从1871年的330万增加到1911年的1800万、1940年的4000万；东北人口占全国的比例从1870年的0.9%提高到1940年的7.8%。

从1870年到1940年，俄国人口增加了121%，日本增加了112%，移民大国美国增加了230%，而中国只增加了45%，但是中国东北人口却增加了1123%！可以说，当时东北是世界人口增速最快的地区，在人类历史上也是绝无仅有，并且移民的综合素质好（青壮年比例高、身体素质好、开拓精神强）。

充足的人口资源“面粉”在东北的“擀面杖”下被制作成美味的“面包”，东北成为中国最发达的地区，1943年东北煤的产量占全国49%，生铁产量占87%左右，钢材产量占93%，电力占78%，铁路线占42%。[2]1942年东北城市化水平达到23.8%，相当于全国1986年的水平。中国东北在1945年时甚至超过日本成为亚洲第一经济体。

1949年后，中国中断了国际贸易，人口流动也较少。但是作为“共和国的长子”的东北（含原属于热河省的部分地区），仍然继续吸引移民，

[1] Angus Maddison, “ Historical Statistics of the World Economy: 1-2008 AD”, www.ggdc.net/maddison/Historical_Statistics/horizontal-file_02-2010.xls.

[2] 董志凯：《20世纪50年代基本建设投资的前提和结构》，载《当代中国史研究》， 2005年06期。

总人口占全国的比例从1953年人口普查的7.64%提高到1982年人口普查的9.05%。这段时间，流入东北的人口基本都集中在黑龙江（应该是开发北大荒），而辽宁的人口还有所流失，比如1953年的0-15岁到1982年为29-44岁，1953年辽宁、吉林、黑龙江的0-15岁人口占全国的3.80%、2.15%、2.22%，而1982年29-44岁人口占全国的3.73%、2.25%、3.22%。

由于全国经济的重新布局，东北经济的先发优势逐渐丧失，经济占全国比例下降到1978年的14.0%，但是人均GDP仍是全国平均水平的1.55倍。

二、广东的崛起和东北的衰落

1979年实行改革开放后，国际经济格局再次冲击中国的区域经济格局。依照世界银行的资料，[1] 以现值美元为标准，1979年高收入国家（整体）占全球GDP总量的80.4%，占全球进出口总额的81.5%，人均GDP是中国的47倍。

1980年发达国家的中位年龄只有30-32岁，属于年富力强的年龄，劳动力也都还在增加，总抚养比（非劳动人口与劳动人口之比）维持在历史上最低水平，经济还充满活力。香港1980年的中位年龄只有25岁，经济处于上升态势，当时经济总量（现值美元）相当于中国大陆的15%，在1993年更是相当于大陆的27%。1980年、1993年香港的人均GDP，以现值美元为标准，是中国大陆的29倍、54倍；以1990年不变的国际元为标准，则是大陆的9.9倍、8.7倍。香港的小商人到大陆都算是大富豪。

也就是说，1979年当中国打开国门的时候，面对的是占全球经济80%以上的发达国家，中国的外贸、投资、技术、管理全来自东部海洋。中国经济对国际市场高度依赖，进出口总值占国内生产总值的比重从1978年

[1] Indicators, World Bank, http://data.worldbank.org/indicator.

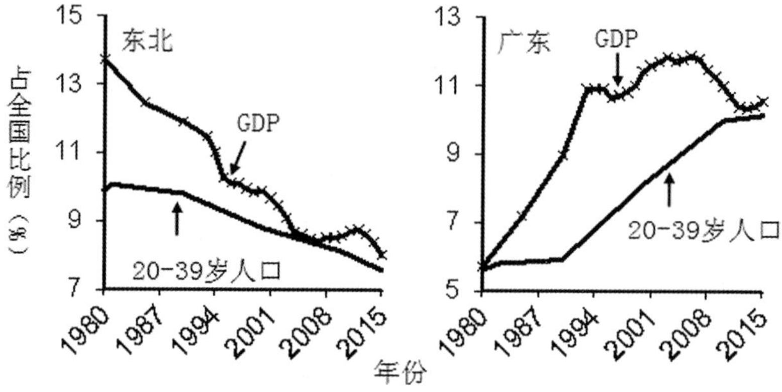

图 1 东北和广东的 GDP 和 20-39 岁常住人口占全国比例

14.2% 上升到 1990 年 32.2%、2006 年的 64.5%。[1]

而香港的中介，起到了画龙点睛的作用，将国际经贸机遇定向地引入到广东。并且香港本身也给广东带来了机遇。根据统计年鉴，广东的进出口总额占全国的比重，1987 年已上升到 25%，1993-1998 年则稳定在 40% 左右。

1980 年广东的人均 GDP 只相当于全国平均水平的 97%，而 1993 年是全国的 1.8 倍。较好的就业机会和较高的收入，吸引着全国的年轻劳动力涌入广东。20-39 岁人口是最有经济活力的黄金年龄劳动力。广东（含海南，下同）的 20-39 岁常住人口占全国比例从 1978 年的 5.6% 上升到 2010 年的 10.0%，占比提高了 79%；经济占全国比例也从 1978 年的 5.4% 上升到 2010 年的 11.0%，占比提高了 105%（见图 1）。

广东的劳动力占全国比例的提高一方面是因为吸引了外来劳动力，比如 1980 年、1990 年的 0-19 岁人口分别到 2000 年、2010 年为 20-39 岁，1980 年广东的 0-19 岁人口只占全国的 5.9%，而 2000 年 20-39 岁人口却占全国的 8.1%；1990 年 0-19 岁人口只占全国的 6.5%，而 2010 年 20-39

[1] Indicators，World Bank，http://data.worldbank.org/indicator.

岁人口却占全国的10.0%，可见有大量的外地劳动力流入广东。另一方面是因为广东“生产”了较多的劳动力，户籍20-39岁人口占全国比例也从1980年的5.6%上升到2010年的6.4%。

东北衰退的原因有很多，比如计划经济和国有企业比重高，“船大惯性大”，掉头不易。此外，东北的地缘优势丧失。苏联当时经济在走下坡路，苏联解体后俄罗斯的经济更是出现长期的衰退。中俄贸易量不大，给中国东北的贸易机遇小。中日、中韩贸易量虽然大，但是由于朝鲜的阻隔，经贸机遇并没有流入东北。

但是东北衰退的核心原因是人口因素。东北的20-39岁常住人口占全国比例在1982年就开始下降，从1981年的10.1%下降到2010年的8.1%、2015年的7.6%。一方面是因为没有如江西、广西那样能“生产”人口，一方面是没有如长三角那么能“吸引”人口。

三、东北的衰落并非是因为人口外流

很多人以为东北劳动力占全国比例下降是因为人口外流。其实在2010年之前，东北的人口仍然是净流入。1982年人口普查的人口到2010年人口普查时是28+岁（28岁及以上），1990年人口普查的人口到2010年人口普查时是20+岁。1982年东北的总人口占全国的9.0%，2010年28+岁人口占全国的9.2%；1990年总人口占全国的8.8%，2010年20+岁人口占全国的8.9%，可见东北人口还略有流入。

再看看年轻人口。1990年东北的0-19岁人口占全国的8.09%，2010年20-39岁人口占全国的8.12%；以1990年的0-19%人口占全国比例为基准，那么2010年东北的20-39岁年轻人口还流入了0.4%。

表 1　　2010 年 20-39 岁人口流失率

	占全国比例		流失率（%）
	1990 年 0-19 岁	2010 年 20-39 岁	
东三省	8.09	8.12	0.4
辽　宁	2.93	3.09	5.3
吉　林	2.07	2.07	-0.1
黑龙江	3.08	2.96	-3.9
江　西	3.81	3.31	-13.1
广　西	4.28	3.32	-22.6

其实江西、广西等省的人口流失率较高。江西 1990 年 0-19 岁人口占全国的 3.81%，而 2010 年 20-39 岁人口只占全国的 3.31% 了，流失了 13.1%。广西 1990 年 0-19 岁人口占全国的 4.28%，而 2010 年 20-39 岁人口只占全国的 3.32% 了，流失了 22.6%。

1990 年的 0-14 岁人口到 2010 年为 20-34 岁，1990 年东北的 0-14 岁人口占全国的 7.98%，2010 年 20-34 岁人口占全国的 7.93%，只流失了 0.7%。而江西、广西则流失了 14.6%、25.1%（见表 1）。

尽管江西、广西劳动力大量外流，但是由于生育率较高，补充了人口，留在本省的 20-34 岁、20-39 岁年轻劳动力占全国比例却保持稳定，甚至还有所升高。比如 20-34 岁人口占全国比例，江西、广西 1990 年为 3.20%、3.41%，2010 年为 3.27%、3.38%，而东北却从 1990 年的 9.78% 下降到 2010 年的 7.93%（见表 2）。

表 2　　20-39 岁人口占全国比例　　单位：%

	1982 年	1990 年	2000 年	2010 年
东三省	10.04	9.81	8.81	8.12
辽　宁	4.05	3.95	3.35	3.09
吉　林	2.46	2.43	2.30	2.07
黑龙江	3.53	3.43	3.15	2.96
江　西	3.03	3.13	3.28	3.31
广　西	3.27	3.34	3.26	3.32

由于东北年轻劳动力数量在下降，人们就误以为是人口外流，因为他们看到全国各地都有东北人。其实东北也有全国各地的人。

东北的劳动力总体没有外流，原因之一是东北的城镇化水平高于全国，人均 GDP 也高于全国，1980 年、2010 年、2015 年人均 GDP 相当于全国的 151%、105%、100%。辽宁的人均 GDP 最高，是人口流入地；黑龙江人均 GDP 最低，是人口流出地。2010 年辽宁、吉林、黑龙江的人均 GDP 分别相当于全国的 129%、97%、83%，因此辽宁 20-39 岁人口流入了 5.3%，吉林出入平衡，黑龙江流出了 3.9%。

近几年，东北经济下滑，人口是否在外流？2010 年的 10-59 岁、11-54 岁人口到 2015 年是 15-64 岁、16-59 岁。根据 2010 年人口普查和 2015 年 1% 人口抽样调查，辽宁 2010 年的 11-54 岁人口占全国的 3.28%，2015 年的 16-59 岁人口占全国的 3.29%，略有流入；吉林、黑龙江 2010 年的 10-59 岁人口占全国的 2.15%、3.02%，2015 年的 15-64 岁人口占全国的 2.12%、2.97%，略有流出。总体来说，东北 2010-2015 年之间人口流失率还非常低。

四、东北的生育率超低的原因

东北的 20-39 岁户籍人口占全国比例不断下降，是因为长期的低生育率。要保持人口的世代更替，发达国家需要生育率（妇女人均生孩子数）达到 2.1，而中国目前则需要生育率接近 2.3。东北的生育率在 1960 年代后期就开始下降，1970 年下降幅度也大于全国，在 1980 年就低于更替水平 2.3 了，比全国早 11 年（见表 3）。

如果要振兴东北，应该在 1980 年就鼓励生育才行。现在才振兴东北，为时已晚，已经无“人”为力了！

表 3　　各地区历年的生育率

地区	1991 年	2000 年	2010 年
全国	1.84	1.22	1.18
东北	1.30	0.91	0.75
川渝	1.81	1.24	1.10
江西	2.07	1.60	1.39
广西	2.24	1.54	1.79
长三角	1.46	0.96	0.99

东北生育率低有下面几个原因：

第一，东北的城镇化水平高。东北的城镇化率在 1942 年就达到 23.8%，而全国只有 10% 左右。1975 年，全国平均城镇化率为 17.37%，而辽宁、吉林、黑龙江分别为 36.47%、32.34%、36.48%；在 1990 年全国为 26.4%，辽宁、吉林、黑龙江分别为 50.9%、42.7%、47.2%；2010 年全国为 49.7%，辽宁、吉林、黑龙江分别为 62.1%、53.4%、55.4%。东北的生育率在 1980 年实行独生子女政策时，就已经低于了更替水平。也就是说，1980 年东北不但不应该实行独生子女政策，而且应该采取措施防范生育率的过度下降。

第二，城镇化质量不高。东北作为老工业基地，计划经济比重高，改革开放以来，东北的经济占全国比例不断下降，大量工人下岗，很多人生活比较困难。虽然东北的人均 GDP 长期高于全国，但是城市的开销比农村大，东北的城镇人均收入水平是低于全国的，比如 2000 年吉林省城镇人均可支配收入只有 4810 元，低于全国平均的 6280 元；2010 年吉林省城镇人均可支配收入为 15411 元，低于全国平均的 19109 元。2012 年黑龙江省城镇居民人均可支配收入为 17760 元，在全国排名倒数第 3，仅高于青海和甘肃。

第三，传统生育文化传承较差。南方很多地方有上千年、数百年的祖坟、宗祠，传统生育文化保留的比较好。而东北大多为移民后裔，传统文化根基浅。

第四，政府对计划生育抓得比较严；而东北体制内的人口比例高，一方面没有超生的条件，一方面也没有超生的意愿。

第五，东北因为是“共和国长子”，两代人对国家形成了过度的信赖，国家政策最容易深入人心，养儿防老的观念也弱，很多人坚信“养老不靠孩子靠政府”，没有必要养孩子。

第六，结婚率低，离婚率高，婚育年龄晚，大龄未婚男女比例高。

由于这些原因，东北民众已经完全习惯了一胎化政策，少生的观念已经根深蒂固。东北年轻人如果想超生，很多人面临的最大阻力还不是计生委，而是双方父母。很多老人宁愿跳广场舞，也不愿意带孙辈。2014 年实行单独二孩后，东北符合条件的人数很多，但是申请率却非常低，2015 年出生人数比 2010 年还少。

东北的少数民族有相对宽松的人口政策，但是生育率也非常低。比如朝鲜族、锡伯族、赫哲族、满族主要分布在东北，在东北的人口分别占全国同族人口的 88%、75%、74%、67%，人口普查显示 2000 年这四个民族的生育率只有 0.70、0.99、1.78、1.09，2010 年只有 0.62、0.70、0.54、0.92。锡伯族、赫哲族总人口只有 19 万、0.5 万，如此低的生育率，民族将不断衰微。

五、1980–1998 年的二胎政策奠定了广东的人口优势

而广东户籍人口的生育率却远高于全国。1973 年全国全面实行计划生育，1978 年后部分地区开始实行独生子女政策，1980 年各省纷纷实行独生子女政策。但是习仲勋主政的广东（1978 年 12 月 -1980 年 11 月任省委第一书记，1979 年 12 月 -1981 年 2 月任省长），却实行相对宽松的人

口政策。根据1982年人口普查进行回推，1979年、1980年、1981年广东的生育率为3.0、3.0、2.9，全国为2.7、2.4、2.3，湘桂闽赣（广东的四个邻省作为整体）为3.2、2.9、2.7。

广东更是于1980年2月2日出台了《广东省计划生育条例》，这是中国第一部有关计划生育的地方性法规，明确允许生育二胎。其后主政广东的任仲夷也有前瞻的人口思想，他说，中国最大的资源是人力资源，只有解放思想，人口包袱才能变为国力优势[1]。

1982年9月17日粤发[1982]53号文件后，广东的计划生育一度从严，城里人实行一胎化，农村困难户实行一孩半政策；其他省则是在1985年后才相继出台农村一孩半政策。1986年，广东省对1980年的《条例》进行了修改，在将城里人政策收紧为“一胎化”的同时，仍保留了农村的二胎政策，1992年版、1997年版的《条例》也都保留了农村的二胎政策。也就是说，广东的一孩半政策比全国要早；而在全国农村相继实行一孩半政策时，广东农村已经实行全面二胎政策了。

1980-1998年广东的二胎政策使得1981-1998年（怀孕周期使得生育率比政策滞后近一年）户籍人口的生育率一直远远高于全国和邻省。比如，根据2000年人口普查回推，1998年全国生育率1.31，湘桂闽赣常住人口1.34（人口流出地）、户籍人口约1.24，广东常住人口1.37（20-29岁黄金年龄育龄妇女中外来妹占36%）、户籍人口约1.90。其实1998年广东的户籍人口生育率已低于更替水平，本应鼓励生育了，但却反而取消了二胎政策，生育率下降，低于湘桂闽赣。

以全国的生育率为对照，二胎政策使得1981-1998年广东户籍人口多生了500多万人；以湘桂闽赣户籍人口生育率为参照，二胎政策使得广东户籍人口多生了300多万人，拥有了全国最年轻的人口结构。

[1] 赵蕾：《任仲夷：先驱的本色》，载《南方周末》，2008年12月18日。

六、从劳动力结构看东北和川渝的经济前景

东北与川渝地区的总人口相当，都是 1.09 亿人，有可比性。20-39 岁常住人口人口占全国比例，东北从 1981 年的 10.1% 下降到 2010 年的 8.1%，降幅 19.5%；同期川渝从 9.8% 下降到 7.2%，降幅 26.4%，下降幅度比东北还大。但是川渝地区的经济占全国比例却在 2006 年开始回升，近年经济增速领先全国；而东北经济占全国比例却继续下降，经济增速全国垫底。这其实可以从人口角度进行解释。

东北年轻劳动力占全国比例下降是因为生孩子太少，而川渝地区下降却是因为劳动力外流。比如，2010 年 20-39 岁人口占全国比例，川渝常住人口只有 7.2%，但是户籍人口却有 9.1%。川渝 20-39 岁青壮年劳动力流失了 20%。这些外出打工的劳动力，仍然寄钱回家养孩子、养老人，仍然在贡献家乡的内需和经济。并且最近几年，劳动力开始回流了，比如 2010 年重庆的 10-59 岁常住人口占全国的 2.05%，而 2015 年 15-64 岁常住人口占全国的 2.15%，劳动力已经在回流，这是近年重庆经济增速领先全国的最大的驱动力。四川的劳动力流出开始放缓，回流在增加。而东北既没有人寄钱回来，也没有人可以回流。

2010 年东北 0-19 岁户籍人口只占全国的 6.0%，意味着即便能遏止劳动力外流，20-39 岁黄金年龄劳动力占全国比例仍将从 2015 年的 7.6% 降至 2030 年的 6.0%，经济占比还将继续下降。而东北的人口结构最老，人口危机率先爆发，2016 年经济占全国比例已经降至 6.8% 了，人均 GDP 在 2015 年开始低于全国，2016 年甚至只相当于全国平均水平的 84% 了，今后经济活力远低于全国，人口外流的势能加大。如果不出台有效措施，年轻劳动力将外流，对于老年化非常严重的东北将是雪上加霜。2030 年东北的经济占全国比例很可能将低于 6%。

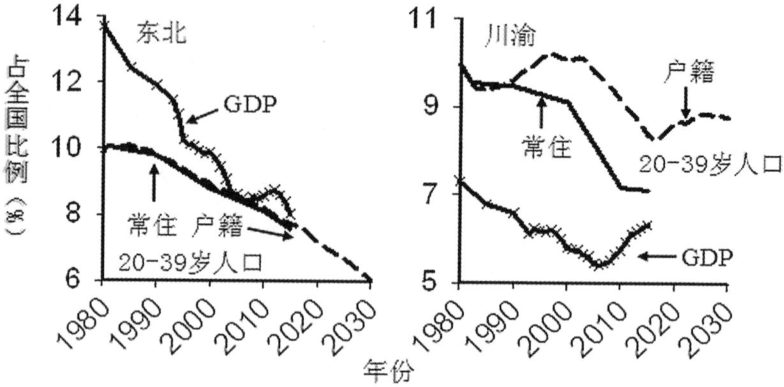

图 2 东北和川渝的 GDP、20-39 岁人口占全国比例

而 2010 年川渝的 0-19 岁户籍人口占全国的 8.8%，意味着后备劳动力资源相对还较丰富。川渝的经济占全国比例已经从 2006 年的 5.4% 回升到 2015 年的 6.3%、2016 年的 6.5%，近年经济增速领先全国。而“一带一路”又使得川渝在国际贸易体系中处于有利地位。川渝不但能够遏止人口外流，还可能能够吸引劳动力流入，2030 年经济占全国比例至少能回升到 1978 年 7.4% 的水平，甚至可能将超过 8.5%。

七、从中位年龄的国际对比看中国的经济前景

中位年龄是将全体人口按年龄大小排列，位于中点的那个人的年龄。由于一个经济体中年轻人越多，该经济体的创新活力就越强，所以中位年龄实际上反映了创新活力，影响着经济的技术进步率，从而影响了经济的潜在增长率。

2015 年世界上最老的 5 个国家分别是日本、德国、意大利、葡萄牙、

希腊，中位年龄分别为 46.6 岁、46.2 岁、45.9 岁、44.0 岁、43.6 岁。这些国家 1951-2015 年的中位年龄与经济增长率呈负相关关系，相关系数分别为 -0.795、-0.505、-0.757、-0.537、-0.594。人口数据采纳联合国《世界人口展望— 2015 年修订版》的中方案，[1] 经济增长率采纳世界大型企业研究会整理的数据。[2]

总体来说，各国的经济增长率都随着中位年龄的上升而下降，这是大趋势，德国在中位年龄超过 35 岁之后，经济增速也不断下降。但是由于产业结构不同，在相同的中位年龄下，各国的 GDP 增长率不同。德国算是在老龄化下，仍然能够保持经济增长的典范。原因之一是当其他欧洲国家因为劳动力短缺，贪图廉价劳动力而将企业纷纷外移的时候，德国却能够将企业留在本国，保持了实体经济的竞争优势，失业率也较低。而希腊的制造业却在快速萎缩，失业率也较高。日本和意大利介于德国和希腊之间。德国、日本、意大利、希腊 2013 年从事工业的劳动力占总劳动力的比例分别为 28.0%、25.8%、27.2%、15.7%，2010-2014 年平均失业率分别为 5.7%、4.2%、10.5%、21.6%。

但是由于劳动力短缺和结构老化，德国、日本从事工业的劳动力占总劳动力的比例也在下降，从 1991 年的 40.9%、34.4% 降低到 2013 年的 28.0%、25.8%。德国高度依赖移民，但是移民是带刺的玫瑰，德国开始出现移民危机了。

相对来说，日本、德国算是先富后老，应对老龄化相对比较从容；而希腊和中国（尤其是东北）是未富先老，面对迅猛的老龄化，束手无策。希腊、中国东北、中国全国的中位年龄分别在 1999 年、2009 年、2015 年

---

[1] Population Division of the Department of Economic and Social Affairs of the United Nations Secretariat, “World Population Prospects: The 2015 Revision,” http://esa.un.org/unpd/wpp/index.htm

[2] The Conference Board. 2016. The Conference Board Total Economy Database ™ , May 2016, http://www.conference-board.org/data/economydatabase/

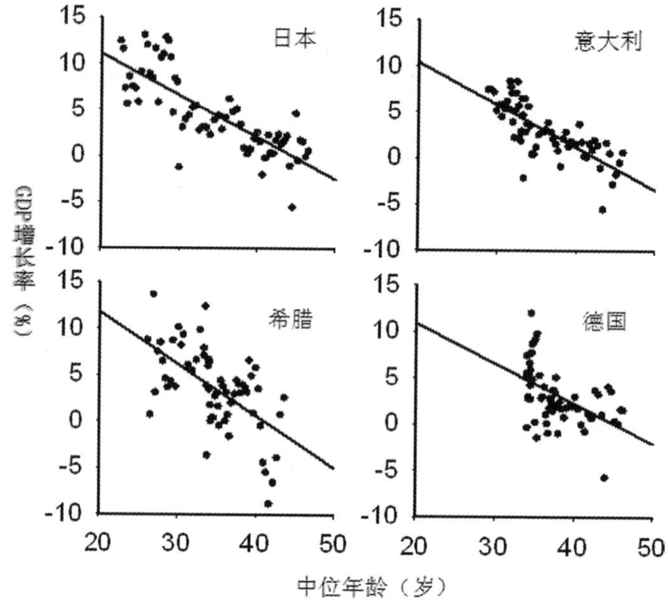

图 3 1951-2015 年日本、意大利、希腊、德国的中位年龄与 GDP 增长率

超过 38 岁，以 1990 年不变的国际元计算，[1] 人均 GDP 分别只有 $11817、$7069、$10568。而日本、德国、美国的中位年龄分别在 1992 年、1993 年、2015 年超过 38 岁时，人均 GDP 分别为 $19472、$16536、$33100。

有些学者认为中国还有后发优势。其实后发优势只是给出了追赶的可能性和空间，但要成功利用后发优势实现经济增长，需要相当数量的年轻劳动力的支持。如果没有足够的年轻劳动力，后发就不是优势，而是劣势。希腊就是一个例子，1950 年希腊的中位年龄比美国年轻 4 岁，人均 GDP 相当于美国的比例从 1950 年的 20% 提高到 2008 年的 50%。但是 2008 年希腊的中位年龄比美国要老 3.9 岁了，2015 年比美国老 5.6 岁，2038 年将比美国老 10 岁，人均 GDP 与美国的差距在 2008 年开始再次拉大，2015 年只

[1] The Conference Board. 2016. The Conference Board Total Economy Database ™, May 2016, http://www.conference-board.org/data/economydatabase/.

相当于美国的37%了，还将继续下降。

日本也是如此，1950年比美国年轻8岁，凭借年轻的人口结构，人均GDP相当于美国的比例从1950年的20%提高到1991年的85%。但是日本的中位年龄在1969年超过美国，1992年比美国老5岁，再也无力追赶美国了，与美国的收入差距再次拉大，2015年人均GDP降至美国的69%，还将继续下降。

1979年美国的中位年龄是30岁，中国是22.7岁，比美国年轻7.3岁，凭借年轻的人口结构，两国收入差距不断缩小，中国的人均GDP相当于美国的比例从1980年的4.4%提高到2015年的32%。但是2015年中国的中位年龄开始超过美国，2030年中国是45岁，美国只40岁；2050年中国是56岁，美国只42岁。意味着中国的人均收入追赶美国的动力下降，到2030年左右与美国的差距将再次拉大。

全国人口结构最老化是东北，最年轻的是广东。2010年全国的中位年龄36岁，广东31岁（户籍人口32岁），东北40岁。2015年全国的中位年龄38岁，广东34岁（户籍人口34岁）；东北43岁，相当于全国2027年、广东2032年的水平，其中吉林、黑龙江均为42.6岁，而辽宁超过44岁。2015年全世界中位年龄超过44岁的只有日本、德国、意大利这三个国家。

东北2010-2015年的中位年龄相当于日本1995-2005年、德国1999-2007年、意大利1998-2008年的水平，日本、德国、意大利在那个时段平均经济增长率只有1.1%、1.6%、1.3%。辽宁、黑龙江、吉林的经济增长率，2014年为5.8%、5.6%、6.5%，2015年为3.0%、5.7%、6.5。东北的产业结构远不如日本、德国，目前这些经济数据已经相当耀眼了。但是中央纪委公布的报告中提到“一个时期辽宁全省普遍存在经济数据造假问题”，[1]2016年辽宁的经济增长率只有-2.5%。

[1] 程思炜，程姝雯：《辽宁经济数据造假 巡视组进驻后GDP断崖式下跌》，《南方都市报》，2016年8月27日。

东北的2015-2020年的中位年龄相当于日本2007-2015年、德国2007-2015年的水平，日本、德国在那个时段平均经济增长率只有0.5%、1.0%。东北的中位年龄将分别在2017年、2022年、2027年开始超过希腊、德国、日本，成为世界上人口结构最老化的地区。可见，东北的经济前景非常黯淡。东北的老年化超前全国12年左右，意味着全国的经济前景也不容乐观。

表4　　中位年龄比较

年份	中国	东北	长三角	广东	日本	德国	希腊	美国
2010	36	40	38	32	45	44	41	37
2015	38	43	41	34	47	46	44	38
2020	40	46	43	37	48	47	45	39
2025	42	50	46	39	50	48	47	39
2030	45	52	49	42	51	49	49	40

中国是假设继续2010年的生育率，其中广东指的是户籍人口，其他地区是常住人口。人口政策调整对2030年之前的中位年龄影响不大，因为毕竟新出生人口占总人口比例不大。比如即便停止计划生育并千方百计鼓励生育，那么2030年中国的中位年龄也还接近45岁。

2010年东北是8.0个20-64岁劳动力对应1个65岁及以上老人；2030年东北的劳动力/老人将降至2.4，而全国还有3.3，广东户籍人口为3.8。意味着今后东北的养老金危机最严峻。

年龄结构也影响社会心态，广东最开放，东北最保守。从人口结构判断，全国的社会心态也将不断“东北化”。

全国各地的人口结构差距甚大，东北和广东是两个极端。东北已经进入了“经济老年”了，而广东还处于“经济壮年”，如果要求东北也追求与广东同样的经济增长率，那么即便气喘呼呼，速度仍然上不去，反而累坏了小身板；并且也将驱使地方政府如前些年的辽宁省那样进行经济数据造假，由于无法做到“量入而出”，会导致地方财政危机。由于人口老化在全国蔓延，经济数据造假也会在全国蔓延，中央政府将无法掌握全国真实的经济情况。因此，应该因“人”施政，而不应一刀切。最老化的东北应该“养生”了，应该优化经济结构，力求如德国那样在恶劣的人口结构下仍能维持经济的增长。如果东北能够探索出有效的“养生”之道，对全国也有借鉴意义。

而最年轻的广东2015年、2023年的户籍人口中位年龄只相当于全国2006年、2015年的水平，经济还可以“冲刺”几年。广东的二胎政策给广东注入“额外”的经济活力，彻底改变了区域经济格局。

八、振兴东北，要从振兴人口入手

根据2015年官方的统计公报，吉林总人口2753万人，只出生16.2万人；而台湾地区总人口2349万人，出生21.4万人。辽宁总人口4382万人，只出生27.1万人；而韩国总人口5062万人，出生43.8万人。东北总人口1.09亿人，只出生66.2万人；日本总人口1.27亿人，出生100.6万人；德国总人口0.82亿人，出生73.8万人；意大利总人口0.61亿，出生48.6万。哈尔滨、沈阳、大连户籍人口961万、730万、594万人，只出生6.0万、4.9万、5.2万人；香港总人口731万人，出生6.0万人。也就是说，不少国家和地区深陷低生育率危机，但中国东北的危机最严峻。

全国的情况也非常严峻。2000年、2010年人口普查显示全国的生育率只有1.22、1.18，而日本、德国、意大利2014年的生育率还有1.42、1.39、1.39。

台湾地区、韩国的发展水平超前中国大陆23年、21年，在鼓励生育的情况下，2001-2015年平均生育率只有1.15、1.20。但是中国大陆2015年的1孩生育率只有0.56，不但远比1992年的台湾地区（0.76）、1994

年的韩国（0.83）要低，也比2015年的台湾地区、韩国要低。

中国的1孩次生育率全球最低，是因为长达三十多年的独生子女政策，已经彻底破坏了人口结构和人口生态，改变了人们的生育观念，形成了生育的“爬蚤心态”（用玻璃罩限制跳蚤跳的高度，跳蚤碰壁后自动适应不断降低的罩子高度；后面取下罩子，跳蚤不跳了，变成了爬蚤）。并且中国的各项经济和社会政策、城市规划都是围绕独生子女这一家庭结构进行规划的，即便鼓励生育，这些经济和社会政策、城市规划模式仍然将惯性地延续着。

中国大陆鼓励生育的难度比韩国、台湾地区、日本要大多了，尤其是东北难度最大。这从1孩生育率可以判断，2010年全国的1孩生育率为0.725，而辽宁、吉林、黑龙江只有0.578、0.576、0.604，意味着即便2010年就放开生育，东北的总和生育率也达不到1.2了。中国88%的朝鲜族分布在东北，社会经济发展水平还是落后于韩国的，但是2010年中国朝鲜族的1孩次生育率只有0.50了，比韩国要低，意味着即便2010年就放开生育，朝鲜族的总和生育率也达不到1.0。

要有效提升生育率，必须调整整个经济模式、教育模式、文化模式、城建模式，降低房价，降低城市人口密度，提升生育意愿，增加儿童福利，建立完善的幼托体系，降低家庭的养育成本。无论是改革的难度，还是对今后数百年社会的冲击力，都将远远超过1979年的经济改革。尤其东北在鼓励生育的道路上是任重而道远！振兴东北，要从振兴人口入手，生育率应该为振兴东北的一个重要评估指标。只有当人口恢复了可持续发展能力，才意味着东北的经济走向了可持续之路。

（易富贤，美国康斯威星大学麦迪逊分校研究员）

景气压力下的供给侧结构性改革

——2016年经济改革政策述评

孔泾源

当前和今后一个时期，中国社会面临着经济增长动能、市场供求结构、要素配置模式、经济开放战略、民生社会形态等一系列重大转变，短期需求侧管理和长期供给侧改革，都有紧迫任务和严峻挑战。究竟是“改革优先”还是“景气优先”，将是决策层乃至全社会十分纠结而又难以取舍的两难选择，经济改革必将是景气压力下的供给侧结构性改革。

一、景气追求与供给侧结构性改革

2016年，决策层面赋予了全面建成小康社会决胜阶段的开局之年和推进结构性改革的攻坚之年的特定任务。新年伊始，决策高层便确定了97项年度重点改革任务和128项其他改革任务，在经济景气的努力中，尽力推进结构性改革和政策性调整，以及部分带有供给侧改革特征的长期制度建设。

（一）去产能、去杠杆、降成本的结构政策与税制改革

1. 化解过剩产能的结构性政策

2016 年 2 月 1 日，国务院发布了《关于钢铁行业化解过剩产能实现脱困发展的意见》和《关于煤炭行业化解过剩产能实现脱困发展的意见》，要求以结构性改革化解过剩产能、促进脱困发展。包括严控新增产能、淘汰落后产能、优化存量产能、开拓产能利用空间、创造新的就业机会等。

2. 积极推动企业降低杠杆率

近些年来，我国企业杠杆率高企，债务负担不断加重。2016 年 9 月 22 日，国务院发布《关于积极稳妥降低企业杠杆率的意见》，以市场化、法治化方式，推动企业降低杠杆率。鉴于银行业在企业去杠杆中的特殊作用，专门出台了《关于市场化银行债权转股权的指导意见》，要求以法治化、市场化方式，有序开展银行债权转股权，降低企业杠杆率。

3. 推进综合改革降低企业成本

为应对经济下行压力、增强经济发展能力， 2016 年 8 月 8 日，国务院印发《关于降低实体经济企业成本工作方案》。相关措施涉及到降低企业税费负担、融资成本、制度性交易成本、人工成本、用能用地成本、物流成本，以及提高企业资金周转效率、引导企业内部挖潜等方面。

4. 全面推进营业税改增值税试点和资源税改革

经国务院批准，自 2016 年 5 月 1 日起，在全国范围内全面推开营业税改征增值税（营改增）试点。为配合税制改革，此前 4 月 29 日，国务院印发《全面推开营改增试点后调整中央与地方增值税收入划分过渡方案》。自 2016 年 7 月 1 日起，全面推进资源税改革。通过全面清费立税、从价计征改革，理顺资源税费关系，建立规范公平、调控合理、征管高效的资源税制度，发挥资源税组织收入、调控经济、促进资源节约集约利用和生态环境保护的作用。

（二）激活实体经济的投融资改革与国有企业改革

1. 继续深化投融资改革

为发挥投资对稳增长的关键作用，2016 年 7 月 5 日，中共中央、国务院发布《关于深化投融资体制改革的意见》，提出改善企业投资管理、充分激发社会投资动力和活力，完善政府投资体制、发挥好政府投资的引导和带动作用，创新融资机制、畅通投资项目融资渠道等项改革任务。为降低制度性交易成本，此前 5 月 19 日，国务院印发《清理规范投资项目报建审批事项实施方案》，共涉及 65 项报建审批事项。对凡无法律法规依据、未列入国务院决定保留的行政审批事项目录的，一律取消审批。

2. 促进创业投资持续健康发展

创业投资是实现技术、资本、人才、管理等创新要素与创业企业有效结合的投融资方式，是推动创业创新、培育发展新动能的重要资本力量。2016 年 9 月 16 日，国务院发布《关于促进创业投资持续健康发展的若干意见》，要求培育多元创业投资主体、多渠道拓宽创业投资资金来源、加强政府引导和政策扶持、完善创业投资相关法律法规、完善创业投资退出机制、优化创业投资市场环境、推动创业投资行业双向开放、完善创业投资行业自律和服务体系等。

3. 落实民间投资政策、开放投资准入

为解决制约民间投资发展的重点难点问题，2016 年 10 月 12 日，国家发展改革委印发《促进民间投资健康发展若干政策措施》，包括扩大市场准入、改善金融服务、落实并完善相关财税政策、降低企业成本等。此前 9 月 22 日，住房和城乡建设部联合国家发展改革委、财政部、国土资源部、中国人民银行印发《关于进一步鼓励和引导民间资本进入城市供水、燃气、供热、污水和垃圾处理行业的意见》，从拓宽投资渠道、优化投资环境、完善支持政策等方面，为民间资本进入过去通常由国有企业垄断经

营的相关行业提供鼓励、引导和便利政策。10月25日，国家民航局发布《关于鼓励社会资本投资建设运营民用机场的意见》，全面放开民用机场建设和运营市场。

4. 推动国有企业改革与并购重组

2016年国有企业改革，主要集中于“九项重点任务”。即完善“1+N”文件体系或顶层政策设计、推进“十项改革试点”、以管资本为主推进国有资本监管机构职能转变、分类推进国有企业改革、推进公司制股份制改革、推进董事会建设、推动中央企业重组调整、强化国有资产监督以及坚持党对国有企业的领导等。在推动中央企业结构性改革方面，7月17日，国务院办公厅发布《关于推动中央企业结构调整与重组的指导意见》，要求按照行业性质、重要程度和轻重缓急，以巩固加强一批、创新发展一批、重组整合一批、清理退出一批等方式，推动结构调整与产业重组。7月23日，国务院办公厅印发《关于石化产业调结构促转型增效益的指导意见》，加快其结构调整与企业重组步伐。

（三）追求发展新动能的科技体制、众创环境和市场平台建设

1. 建立科技成果转化新机制

2016年2月26日，国务院印发《实施〈中华人民共和国促进科技成果转化法〉若干规定》。除涉及国家秘密、国家安全外，国家鼓励研究开发机构、高等院校通过转让、许可或者作价投资等方式，向企业或者其他组织转移科技成果，通过有关政策激励科技人员创新创业。此前4月21日，国务院办公厅印发《促进科技成果转移转化行动方案》，要求形成以企业技术创新需求为导向、以市场化交易平台为载体、以专业化服务机构为支撑的科技成果转移转化新格局。

2. 实施金融支持科技发展政策

2016 年 4 月 15 日，中国银监会、科技部、中国人民银行联合发布《关于支持银行业金融机构加大创新力度 开展科创企业投贷联动试点的指导意见》，鼓励和指导银行业金融机构开展投贷联动业务试点，要求银行业金融机构以“信贷投放”与本集团设立的具有投资功能的子公司“股权投资”相结合的方式，以投资收益抵补信贷风险，实现科创企业信贷风险和收益的匹配，为科技创新企业提供持续资金支持的融资模式。第一批投贷联动试点地区包括北京中关村、武汉东湖、上海张江、天津滨海、陕西西安等四个国家自主创新示范区。第一批试点银行业金融机构共 10 家，涵盖政策性银行、国有大型商业银行、股份制商业银行、民营银行、外资银行、城商行等多种类型。

3. 设立地方科技发展专项资金

2016 年 5 月 16 日，财政部、科技部制定了《中央引导地方科技发展专项资金管理办法》，通过中央财政安排专项转移支付资金，从地方科研基础条件和能力建设、专业性技术创新平台、科技创新创业服务机构、地方科技创新项目示范等方面，支持地方科技发展。

4. 发挥地方科技创新优势

为充分发挥北京、上海高端人才集聚、科技基础雄厚的创新优势，统筹利用好央地等各方面科技创新资源，在基础研究、原始创新和国家急需的领域取得突破，国务院分别于 2016 年 4 月 12 日和 9 月 11 日，印发了上海加快建设科技创新中心方案、北京加强全国科技创新中心建设总体方案，提出了两市建设科技创新中心的重点任务。建设方案还赋予了上海科技体制改革创新先行先试的重点内容。

5. 实行以增加知识价值为导向的分配政策

为激发科研人员创新创业积极性，中共中央办公厅、国务院办公厅印发《关于实行以增加知识价值为导向分配政策的若干意见》，2016 年 11 月起实行。旨在形成体现增加知识价值的收入分配机制，扩大科研机构、高校收入分配自主权，发挥财政科研项目资金在知识价值分配中的激励作用，加强科技成果产权对科研人员的长期激励，允许科研人员和教师依法依规适度兼职兼薪获得合法收入。

6. 推进众创环境建设

2016 年 2 月 14 日，国务院办公厅发布《关于加快众创空间发展 服务实体经济转型升级的指导意见》，要求通过龙头企业、中小微企业、科研院所、高校、创客等多方协同，打造产学研用紧密结合的众创空间，吸引更多科技人员投身科技型创新创业，促进人才、技术、资本等各类创新要素的高效配置和有效集成，推进产业链、创新链深度融合，提升服务创新创业的能力和水平。主要任务是在重点产业领域发展众创空间，鼓励龙头骨干企业围绕主营业务方向、鼓励科研院所及高校围绕优势专业领域建设众创空间，以及加强众创空间的国际合作。

7. 统一建立公共资源交易平台和自然资源资产有偿使用制度

统一规范的公共资源交易平台，是促进资源优化配置、创造公平竞争市场环境的重要条件。2016 年 6 月 24 日，国家发展改革委等 14 个部委局发布《公共资源交易平台管理暂行办法》，自 8 月 1 日起施行。公共资源交易平台立足公共服务职能定位，坚持电子化平台的发展方向，遵循开放透明、资源共享、高效便民、守法诚信的运行服务原则，利用信息网络推进交易电子化，实现全流程透明化管理。12 月 29 日，《国务院关于全民所有自然资源资产有偿使用制度改革的指导意见》发布，要求建立健全全民所有自然资源资产有偿使用制度。制度涉及到宪法和法律规定的属于国家所有的各类自然资源，包括土地资源、水资源、矿产资源、森林资源、草原资源、海域海岛资源等。

8. 深化农村土地产权制度改革

2016 年 10 月 30 日，中共中央办公厅、国务院办公厅印发《关于完善农村土地所有权承包权经营权分置办法的意见》，通过落实集体所有权，稳定农户承包权，放活土地经营权，充分发挥“三权”的各自功能和整体效用，形成层次分明、结构合理、平等保护的 “三权分置”格局 。深化用地制度改革，是拓展资金、技术、人才流向农村、培育发展新动能的重要渠道。5 月 13 日，银监会、国土资源部联合印发《农村集体经营性建设用地使用权抵押贷款管理暂行办法》，允许具备处分权的两类农村集体经营性建设用地使用权可以押抵融资，并对适用地区、适用地类、有效期限等进行了界定。11 月 18 日，国务院办公厅发布《关于支持返乡下乡人员创业创新促进农村一二三产业融合发展的意见》，要求依据土地利用总体规划，调整存量土地资源，缓解返乡下乡人员创业创新用地难问题。

（四）推动产业进化、结构优化的结构性改革

1. 促进加工贸易转型升级、创新发展政策

面对全球产业竞争格局深度调整、我国加工贸易企业传统优势逐渐削弱的新形势， 2016 年 1 月 4 日，国务院发布《关于促进加工贸易创新发展的若干意见》，提出六项改革发展任务。即延长产业链，提升加工贸易在全球价值链中的地位；发挥沿海地区示范带动作用，促进转型升级提质增效；支持内陆沿边地区承接产业梯度转移，推动区域协调发展；引导企业有序开展国际产能合作，统筹国际国内两个市场两种资源；改革创新管理体制，增强发展动力；完善政策措施，优化发展环境。

2. 启动服务贸易创新发展改革试点

加快发展服务贸易是促进对外贸易转型升级、推动供给侧结构性改革和培育新动能的重要领域。2016 年 2 月 22 日，经国务院同意，商务部提出《服

务贸易创新发展试点方案》，选择在天津、上海、海南、深圳、杭州、武汉、广州、成都、苏州、威海和哈尔滨新区、江北新区、两江新区、贵安新区、西咸新区等省市（区域），开展为期两年的服务贸易创新发展试点。试点任务包括完善服务贸易管理体制、扩大服务业双向开放力度、培育服务贸易市场主体、创新服务贸易发展模式、提升服务贸易便利化水平、优化服务贸易支持政策、健全服务贸易统计体系、创新事中事后监管举措等。

3. 探索制造业与互联网融合发展体制

我国是制造业和互联网大国，推动制造业与互联网融合，有利于形成叠加、聚合和倍增效应，加快新旧发展动能和生产体系转换。2016 年 5 月 13 日，国务院发布《关于深化制造业与互联网融合发展的指导意见》，提出七项任务：打造制造企业互联网“双创”平台，推动互联网企业构建制造业“双创”服务体系，支持制造企业与互联网企业跨界融合，培育制造业与互联网融合新模式，强化融合发展基础支撑，提升融合发展系统能力，提高工业信息系统安全水平。

4. 推动供需结构优化升级的品牌引领政策

品牌是企业乃至国家竞争力的综合体现，代表着供给和需求结构的升级方向。2016 年 6 月 10 日，国务院办公厅发布《关于发挥品牌引领作用推动供需结构升级的意见》，提出品牌建设三项重大工程。即品牌基础建设工程，包括推行更高质量标准、提升检验检测能力、搭建持续创新平台、增强品牌建设软实力；供给结构升级工程，包括丰富产品和服务品种、增加优质农产品供给、推出一批制造业精品、提高生活服务品质；需求结构升级工程，包括提振消费信心、宣传展示自主品牌、推动农村消费升级、持续扩大城镇消费等。

5. 推动重点行业产业升级和结构转型

受国际国内经济形势变化影响，有色金属市场需求低迷，行业内部长期积累的结构性产能过剩、市场供求失衡等深层次矛盾逐步显现。2016 年 6 月 5 日，国务院办公厅发布《关于营造良好市场环境促进有色金属工业调结构促转型增效益的指导意见》，提出严控新增产能、加快退出过剩产能、加强技术创新、扩大市场应用、健全储备体系、推进国际合作等六项重点任务，以及完善用电、用地政策，加大财税金融扶持、做好职工安置工作、发挥行业协会作用等项政策保障措施，推进有色金属工业结构性改革和健康发展。

6. 激活住房租赁需求的供给侧改革

实行购租并举，培育和发展住房租赁市场，是深化住房制度改革、实现城镇居民住有所居目标的重要内容。2016 年 5 月 17 日，国务院办公厅印发《关于加快培育和发展住房租赁市场的若干意见》。其主要措施一是培育市场供应主体，发展住房租赁企业、鼓励房地产开发企业开展住房租赁业务、规范住房租赁中介机构、支持和规范个人出租住房等。二是鼓励住房租赁消费，完善住房租赁支持政策、明确各方权利义务等。三是完善公共租赁住房制度，推进公租房货币化、提高公租房运营保障能力等。四是支持租赁住房建设，鼓励新建租赁住房、允许改建房屋用于租赁等。五是加大政策支持力度，给予税收优惠、提供金融支持、完善供地方式等。

7. 实施促进新消费发展的金融支持政策

更好地满足新消费重点领域的金融需求，是加快矫正投资与消费失衡、培育经济发展新供给新动力的重要措施。2016 年 3 月 24 日，人民银行、银监会联合印发《关于加大对新消费领域金融支持的指导意见》，从积极培育发展消费金融组织体系、加快推进消费信贷管理模式和产品创新、加大对新消费重点领域金融支持、改善优化消费金融发展环境等方面，提出了金融支持新消费领域的政策措施。

（五）适应经济开放和绿色发展理念的金融业改革创新

1. 外汇管理体制改革创新

适应开放型经济新要求，外汇体制改革一是大力推进外汇管理简政放权，更新《现行有效外汇管理主要法规目录》等。二是正式实施《境内机构外币现钞收付管理办法》，规范完善境内机构外币现钞收付管理。三是加强跨境收支监测管理体系建设，发布新版国际收支统计申报业务指引和贸易信贷调查制度。四是加强外汇形势分析、预警管理与风险防范，修订《对外金融资产负债及交易统计制度》。此外，在上海、天津、广东、福建自贸区开展外债资金意愿结汇等改革试验，支持自贸区外汇管理体制改革创新。

2. 支持贸易投资便利化改革

支持贸易投资便利改革，一是简化企业收结汇手续，对核查情况正常的 A 类企业，其贸易外汇收入可直接进入经常项目外汇账户或结汇。二是全面实施资本金和外债意愿结汇管理，满足和便利境内企业经营与资金运作需要。三是允许银行为机构客户办理差额交割的远期结汇业务，满足企业既持有外币资产又防范汇率风险的需要。四是便利和规范货物贸易外汇收支电子单证审核，促进货物贸易外汇收支便利化。五是支持跨境电子商务综合试验区发展，为试验区跨境电子商务活动提供相关服务便利。

3. 继续推进资本市场开放

逐步提升资本项目可兑换程度。实施合格境外机构投资者外汇管理改革，放宽单家 QFII 机构投资额度上限、简化审批管理、便利资金汇出入、放宽锁定期限制；推动银行间债券市场对外开放，允许境外机构投资者投资银行间债券市场，不设单家机构限额或总限额，方便境外机构投资者直接办理资金汇出入和购结汇手续；实行境外机构投资者投资银行间债券市场备案制，2016 年已有超过 30 个境外机构或产品在中国人民银行上海总部完成备案；发布《关于人民币合格境外机构投资者境内证券投资管理的有关规定》，提高对人民币合格境外投资者（RQFII）和合格境外投资者（QFII）外汇管理的一致性。进一步扩大证券市场开放。2014 年底沪港通试点启动以来，国内资本市场虽多有波动，但总体上经受住了市场检验。2016 年 8 月国务院决定批准《深港通实施方案》。经过数月准备，于 12 月 5 日起正式实施。

4. 适应绿色发展要求创新金融体制

构建绿色金融体系，有助于加快我国经济向绿色化转型，促进环保、节能、新能源等领域的技术进步，培育新的经济增长点。2016 年 8 月 31 日，人民银行等七部委发布《关于构建绿色金融体系的指导意见》，要求通过发展绿色信贷、运用证券市场推动绿色投资、设立绿色发展基金、建立政府和社会资本合作模式、发展绿色保险和环境权益交易市场、支持地方发展绿色金融、广泛开展绿色金融领域国际合作等方式，促进绿色产业发展。

（六）拓展发展空间、优化资源配置的产业体制改革

1. 开放通用航空领域发展

通用航空业涵盖通用航空器飞行业务、研发制造、市场运营、综合保障以及延伸服务的全产业链体系，产业链条长、服务领域广、带动作用强，“十三五”期间，潜在经济规模超过 1 万亿元。为拓展其发展空间，释放需求潜力，2016 年 5 月 13 日，国务院办公厅发布《关于促进通用航空业发展的指导意见》，提出了培育通用航空市场、加快通用机场建设、促进产业转型升级、扩大低空空域开放、强化全程安全监管等改革发展任务。

2. 推进盐业体制改革

2016 年 4 月 22 日，国务院印发《盐业体制改革方案》，推进相关领域改革。一是改革食盐生产批发区域限制，取消食盐定点生产企业只能销

售给指定批发企业的规定，允许生产企业产销一体、自主进入流通和销售领域。二是取消食盐批发企业只能在指定范围销售的规定，省级食盐批发企业可开展跨省经营，省级以下食盐批发企业可在本省（区、市）范围内开展经营。三是改革食盐政府定价机制，放开食盐出厂、批发和零售价格，由企业根据生产经营成本、食盐品质、市场供求状况等因素自主确定。四是是改革工业盐运销管理，取消各地自行设立的两碱工业盐备案制和准运证制度，取消对小工业盐及盐产品进入市场的各类限制，放开小工业盐及盐产品市场和价格。五是改革食盐储备体系，建立由政府储备和企业社会责任储备组成的全社会食盐储备体系，确保自然灾害和突发事件发生时食盐和原碘的安全供应。

3. 创新健身休闲产业发展机制

健身休闲产业涵盖健身服务、设施建设、器材装备制造等一系列产品和服务，产业链条长，需求潜力大。2016 年 10 月 25 日，国务院办公厅发布《关于加快发展健身休闲产业的指导意见》，提出健身休闲产业发展政策。要求完善健身休闲服务体系，培育健身休闲市场主体，优化健身休闲产业结构和布局，加强健身休闲设施建设，提升健身休闲器材装备研发制造能力，改善健身休闲消费环境等。

4. 建立绿色发展价格促进机制

为发挥价格杠杆对促进节约用水的作用，真实反映水资源稀缺程度和生态环境成本，2016 年 1 月 21 日，国务院办公厅印发《关于推进农业水价综合改革的意见》，推进农业水价综合改革。一是夯实农业水价改革基础，完善供水计量设施，建立农业水权制度，探索创新终端用水管理方式。二是建立健全农业水价形成机制，分级制定农业水价，探索实行分类水价，逐步推行分档水价。三是建立农业用水精准补贴和节水奖励机制，多渠道筹集精准补贴和节水奖励资金，建立与节水成效、调价幅度、财力状况相匹配的农业用水精准补贴机制，以及易于操作、用户普遍接受的节水奖励机制。

（七）释放增长潜力的城镇化改革与地区发展政策

1. 推进新型城镇化建设

新型城镇化是最大的内需潜力所在，是经济发展的重要动力。2016年2月2日，国务院发布《关于深入推进新型城镇化建设的若干意见》。其主要内容一是积极推进农业转移人口市民化，全面实行居住证制度，推进城镇基本公共服务常住人口全覆盖。二是全面提升城市功能，加快城镇棚户区、城中村和危房改造，提升城市公共服务水平。三是加快培育中小城市和特色小城镇，提升县城和重点镇基础设施水平，培育发展一批中小城市，加快城市群建设。四是辐射带动新农村建设，推动基础设施和公共服务向农村延伸，带动农村一二三产业融合发展。五是完善土地利用机制，规范推进城乡建设用地增减挂钩，建立城镇低效用地再开发激励机制，完善土地经营权和宅基地使用权流转机制。六是创新投融资机制，深化政府和社会资本合作，加大政府投入和金融支持力度。七是完善城镇住房制度，建立购租并举的城镇住房制度，完善城镇住房保障体系。八是加快推进新型城镇化综合试点，深化试点内容，扩大试点范围等。

2. 制定非户籍人口落户城市的专项方案

2016年9月30日，国务院办公厅发布《推动1亿非户籍人口在城市落户方案》，要求调整完善超大城市、特大城市以及大中城市落户政策，全面放开放宽重点群体落户限制。建立财政性建设资金对吸纳农业转移人口较多城市基础设施投资的补助机制，建立城镇建设用地增加规模与吸纳农业转移人口落户数量挂钩机制，完善城市基础设施项目融资制度，建立进城落户农民“三权”（土地承包权、宅基地使用权、集体收益分配权）

维护和自愿有偿退出机制，健全进城落户农民社会保障制度和子女平等享有受教育机制，推进居住证制度覆盖全部未落户城镇常住人口等。

3. 实施推进农业转移人口市民化的公共政策

2016年7月27日，国务院发布《关于实施支持农业转移人口市民化若干财政政策的通知》，通过公共政策支持，保障农业转移人口子女平等享有受教育权利，完善统筹城乡的社会保障体系，增加就业专项资金支持农业转移人口就业，建立农业转移人口市民化奖励机制。通过财政支持提升城市功能、增强承载能力，均衡性转移支付适当考虑为持有居住证人口提供基本公共服务增支因素，县级基本财力保障机制考虑持有居住证人口因素。维护进城落户农民土地承包权、宅基地使用权、集体收益分配权。

4. 继续推进区域合作发展

促进区域合作与协同发展，是全面深化改革、拓展发展空间的重要途径。2016年3月3日，国务院印发《关于深化泛珠三角区域合作的指导意见》，提出了八项重点任务：一是促进区域经济合作发展，构建以粤港澳大湾区为龙头，以珠江－西江经济带为腹地，带动中南、西南地区发展，辐射东南亚、南亚的重要经济支撑带。二是推进统一市场建设，建设区域社会信用合作体系，构建区域大通关体制。三是推进重大基础设施一体化建设，建设现代化综合交通运输体系、能源供应保障体系、水利基础设施体系和区域网络基础设施。四是促进区域创新驱动发展，构建区域协同创新体系，优化区域创新环境。五是加强社会事业合作，促进教育、文化、医疗卫生、人力资源和社会保障、旅游、社会治理等方面合作。六是共同培育对外开放新优势，积极融入“一带一路”建设，推动自由贸易试验区及口岸和特殊区域建设。七是加强跨省区流域水资源水环境保护和大气污染综合治理，健全生态环境协同保护和治理机制。八是充分发挥香港、澳门特殊作用，推动内地与港澳在重大基础设施、重要产业、重大合作平台、社会事务方面更紧密地合作与交流。

（八）托底民生的公共服务与社会体制改革

1. 深化医疗卫生体制改革

2016 年 4 月 21 日，国务院办公厅印发《深化医药卫生体制改革 2016 年重点工作任务》，提出全面深化公立医院改革、推进分级诊疗制度建设、巩固完善全民医疗保险体系、健全药品供应保障机制等重点改革任务。

2. 统一城乡居民医疗保险制度

2016 年 1 月 3 日，国务院印发《关于整合城乡居民基本医疗保险制度的意见》，提出了整合城镇居民基本医疗保险和新型农村合作医疗制度、建立统一的城乡居民基本医疗保险制度的“六统一”要求。即统一覆盖范围、统一筹资政策、统一保障待遇、统一医疗保险目录、统一定点管理、统一基金管理。此外，《意见》还要求理顺管理体制，整合经办机构，创新经办管理，提升服务效能，提高统筹层次，完善信息系统，完善支付方式，加强医疗服务监管等。

3. 建设城乡义务教育一体化制度

义务教育是社会基本公共事业，也是脱贫攻坚的基础性事业。2016 年 7 月 2 日，国务院印发《关于统筹推进县域内城乡义务教育一体化改革发展的若干意见》，明确了十项改革举措。即按照城镇化规划和常住人口规模，同步建设城镇学校；合理布局乡村学校，补齐乡村教育短板；推进城乡义务教育公办学校标准化建设，提升乡村学校信息化水平和寄宿制学校管理服务水平；实施消除大班额计划，分别提出 2018 年和 2020 年的工作目标；统筹城乡师资配置，合理核定义务教育学校教职工编制；改革乡村教师待遇保障机制，实行乡村教师收入分配倾斜政策；改革教育治理体系，完善乡村小规模学校办学机制和管理办法；改革控辍保学机制，建立目标责任制和联控联保机制；改革随迁子女就学机制，建立以居住证为主要依据的入学政策；加强留守儿童关爱保护工作体系，促进健康成长。

4. 健全特困人员救助制度和衔接农村扶贫政策

保障城乡特困人员基本生活，是完善社会救助体系、织牢民生安全网的重要措施。2016 年 2 月 10 日，国务院发布《关于进一步健全特困人员救助供养制度的意见》，以解决城乡特困人员的突出困难、满足其基本需求。包括提供基本生活条件、对生活不能自理者的照料、提供疾病治疗、办理丧葬事宜、特困人员住房及子女教育救助等。9 月 17 日，国务院办公厅转发民政部等部门《关于做好农村最低生活保障制度与扶贫开发政策有效衔接指导意见》，提出了加强政策衔接、加强对象衔接、加强标准衔接、加强管理衔接的“四加强”要求。

（九）拓展国际市场空间的开放型经济体制创新

1. 实施对外贸易稳定政策

在外贸形势复杂严峻、下行压力加大的形势下，促进外贸回稳向好，对经济平稳运行和升级发展具有重要意义。2016年5月5日，国务院发布《关于促进外贸回稳向好的若干意见》，提出了 10 多项稳定外贸发展的相关政策。包括发挥出口信用保险作用、支持外贸企业融资、提高贸易便利化水平、调整完善出口退税政策、减免规范部分涉企收费、完善加工贸易政策、支持边境贸易发展、实行积极的进口政策、加大对外贸新业态的支持力度、加快国际营销服务体系建设、培育外贸自主品牌、发挥双向投资对贸易的促进作用，以及加强外贸知识产权保护等。

2. 扩大跨境电子商务综合试点

2016 年 1 月 12 日，国务院同意在天津、上海、重庆、合肥、郑州、广州、成都、大连、宁波、青岛、深圳、苏州等 12 个城市设立跨境电子商务综合试验区。要求各试验区借鉴中国（杭州）跨境电子商务综合试验区建设的做法和经验，打造“六大体系”，即企业、金融机构、监管部门等信息互联互通的信息共享体系，一站式的在线金融服务体系，全程可验可测可控的智能物流体系，分类监管、部门共享和有序公开的电子商务信用体系，以及为企业经营、政府监管提供服务保障的统计监测体系和风险防控体系；建设“两个平台”，即线上“单一窗口”平台和线下“综合园区”平台，实现政府部门间信息互换、监管互认、执法互助，汇聚物流、金融等配套设施和服务，为跨境电子商务打造完整产业链和生态圈。

3. 加快自由贸易区建设

2015 年 12 月 6 日，国务院发布《关于加快实施自由贸易区战略的若干意见》，提出了相关建设任务。2016 年，我国新增 7 个自由贸易试验区，分别位于辽宁、浙江、河南、湖北、重庆、四川、陕西等省市，试点内容各有侧重。

（十）适应市场决定作用的政府规制方式创新

1. 完善各类产权保护制度

有恒产者有恒心，经济主体财产权的有效保障和实现是经济社会持续健康发展的基础。2016 年 11 月 4 日，中共中央、国务院出台《关于完善产权保护制度依法保护产权的意见》，要求健全以公平为核心原则的产权保护制度。包括加强各种所有制经济产权的平等保护、完善平等保护产权的法律制度、妥善处理历史形成的产权案件、严格规范涉案财产处置的法律程序、审慎把握处理产权和经济纠纷的司法政策、完善政府守信践诺机制、完善财产征收征用制度、加大知识产权保护力度、健全增加城乡居民财产性收入的各项制度、营造全社会重视和支持产权保护的良好环境等。

2. 继续推进行政审批制度改革

深化行政审批制度改革，有利于降低制度性成本，减少政府工作人员“寻租”腐败空间，发挥市场配置资源的决定作用。2月3日，国务院印发《关于第二批清理规范192项国务院部门行政审批中介服务事项的决定》，将所列事项不再作为行政审批受理条件予以清理规范，并同步提出事中事后监管措施和办法，守住重要领域的安全底线，稳步推进中央和地方权责清单制度建设。

3. 规范中央与地方财政事权与支出责任

2016年8月16日，国务院提出《关于推进中央与地方财政事权和支出责任划分改革的指导意见》。改革的主要内容，一是推进中央与地方财政事权划分。适度加强中央的财政事权，保障地方履行财政事权，减少并规范中央与地方共同财政事权，建立财政事权划分动态调整机制。二是完善中央与地方支出责任划分。中央与地方分别承担各自的财政事权支出责任，中央与地方共同财政事权区分情况划分支出责任。三是加快省以下财政事权和支出责任划分。根据省以下财政事权划分、财政体制及基层政府财力状况，合理确定省以下各级政府的支出责任。

4. 建立地方政府债务限额管理和风险应急处置制度

为规范地方政府债务管理，防范和化解财政金融风险，2015年底，财政部发布《关于对地方政府债务实行限额管理的实施意见》，要求合理确定地方政府债务总限额，严格纳入预算管理。2016年10月27日，国务院办公厅印发《地方政府性债务风险应急处置预案》，明确要求坚持分级负责、及时应对、依法处置原则，按照政府性债务风险事件的性质、影响范围和危害程度等情况，划分Ⅰ－Ⅳ级风险事件级别，实行分级响应和应急处置，并适时启动责任追究机制。

5. 建立政务信息资源共享管理和政务公开制度

政务信息系统互联和公共数据共享，对增强政府公信力，提高行政效率及服务水平，推动政府职能转变具有重要意义。2016 年 9 月 5 日，国务院制定《政务信息资源共享管理暂行办法》，明确政务信息资源以共享为原则、不共享为例外，实行需求导向、无偿使用，统一标准、统筹建设，并建立安全保障机制。11 月 10 日，国务院办公厅印发《关于全面推进政务公开工作的意见》，着力推进政务决策、执行、管理、服务、结果公开，并要求加强政策解读、积极回应关切、加强平台建设、扩大公众参与、强化政务公开责任。

6. 推动“互联网 + 政务服务”体系建设

推进“互联网 + 政务服务”，是简政放权、优化服务的关键环节，对转变政府规制方式、提高政府服务效率和透明度，便利群众办事创业具有重要意义。2016 年 9 月 25 日，国务院发布《关于加快推进“互联网 + 政务服务”工作的指导意见》，提出了相关建设任务。一是优化再造政务服务，规范网上服务事项、流程，创新网上服务模式，全面公开服务信息。二是融合升级平台渠道，推进实体政务大厅与网上服务平台融合发展，推动基层服务网点与网上服务平台无缝对接。三是推进政务信息共享，加快新型智慧城市建设，建立健全制度标准规范，完善网络基础设施，加强网络和信息安全保护。

二、供给侧结构性改革的路径解析与攻坚难点

2016 年的经济改革，是在着力应对经济景气压力中推进的供给侧结构性改革。但对其进行解析和评议，不能脱离中国这场跨越世纪、持续近 40 年的改革开放全局来妄加判断或解读。对年度经济改革政策的回顾和审

视，既要关注其短期特点、政策工具及理论层面的认知，也要深入理解改革开放的历史进程、约束条件、内在逻辑和潜在趋势，进而深入准确把握新时期、新阶段改革开放路径选择、攻坚重点乃至实践规律。

（一）经济改革政策的近期效应

1. 景气导向的经济改革

经济增长的周期性波动，是市场经济的普遍现象。但当前面临的经济下行和景气压力，则是改革开放以来前所未有的。2016 年的经济体制改革，正是在舒缓经济下行和景气压力的背景下进行的。其特征，首先是带有解决“三去一降一补”的问题导向特点，表现在财税相关改革和去产能、降成本、去杠杆的结构性政策，托底民生的公共服务与社会体制改革等方面。其次是将迅速扩大需求、刺激经济景气作为改革的重要取向，如激活经济的投融资改革，拓宽发展空间的产业体制改革，拓展国际市场空间的开放型经济体制创新等。第三是追求发展新动能和产业转型升级的相关改革占重要地位，如科技体制改革、众创环境和市场平台建设，推动产业升级优化的结构性改革等。第四是追求迅速释放增长潜力的城镇化体制改革和地区发展政策，适应经济开放和绿色发展理念的金融改革创新，适应市场决定作用的政府规制方式创新等。第五是积极扩张的需求管理政策，包括财政政策、货币政策、投资政策、社会政策等，都全力以赴应对经济下行，力求经济增长缓中企稳、稳中有进。

2. 景气政策的风险表达

2016 年，改革措施和宏观政策虽然总体上达到了经济增长由缓企稳的预期目的，综合反映在全年全国 GDP 增长 6.7%。但遏制经济下行、追求景气目标的需求管理政策，也开始跨入风险区间。财政政策方面，政府财政赤字率已经达到甚至超过国际警戒线；货币政策受到“资金荒”、“资产荒”的交互掣肘，流动性陷阱及杠杆率潜在上限露出端倪；投资政策高倍杠杆刺激建设周期长、资金需求量大、经济效益相对较低的基础设施建设和公共事业投资，可能会诱发新的产能过剩、抑制未来需求以及产生政府投资挤出效应；转型期的结构性问题开始影响到需求管理政策的有效程度，如流动性上的脱实向虚问题；长期积累的收入分配、城乡地区差距等体制性矛盾明显地扭曲市场需求，消费需求颓势与结构性短缺并存，新型城镇化进程迟缓、部分地区发展失速；开放经济条件下国际金融市场开始以资本加速外流、汇率加剧波动等方式，强制性地将我国长期存在的海外资本资产错配、结构失衡、量大利微，以及因国内市场疑虑弥漫所加据的资本流向偏离等深层次体制性矛盾暴露出来。

（二）重点改革的攻坚难点

1. 市场中立与“三去”机制及结构优化

具有结构性改革特征的“三去”政策，是2016年经济改革的重要内容。发挥市场决定作用和政府更好作用，是能否解决或在多大程度上解决此类问题的关键所在。市场决定作用的根本前提，是创造各种所有制经济平等竞争的体制环境。“竞争中立”（Competitive Neutrality）曾由西方政要提出、在一些国家作为市场准则，对内规制竞争行为，对外作为经济外交大棒来打压市场竞争机制尚不健全的新兴市场国家，进而引起后者的反感甚至将其污名化。事实上，市场决定作用的具体实现，就是各类经济主体市场地位的平等和竞争过程的公平，政府的更好作用则主要体现在有效保障这种市场地位和竞争机制的平等与公平。我们可以将这种既包括竞争中立、又包括规制中立（Regulation Neutrality）在内的市场决定机制，称之为“市场中立”（Market Neutrality），并作为经济改革的微观目标取向予以持续推进。尤其是通过规制中立改革，破除某些经济成分所享有、而被方方面面诟病的公共补贴、信贷优惠、隐形担保、披露豁免、垄断经营、先占优势、软性约束、破产例外、信息强势、职能美化等超市场规则现象，充分发挥政府在市场规制方面公平维护者的“裁判员”作用，避免造成背离“市场中立”的结果。

目前，国内市场上大量存在过剩产能、过多库存、过高杠杆以及“僵尸”企业等，其成因固然较为复杂，但市场非中立是其最深层的体制原因，其直接表象就是这类问题主要发生于难以出清的“体制内”企业。今年的“三去”政策、清理“僵尸”企业等，对解决类此问题发挥了相应的作用，有的地方因产能过剩严重、产能去化甚至伤及优质产能，其间也有较重的行政推动色彩。从长期看，如果不进行较为彻底的市场中立化改革，推进“三去”和清理“僵尸”企业不仅会面临巨大困难，而且其本身还会成为一种“经济虐疾症”，周期性反复发生，极大地浪费社会资源，造成长期、严重的资产资源错配和经济结构僵化。这已是我国当代经济史所反复证明、并还在发生的经济与体制痼疾。

近年来，国企国资改革着力推进，其间的一些措施也评价不一。但问题的关键不仅仅在于国企国资自身微观层面的改革，而且还在于这些改革是否有利于创造市场中立条件，保障各种所有制经济平等竞争，以及国有企业进而国有资本能否在市场中立环境下，尽快锻造其公平竞争能力以及国际竞争实力。新近出台的产权保护意见，以及各类清单管理制度，迈出了市场中立改革的关键步伐。只要大力推进竞争公平和规制中立，市场中立的体制环境终将建立起来，我国企业与资本的国内发展潜力、市场竞争能力和体制认可程度必将大大提高，经济转型升级、动能科技创新也将成为必然的过程。值得关注的是，今年有关产业如盐业体制改革，尽管根据食盐产销供需特性，采取了政企管办分开、资质合格准入、产销一体经营、市场适度竞争等符合市场中立原则的改革政策，但仍有一些以企业分级限制竞争、分割市场的色彩，在称谓表达上也在沿用“食盐专营制度”的传统名义，对内名实背离、市场参与不畅，对外授人以柄、国际竞争受阻。

在国际社会，一些国家曾试图以“竞争中立”为号召、以地区贸易伙伴关系为依托，对我国企、国资参与国际竞争设限。其重要的应对措施首先是应当通过国内市场中立锤炼内功和形象，继而以国际市场中立尤其是规制中立为诉求，争取更多国家共同反对其贸易投资歧视和排斥政策。针对西方政治人物基于自身国家私利，在国际上实用主义地交替使用新自由主义和保守主义政策，我国可以利用单一制国家与联邦制国家之间在国际缔约方面的责任差异，联合其他单一制国家，提出市场中立、履约一致原则，以此提高联邦制国家国际缔约的国内门槛，或保留我通过立法及授权地方立法的形式，应对联邦制国家可能存在的地方履约例外等规避行为，以及惩戒相关行为的权利，缓解某些西方国家试图强加在我国企国资尤其是央企央资之上的不公正压力，尽可能地为我国企业和资本创造公平竞争的国际市场环境。

2. 财税结构变化与央地事权责任

2016年，在营改增全国试行、资源税普遍实施、央地事权支出责任划分、地方债务限额管理及风险应急处置等方面，重点进行了财税体制改革以及相应的政府规制方式创新。相关方面的改革，也是与经济发展阶段、财税结构变化、事权责任性质密切相关的体制建构和机制调适的长期任务。

改革开放以来，我国财税体制和央地事权责任，经历了几轮改革与划分。随着经济发展进入新阶段、经济结构深度调整，财税结构也在发生深刻变化，对经济、社会等各个方面已经产生重大影响。相关领域的改革，首先必须正视地区发展差异所导致的地方财力的严重分化。大致说来，我国已有 1/3 左右的省份跨进了高收入门槛，1/3 左右的省份进入中高收入阶段，其余 1/3 左右的省份尚处在中低收入阶段。由于发展水平和税源变化，分地区税收收入绝对值的分化与悬殊越来越大，新增长的部分主要集中在东部沿海省份，尤其是其中的少数优势城市，部分地区财政可持续性受到严峻挑战。2015 年，财政支出半数以上靠中央财政转移支付的省份达到 13 个。除在技术层面厘清事权关系和支出责任外，如何推动地区平衡发展与财力创造、进而调整央地责任尤其是财税关系，保障基本公共服务均等化，恐怕才是重中之重。

其次，必须预判税源结构变化对税收增速的趋势性影响。近些年来，支持国家税收较长时间高速增长的传统税源，如香烟、油品、金融、房地产等，其增速趋于持续下降态势。信息技术、商务服务和居民消费等成长型税源虽然增长相对稳定，但尚不足以弥补传统税源快速下降部分。税源结构变化自然会促成税收总量低速增长的常态趋势，即与经济“新常态”密切相关的另一个财税收入“新常态”。而为了应对经济下行压力，积极的财政政策是高概率的宏观政策选项，财力吃紧、赤字高企或成为经常现象。因此，有限的财政政策空间和财税相关改革，必须兼顾经济景气和地区平衡发展双重目标，避免顾此失彼、后患无穷。

再次，必须警觉结构性税制改革或将产生的马太效应。今年 5 月全面推出的“营改增”税制改革，以及央地按照五五划分比例作为分税过渡方案，其间包含着在保增长、调结构、促转型之间的复杂权衡，总体上有利于服务业发展和经济结构优化。但由于发展阶段和结构差异，东南沿海地区的服务业尤其是高端服务业比重，明显高于其他地区。几乎占全国税收总额一半左右的营业税和增值税的税负优化，受益更多的自然是发达地区。而且，随着经济结构深度调整，税制结构还有迈向直接税比重逐步提高的趋势。在收入水平和财富积累较高的东部地区与结构调整缓慢、居民收入及财富积累较低的其他地区之间，政府财力、居民福利和经济发展潜力的差距会进一步拉大，出现逆向调节的马太效应。这些结构性趋势，对尚且不能有效规制类此效应的现行央地税收分享体制、转移支付体制，提出了新的挑战，需要直面应对。

最后，必须以长期、全局观念顶层设计财税体制和政府规制改革。面对财税来源、地区差异和结构趋势，财税体制、政府规制改革以及央地财权及支出责任划分，应当优先考虑地区均衡发展进而财力均衡形成，不能长期拘泥于财税管理技术层面的修修补补。结构性税制改革必须综合考虑其规制结果和区域性效应，防止逆向调节等负面影响。间接税征收由生产环节调整为销售环节，表面上似乎纯属技术性因素，但实际上具有提高城镇综合承载能力、应对市场价格波动、促进商品产销衔接、引导社会消费倾向等多利效应，不能长期不思改革。此外，地方政府债务管理既要关注其限额设定和风险管控，也要兼顾经济景气目标，提高其历史债务消化能力和地方经济发展动能等。

3. 金融改革开放与基础市场建设

2016 年，金融改革在推动贸易投资便利化、资本市场开放、人民币国际化、绿色金融发展等方面取得了一些进展。为稳定经济增长，央行还采取了名为稳健、实则相对宽松的货币政策。年底社会融资存量已达 156 万亿元，为全国 GDP 总量的 2 倍以上。实体经济杠杆率或已达 2.5 倍，政府主导的基础设施建设投资的杠杆率已达 3-4 倍。货币管控目标和金融体制改革，必须充分考虑国内资本市场变化、金融国际化程度加深和人民币汇率趋势性下行等诸多因素，不能停留在短期政策目标和金融工具层面。

第一，货币政策的景气目标不能脱离经济转型换挡期的“资产荒”现实而一味增加货币供给。“资产荒”的出现，意味着多数投资只有微利甚至无利而投资无门。金融维稳所增加的货币供给，要么空转于银行体系之内、在短期内推高 M1 增速，要么涌向非银金融机构、房地产或股市等领域，推高资产泡沫，而实体经济领域的投资意愿急剧下降，金融、经济脱实向虚。

这几乎是近些年我国经济运行态势的真实写照。短期金融维稳政策和定向支持政策，加大了货币增长的外生性，降低了内生性货币需求与供应，M2增长已经不能表征、至少不能全部表征资金需求回升，只能表明货币供给的外部推动力量正在增强。而增加的货币供给，又恰恰是金融机构资产负债表上实实在在的负债，必须尽快为其找到合适的资产配置。金融领域的“资产荒”压力迫使金融部门不得不降格以求，将资产配置到风险程度较高、甚至落后、过剩产能中去，进一步推高相关部门的杠杆率，或向所谓“僵尸企业”输血输液，加上为应对经济下行、各级政府推动基础设施建设而主动追加杠杆，“三去”攻坚尤其是“去杠杆”将会久攻不下，几乎是可以预料的结果。

第二，国内资本市场发展及其制度建设不能滞后于资本市场对外开放。2016年，国内债市、股市开放程度加深，但国内资本市场痼疾依然如故。一是主板市场与场外市场的关系尚未理顺，主板市场的发展次序、速度、比重、政策，明显优先于场外市场等基础性资本市场。二是因此前股灾影响而延宕的注册制改革至今未见启动迹象。三是沪港通、深港通相继开通之后，境内股市IPO制度、T+1、停板制以及其他信息披露方式和交易工具差异，尚未进行适时适应性调整。四是错过良机、生不逢时的新三板市场上的供给拥堵、流动性低等问题日渐积累，相关融资及资本流动举步维艰。五是资产证券化次序错位，在社会资本尤其是实体资本证券化程度很低的情况下，金融机构资产证券化“近水楼台”、“自我强化”，抢占先机。六是非银金融机构占用流动性过多，2009-2016年，其信贷增速达到实体经济的3倍左右，总体杠杆率决不低于实体经济，资产回报率一路下滑。而近年来的金融改革几乎没有涉及到这些重要方面。

第三，资本账户开放与人民币国际化趋势呼唤币值稳定优先的货币政策目标。近20年来，我国国际收支状况良好，外汇储备充裕，物价水平波幅不大，货币政策的优先目标是稳定经济增长。随着经济转型和国际贸易投资条件变化，以及资本账户逐步开放和人民币日益国际化，近年来外汇储备数量下降，汇率贬值趋势明显，其成因也众见不一。其实，人民币汇率波动，表面上是不同货币间的比价问题，其本质因素还是国际间贸易和投资市场的主导力量和决定作用，央行的调控政策只能顺应市场力量而因势利导。具体说来，首先是与我国国际贸易形势及经常账户盈亏相关。其次是与中国居民和企业海外配置资产的需求增加有关，并且会随着人民币汇率走低而不断强化。再次是与我国海外资产错配、资本收益轧差长期负值有关。最后也是最重要的是与我国市场投资回报率变化密切相关，它决定着国际资本的流入流出、海外资产收益轧差对冲、经济增长预期潜力等长期市场平衡因素。因此，国内货币政策不能因经济景气压力而放量宽松、摊薄投资回报率，进而适得其反地引起资本加速外流，进一步恶化汇率形成环境。当前所需要的是，以相对稳定的汇率水平来稳定我国国内及海外资产的投资回报率及收益预期，进而引导国际资本流向、优化我国国际收支及汇率形成条件。至于短期内防范资本外流，除限制违规移资海外、惩治非法资本外逃外，不能简单地祭起资本管制的传统武器，而应当在上述几方面利用现有实力和制度创新强身健体、应对挑战。

4. 投资模式创新与风险溢出管理

面对经济下行压力，决策层推进供给侧改革时，较多地关注能够直接启动需求的投资刺激政策，以及培育新产业、新动能的产业政策，其中投融资体制相关改革、创投环境打造及科技成果转化等政策是其重要内容。兼顾需求增长和经济景气的供给政策，对稳定经济增长无疑发挥了积极作用，但其目标的兼顾性不可避免地带有功能的两面性。

首先，国有企业基金、政府建设投资和专项引导基金投资对民间投资具有明显的挤出效应。国企改革鼓励国有资本通过投资优质民营企业保值增值，以国企为主的投资基金迅速增加，国家层面的国企投资基金估计超过万亿元以上，对民营企业原有的投融资领域和运营方式会有一定的替代作用。城投债和地方债是拉动地方基础设施建设的重要融资来源，随着相关发行条件的放宽，2016 年上半年城投债和地方债的发行规模已相当于 2015 年全年的总规模，其中半数以上是各类基础设施建设项目资金，这显然不利于民间资本参与和 PPP 模式发展。为鼓励创业创新，政府引导基金数量和规模井喷式增长。据初步统计，2015 年底各类政府引导基金已达 800 支、规模超过 2 万亿元。这类基金是集聚创新要素的重要力量，其管理和运作模式也有很多改革和创新，但其直接参与的股权投资占比过高，而且利用政府背景抢占优势项目，对民间天使基金、风投基金和不同层次的股权投资基金产生显著的挤出效应。自 2016 年初开始的民间投资近乎断崖式下滑，除传统制造业大规模结构调整及长期存在的各种投资审批程序的影响外，政府投资的挤出效应可能是其重要原因。

其次，政府与社会合作（PPP）模式的管理及立法的主导权之争折射出其经济与法律基础的极其脆弱状况。2016 年投资领域最热门的议题之一是 PPP 管理及立法主导权之争。即使决策层已经明确由法制部门牵头负责之后，相关经济职能部门仍然在 2016 年下半年几乎同时发布各自的部门规章。PPP 模式，实际上是政府允许私人投资和经营本来属于公共产品或者公共服务的领域。这里最为基础的问题的是 PPP 模式适用范围的界定。在相对成熟的市场经济体中，PPP 模式更多地应用在纯公共产品和服务、至少是准公共产品和服务领域。作为转轨制国家，我国的公共品与竞争品的界限相对模糊或交叉重合，无论是政府投资管理部门还是财政管理部门，对公共产品和服务的界定都过于宽泛。现实生活中政企不分、管办不分、权责利不清的公共产品和服务、甚至一般竞争品的提供方式比比皆是。一些地方为上项目、借政府购买服务之名进行基础设施建设融资，或通过固定回报承诺、回购安排、明股实债等方式进行变相融资，便不足为奇了。PPP 模式的健康发展，关键是通过深化改革，尽快厘清公共品与竞争品之间的关系，包括其中的竞争性领域与垄断环节等相关产业之间的关系，更深层的是处理好政府和市场的关系。另外，作为新的投资模式，还应当包括一系列基础性法规建设。包括与公共产品生产和服务有关的判别原则、公平准入、普遍服务、责任标准、营利模式、价格规制、信息透明、合同要约、诚信守则、权益保障、运营监管、社会问责、法律约束等等。

最后，科技投资模式创新必须强化风险外溢的适时管控。2016 年，为了加快经济发展动能转换，科技投资领域不仅出台了一系列创新激励和成果转化政策，还引入了“投贷联动”的科创投资改革试点。这类试点，既是适应科创企业的融资需求，也是商业银行突破传统法规的分业经营约束、向综合经营试水。银行采用成立类似风险投资公司或基金的方式，对创新企业给予资金支持，实现银行业的资本性资金早期介入科技企业，并通过信贷投放等方式给企业提供融资支持。对风险程度及偏好较高的科创企业，这种政策具有直接投资和间接融资的双重支持效果，进而可以提升其风投及发展能力。对于相关银行来说，虽然进行了局部风险隔离与资金运用约束，但直接投资和间接融资的双重风险将集于一身。在起始阶段，“投贷联动”先行试点仅包括国家开发银行、中国银行等十家商业银行及科技资源丰富、科创企业聚集的北京中关村等五个国家级自主创新园区。考虑到我国长期间接融资为主、银行存差余额通常在数十万亿元，新动能追求和科创发展又是各个地区的普遍诉求，若通过试点、取得“经验”，把“投贷联动”作为“转型战略”而普遍推广，相关商业银行将面临内有投、贷冲突和综合经营风险，外有结构错配和总量失控陷阱的高风险局面，金融业的微观监管和宏观调控也将变得极其错综复杂，必须未雨绸缪。

5. 土地制度改革与城乡、地区间土地收益均衡共享

自去年启动农村承包地、建设用地和征地制度改革试点以来，“三块地”改革有的已取得重要进展，有的开始破题，还有的则可能由于理念思路和顶层设计不清而路途不清。土地制度改革的真正难点或最终目的，在于通过改革，以市场的决定作用，建立城乡土地要素平等交换制度；以政府的更好作用，调整城乡、地区和社会成员间长期形成并仍在不断扩大的土地收益及相关财产收入差距。

各地试验多年、分歧和争论不断的农村承包地改革，今年终于以所有权、承包权和经营权“三权分置”改革落地。这是改革开放近40年来、在农村土地集体所有权基础上的又一次土地权利分离改革，它在一定程度上适应了农地规模化经营要求，以及城市化过程中人口流动迁移后的农地耕种和承包人经济权益等要求。这种权利分置改革，将会派生诸如土地股份合作、土地托管、代耕代种等多种土地经营权形态，还会产生土地承包权流转乃至有价退出的交易过程和市场安排，进一步丰富我国要素产权关系和市场交易制度。农地“三权分置”，还会派生出“新型租佃关系”，出现业内所称谓的“小二地主、大中佃农”经济现象，并且由于“地主”过多、地租过高，致使单纯从事农业经营利润微薄甚或无利可图。短期内只能由租佃市场博弈决定租金水平，长远看，则有待农民长期稳定进城、收入格局变化、公共政策规制，由其根据包括所得税调节在内的成本收益权衡，选择继续保留、还是有偿退出承包权而最终脱离农村。至于农村集体经营性建设用地使用权抵押贷款试点，则是在一定范围内落实农村集体经营性建设用地与国有建设用地“同权同价、同等入市”的改革要求。其范围扩大、作用发挥和功能完备，取决于我国城乡要素市场、尤其是经营性建设用地市场的统一速度和完善程度，既不能急于求成、揠苗助长，也不能踌躇不前、长期试点。

当前的征地制度改革试点，尽管考虑到了缩小征地范围、提高补偿标准这些常识性问题，但由于制度理念和顶层设计的模糊，从制度构建来看，仍然是传统体制的某种延伸。符合市场规律、体现政府作为的征地制度改革，从根本性讲，应当是以国土规划为基础，建立城乡统一的土地要素市场。具体说来，在土地价格的形成上，坚持以城乡统一的市场机制为基础；在土地收入的分配上，兼顾国家、集体、农民三者利益关系；在公益性社会成本的分担上，由所有受益相关方共同分担、而不是简单地通过低价征地方式转嫁到被征地农民和其集体经济组织身上；在公共政策理念上，以市场决定土地收入初次分配为基础，缩小城乡间土地增值收入差距，改变土地收入长期片面向城市尤其是大中城市集中的趋势。

城乡建设用地同权同价、同等入市改革试验，还需要研究和应对东中西部以及同一地区的不同区域之间建设用地占用数量的失衡状况。简单地、局部性推行同权同价入市试验及推广经验，从长远看势必造成不同地区在土地资源入市机会、交易规模、土地收入等方面的苦乐不均或逆向分布，使地区之间本已拉大的发展及财力差距继续扩大，仅靠中央财政层面的再分配调剂方式是会力不从心的。推进建设用地市场化改革，需要在宏观层面建立国土资源均衡开发调节机制，以及国土开发强度的量化规制和超额付费制，以土地收入横向转移支付制度，推动地区间优化国土开发、加速产业转移、调整经济结构、实现平衡发展。相关制度的建立，对于土地开发强度过大地区的土地节约、结构优化、产业升级、生态保护和人居环境的改善也是重要的。

（三）兼顾经济景气推进供给侧结构性改革

1. 兼容景气的供给主义条件和需求管理边界

在当前和今后一个时期，经济增速放缓可能会是经常性现象。如何在景气压力下推动供给侧结构性改革，有必要从供给理论与需求管理政策、以及中国改革开放历史实践的结合上，透视近期改革目标和长远制度建设任务。

谈到供给理论，尽管人们可以追索其久远的历史渊源，但最为著名的还是法国经济学家让·巴蒂斯特·萨伊在19世纪初提出 “供给自动创造需求”的所谓 “萨伊定理”。后来的著述往往根据生产相对过剩性危机的出现，几乎全盘否定“萨伊定理”，诉诸于经济周期的“需求侧管理”，其中以凯恩斯学说为滥觞。直至上世纪七八十年代“滞胀”困局的出现、传统需求管理走入穷途末路之际，人们才重新审视供给理论，形成新的供给理论及相应的政策主张。当时英美等国的政治领袖也将其部分地应用于治理本国的“滞胀”问题。对其治理的成败及供给理论有效与否，时至今日仍然评价不一。

其实，所谓“萨伊定理”提出时，资本主义经济体系还处在上升发展和对外扩张时期，纳入该体系的整体经济发展尚处在短缺时代，第一次产业革命及其科技成果外溢正在如火如荼地进行，产业成长、城市化过程及相应的企业家创新活动几乎一路凯歌，那个时代的新供给与新需求近乎孪生共存地结合在一起。无怪乎当时的经济学大师近乎孩童般天真乐观地奏起“供给自动创造需求”的田园牧歌，并陶醉于“增加供给—扩大就业—提高收入—刺激需求”的所谓“萨伊链条”。在某种意义上，这也是当时资本主义经济体系的现实写照。我们不能以“萨伊定理”提出近20年之后才开始出现的生产相对过剩性经济危机，以及后来人们采取以凯恩斯主义为代表的需求管理政策熨平经济周期，来简单地度量、否定早期供给理论的适用性，或批判、夸大其理论的所谓“庸俗”成分。

因此，以更为宏观的视野、历史地看问题，早期供给理论、甚至今天的供给政策的适用性，至少必须满足以下基本条件：（1）经济短缺与人口红利及城市成长期；（2）传统管制放松和市场体制发育期；（3）新型产业成长领域；（4）技术创新外溢产业；（5）收入及需求提升转型期；（6）市场规模扩大或边界延展阶段。因此，尽管国情世情、发展阶段差别很大，包括其现代策论在内的供给学派的理论与政策，往往以上述条件的存否强弱而显现出完全不同的效果。

为解决上世纪“大萧条”时期迫在眉睫的经济衰退问题，凯恩斯从总需求方面寻找原因，认为一国的总需求由消费需求和投资需求决定。由于边际消费倾向递减的作用必然会形成消费需求缺口，因而需要由投资需求来填补。但投资需求本身是由资本回报率和利率决定的，并不能恰恰填补该缺口。凯恩斯由此开出的弥补有效需求不足的总需求管理药方是，以扩大财政投资弥补私人部门投资需求不足，以下调利率激发投资热情，即通过扩张的财政和货币政策应对经济危机。

如同生产相对过剩性危机制约着供给主义的适用范围一样，经济“滞胀”的出现以及各国需求管理政策的困境，表明凯恩斯主义同样有它明显的约束条件和适用边界。至少包括：财政政策受制于政府债务水平及赤字率的高低；货币政策受制于名义利率下限、流动性陷阱及一国经济杠杆率的潜在上限；过度刺激投资可能诱发产能过剩并抑制未来需求；转轨型国家的体制性矛盾会扭曲需求管理的市场表达；转型期的结构性问题会影响总需求政策的有效程度；开放经济条件下国际经济周期和金融市场会制约一国总需求政策的选择空间和实施效果等。这些约束，几乎已经全部体现在 2016 年我国需求管理政策所达及的风险区间。

供给主义和需求管理政策的适用条件表明，在中国这样一个经济转型和体制转轨的发展中国家，无论是推进供给侧改革，还是进行需求侧管理，以及当前在景气压力下推动供给侧结构性改革，在理论和实践上，都会是经常面临两难抉择、十分容易顾此失彼的高难度选项。

2. 供给侧改革的“中国奇迹”与体制机理

今天人们推进供给侧改革，往往开出用途极其庞杂的广谱药方，无论其诊疗前提是否存在或处方配剂有否对症。尽管供给理论与政策已经被泛化，但归结起来，在相对成熟的市场体制下，其重点政策选项无外乎以下几个方面：一是包括遵循边际税率逻辑或拉菲曲线在内的税收减负政策；二是包括国有企业私有化或民营化在内的管制放松政策；三是包括提高就业及收入弹性在内的福利约束政策；四是包括适应潜在需求和科技进步在内的产业进化与创新激励政策；五是包括提高竞争能力和综合国力在内的经济边疆延展或市场全球化政策。如果是转轨制国家，还应当包括从微观机制到宏观体制在内的市场体制建设，以及始终与之相伴随的结构调整过程。其中既有短期政策应对，也有长期制度建设。正是由于我国体制转轨的历史特征，供给侧结构性改革被人们做出了近乎无所不包的经济与市场策论解读，以及发展模式及体制机制改革创新任务。

供给主义学说的有效性特征，注定了它最为有效的条件是，作为其经济政策执行结果的需求增加，恰恰是市场所必需尤其是所急需的生产物或生产条件的供给。但当一个经济体系进入买方市场时期后，这种机缘耦合则并非是高概率事件。中国改革经历了从短缺经济到买方市场的不同时期，而经济改革正是非常“幸运”地“抓住机遇”，自觉或不自觉地利用供给有效性条件，将市场供求与制度供求适时地结合起来，创造了数十年持续快速的经济增长。在所谓成熟的市场眼光及判别标准看来，几乎是以人类经济史上最不规范的制度形态，奇迹般地推动了当今时代最为迅速而持久的经济成长。

其实，中国的改革及其成就，都是有其内在逻辑与规律的。在那个经过十余年政治折腾、社会大众基本生存需求出现危机、国民经济“濒临崩溃边缘”，率先进行农村改革，产生了避免衣食危机、供给与需求同步快速增长的双重效应，几乎是静悄悄地了一场全社会都有共识的“帕累托改进”式的“供给革命”。随后以市场为导向、在传统体制外迅速发展的乡镇企业、农村工业，满足了市场捉襟见肘的轻工产品供给。这场制度供给及要素重组所派生的市场供求的衔接与改善，究竟是供给自动创造需求、还是需求自动创造供给？这原本是“先有鸡还是先有蛋”的无谓纠结或辨析，带给中国社会的则是生机勃勃的经济增长、体制创新和结构调整，尽管经济起飞和市场体制当时还仅仅处于孕育或萌芽状态。体制创新所带来的经济增长，近乎完整地演绎了“萨伊链条”。农业与轻工业生产的增长，提供了相应的就业岗位、收入机会和市场需求。类似的改革部分地引入城市，也产生了近乎同样的激励效应。

市场格局的迅速变化和新旧体制的激烈竞争，给改革滞后的城市国有企业带来巨大压力，以致一部分企业尤其是中小型国有企业陷于困境与结构性停滞。此外，上游产业与基础设施难以适应迅速变化的下游产业的市场化改革，以及发展要求和结构调整；国有经济不振和收入福利刚性，给各级政府、尤其是中央政府带来了巨大的财政压力；维持经济运行和追求经济景气的努力，除扩大财政赤字外，宽松的货币政策自然成为选项。上世纪 80 年代末、90 年代初物价上涨或通货膨胀一度近乎失控。政治领袖的远见与社会大众的向心，催生了以建立社会主义市场经济体制为目标，以及迫于国内经济压力和亚洲金融风暴的冲击，断然进行供给侧结构性改革，实现了体制大转换与经济“软着陆”。

其主要改革措施，一是以市场经济为导向，集中推进财政、税收、金融、社保、外资、外贸、外汇等体制改革，构建社会主义市场经济的宏观体制框架。二是以近 4000 万职工下岗分流、4000 余亿元银行不良资产剥离为代价，将中小型国有企业几乎一夜间推向市场，由此也将改革开放以来积累起来的民间资本由货币资本转化为产业资本，并彻底转换经营机制、成为生机勃勃的市场微观主体，为存留下来的国有企业提供了“做大做强”的空间。三是大力推进住房制度改革，将建国以来数十年建设的公有住房以“房改房”等方式廉价出售给住户而成为私有住房，由此将一代人甚至几代人的居民储蓄转换成房地产业资本，为其提供了巨大的发展潜力，也适应了当时衣食生存品基本满足之后、住行需求尤其是住房需求的日益增长的期待。四是加入世界贸易组织倒逼国内改革，“立、改、废”数千部经济法规，正式融入经济全球化过程，迅速扩张了市场边疆。正是这一系列释放市场红利和制度红利的供给侧改革、结构调整与供求对应，既去除了经济泡沫和通胀杠杆、成功实现“软着陆”，也留足了亚洲金融风暴期间及其后实行扩张性需求政策的空间，进而激活了以交通和住房为基础的长期潜在的巨大国内需求、以及以加入 WTO 为契机迅速扩张的外部需求，成就了我国前所未有的高速增长期，几乎是一枝独秀、一路凯歌地走到此次世界金融危机之前，成为全球第一制造业、贸易大国，上中等收入国家以及世界第二大经济体。

3. 化“腐朽”为“神奇”式的要素潜力释放

改革开放以来的体制转轨与经济发展，学界从发展战略到比较优势，从微观机制到宏观体制等诸多方面做出了寻找“奇迹”之源的见仁见智的解读。同样令人费解的是，历史上都曾是转轨制国家或新型市场国家，其经济增长成就却有较大差别。抽象其市场体制建设的共性特征之外，其关键的区别，或许在于彼此之间制度遗产尤其是利用形式的差异。

中国的改革开放，几乎把传统计划经济的制度遗产潜力通过供给侧改革、市场化过程发挥到极致。人民公社制度曾将占当时人口绝大多数的农业劳动者，由过去小农经济体中的劳动力与私人生产资料之间的直接结合，变成了生产效率和收入低下的劳动者与集体生产资料之间的若即若离甚至离心离德式的间接结合，加之生育政策开放期婴儿潮所形成的巨大人口数量，在改革开放所提供的就业机会面前，几无悬念地迅速转变成具有自由流动意愿和机会的廉价的产业工人或产业后备军。土地制度的法律界定，决定了政府能以土地征用方式廉价地获得基础设施建设、工商业发展及其他城市建设用地，并由此获得了因土地用途改变而溢价巨大的财政收入或建设资本。这种原始积累规模和资本集聚效率在世界范围内也是绝无仅有的。

集权式计划经济不仅垄断了土地资源、人力资源，而且还垄断了矿藏资源、财税资源、金融资源、环境资源等，几乎包括供给侧的所有生产要素。或因要素市场改革滞后，或因区域开放竞争，或因市场换资本、换技术的开放诉求，或因金融抑制惯性，或因国际竞争考量，在一个较长的时期内，相对压抑了各类生产要素成本，对传统体制下长期视之为需要优先发展的物质生产部门即制造业，形成了独一无二的成本优势和竞争地位。加之市场经济发育过程中国内市场的扩大、加入世界贸易组织后国际市场的开拓，在较短的时间内，成就了中国制造业大国地位和经济快速增长的奇迹。至于其他一些转轨制国家及新兴市场经济体，或由于追求“政治正确”、迅速而彻底地扫荡公有制，回到生产要素私有制的原始市场经济的历史起点，由此也丧失了传统制度遗产的部分重要潜力；或本来就长期受到过于细小的土地等生产资料私有制对社会化大生产及产业结构变动的束缚，生产要素市场配置成本居高不下。它们中的许多国家在激烈的市场竞争中，尤其是在与明显具有资本、技术优势的发达国家的国际竞争中，几无优势可言而表现平平。

4. 需求管理阶段的供给侧结构性挑战

历史经验表明，一个发育成长相对成功的市场经济体，在其发展的一定阶段，由于内在的结构性矛盾和外在市场变化，或迟或早地会出现商品相对过剩进而资本相对过剩、乃至经济波动反复发生的周期性现象。上世纪 90 年代，由于亚洲金融风暴的影响和内外部经济的失衡，中国经济也由高速增长出现波动下行问题。从那时起，宏观层面除继续推进供给侧改革外，开始实行需求侧管理，包括实施积极的财政政策、宽松的货币政策和大规模的基础设施投资。有幸的是，当时强力推进的体制改革，极大地改善了国内市场环境，加入世界贸易组织推动了国际市场的迅速扩张，高强度的基础设施投资不仅扩大了国内需求，而且弥补了长期以来的经济短板。供给侧体制改革与需求侧管理政策的综合运用与幸运对接，以及对国际国内资源与市场的积极利用，促成了本世纪初年直至美国次贷危机乃至全球金融危机爆发前几乎高达两位数的经济快速增长。

本来，此次世界金融危机前夕，我国经济已经面临着产业转型、结构调整、动能转换的艰巨任务，产能过剩、供求失衡等问题也开始显现出来，较为适当的应对政策是利用需求约束去化过剩产能、优化经济结构、推动动能转换等，但这必须以景气牺牲为代价。当全球金融危机到来、市场约束骤然强化、经济增速迅速下行之际，是因势利导去化过剩产能、推动经济转型，还是求诸需求刺激、保持经济景气？宏观政策的选择是众所周知的。一个经济周期下来，我国市场供求关系发生了一系列重大变化。或者说，今天的需求管理政策难以助效或收效甚微，除国际市场因素外，国内市场关系的重大变化是其内因。

从供给侧看，所谓“刘易斯拐点”到来。人口红利开始递减，劳工成本迅速上升，劳动力结构发生质态变化，城镇新增劳动力以高校毕业生为主，相应的就业岗位、技术选择必须适应其变化。城乡要素平等交换理念的形成及政策措施的部分落地，廉价土地供应机会不再。长期粗放增长所造成的生态环境成本加快凸显并亟须内部化。低成本优势成为过往与市场供过于求、价格低迷及杠杆高企同步出现。

从需求侧看，房地产市场变化表明“长周期拐点”开始到来，除一、二线城市较多地依赖杠杆膨胀、投资需求支撑外，三、四线城市的房地产业几成所谓“庞氏陷阱”。收入与需求结构的变化致使传统制造业总量过剩与结构性短缺并存。下游产业市场供求关系变化，制约了能源原材料和基础设施的投资空间以及效能、效益潜力。世界金融危机后的国际市场低迷不振，对外向度较高的中国经济形成巨大压力。

5. 别无选择的供给侧结构性改革

制度遗产潜力的充分释放，市场供求关系的重大变化，传统体制痼疾以及数十年高速增长所积累起来的各种矛盾的相互交织，表明中国经济能否继续稳定增长、中等收入国家能否跨入高收入阶段，已经不能依赖于传统产业与动能的简单刺激和外延扩张，而必须推进兼容经济景气的供给侧结构性改革，推动技术革新与制度创新，实现新旧产业与动能的重大转变。

在实体经济层面，通过深化改革，尽快解决相当一部分企业资产与负债结构合理、比率适度问题；通过去产能、去库存尤其是培育新产能、新动能，重建供求平衡、活跃有序的市场结构与交易关系；通过制度供给和政策调整，理顺投资与消费的关系，从供给与需求两侧为产业动能转型升级、创业创新提供支持；通过简政放权、开放准入、保护产权等一系列理念与政策调整，创造各种所有制经济平等发展的市场环境；通过国内国际自贸区建设和“一带一路”等开放战略实施，建设开放型经济新体系，拓展市场边疆，打造国际竞争新优势。

在虚拟经济层面，首先是要通过完善金融体制，强化信用、风险管理，解决长期存在并反复发生的信贷资产期限错配，而不是简单的期限展延、在某种意义上也是信用违约问题；深化金融资产的市场配置方式及价格形成机制改革，矫正金融资产在行业间、体制间以及国际间的长期严重错配；积极发展直接融资、优化企业乃至社会融资结构，循序渐进地推进股权市场化、进而资产证券化，通过市场机制促进杠杆去化；在新金融发展、人民币国际化背景下，加快优化金融组织结构和业态结构，提高金融服务实体经济的能力、市场竞争乃至国际竞争能力；健全资本市场结构，合理布局股权、证券、基金、信投、风投等各级各类资本市场，有效发挥其各自的投融资功能，防止金融资本自我强化、脱实向虚；金融市场建设坚持基本品市场优先于衍生品市场、产品市场化优先于资本市场化、实体经济的证券化优先于虚拟经济的证券化；适应金融发展多元化、多样化、综合化以及国际化趋势，健全金融风险监管体制，提高风险监管能力与效率。

在要素配置层面，对人力、土地、科技等可竞争性资源，要以开放准入、平等竞争、优化利用为准则，以市场的决定作用提高资源配置效率；对矿藏、网络、频谱等具有自然垄断性质的稀缺资源，要以创新营利模式、鼓励多元参与、激活内在潜力为重点，促进其公平有效利用；对财税金融、公共服务、生态保护等社会公共资源或产业门类，着力创造各类市场主体平等享有、公平参与条件，通过最大限度地发挥市场决定作用来实现政府的更好作用。

在宏观调节层面，重点建立“补短板”机制，尽可能地有效缩小城乡差别、地区失衡、贫富差距等；通过制度创新，恰当处理供给侧改革与需求侧管理的关系，形成兼顾近期与长远、经济与社会、发展与生态、经济基础与上层建筑等方面协调发展的体制机制。

三、兼顾景气追求的供给侧结构性改革建议

关于2016-2017年的经济运行态势，尽管宏观层面给出了缓中趋稳、稳中向好的判断，但在近年内，经济下行的压力还不能得到根本缓解，在景气追求中渐进式地推进供给侧结构性改革，仍然是可以预见的改革和发展政策选择。为避免双重目标的彼此冲突或顾此失彼，需要选择那些与经济景气相互兼容、既能缓解燃眉之急又能适应长远之计的供给侧结构性改革政策。

（一）遵循经济发展内在规律，坚持改革创新与结构调整优先于经济增长指标的原则，舒缓供给侧结构性改革的景气压力

中国经济减速换挡，周期波动不是主要原因，要素供给与市场关系的重大变化，产业与动能的转换、磨合与衔接的时滞，长期高速发展所造成的重大结构性失衡和新旧体制转轨不彻底，才是其真正主因。有必要革新发展理念，将体制改革创新和结构转型升级作为优先目标，明确淡化经济景气追求的硬性增长指标，尽可能地避免某些偏离实际和经济规律的稳增长的人为压力，为供给侧改革和重大结构调整留出足够的空间。

（二）加快推进“竞争中立”与“规制中立”相统一的“市场中立”的广义规制模式创新，充分发挥市场决定作用基础上的政府更好作用

针对西方国家将新自由主义和保守主义以实用主义的方式交替使用、2017 年开始的“特朗普新政”有可能抬起贸易保护主义的大棒，我国可以批判性地利用西方政要及政府叫嚷多年、也被人们简单污名化的“竞争中立”原则，对内深化国有企业改革、强化知识产权保护、改善劳工条件、保护自然生态，创造各种所有制经济平等发展的体制环境，促进国内企业迅速提高发展潜力和国内外市场竞争能力。对外提出“政府规制中立”要求，高高举起贸易自由化、投资便利化、经济全球化的大旗，占据国际经贸关系的道义制高点，尽可能地为我国企业争得相对有利的外部市场空间。

（三）优化直接融资工具及资本市场结构，以扩大各类直接融资加快对冲经济杠杆，缓解杠杆率居高不下、资源资产错配矛盾

建立配资、杠杆工具引入与 IPO 注册制改革彼此同步的供给、需求两侧创新对称、激励兼容机制，扩大主板市场容量、提高直接融资能力。针对新三板市场在经济下行压力加大、实体经济基本面不振、传统产业过剩

衰退明显、挂牌企业“圈钱”期待过高、“疾风暴雨”般地增加供给、市场难以消化的“生不逢时”状况，加快区域性股权市场等基础产权市场发展，推进 IPO 注册制与市场转板制对接改革，提高各类场外市场的流动性和融资能力。以资产证券化尤其是实体经济资产证券化，对冲企业和各级政府主导的已有及新增建设项目的高杠杆，防止企业信用违约和政府信用透支。以社会信用体系建设为基础，整合企业债和公司债发行市场与监管机制，提高债券市场融资能力。综合考虑地方政府的债务限额管理、风险管控和经济景气责任等，在保护发展动能基础上渐进式地消化历史债务。

（四）大力发展和充分利用民间股权投资和社会风投基金，推进科技创新与新产业、新动能、绿色化发展领域的制度均衡供给，防止成本和风险外溢

针对“投贷联动”等科技金融创新中金融机构将直接投资和间接融资的双重风险集于一身、外在分散性风险转化为内在集中性风险，以及政府引导基金对社会风投资本的挤出效应等，除继续试验相关风投模式外，政府更多地应该根据创新创业的风险外溢性质，建立平衡对称的风险锁定机制。按照产业政策导向，选择一些更专业的民间股权投资基金作为有限合伙人参与投资，共同承担风险，更精准地扶持创新创业企业和引导新型产业发展。以政府引导基金、金融投贷融资和民间风投资金，积极培育各种以天使基金、风投基金和股权投资基金为主的多层次的民间创新创业企业扶持资金体系，推动更多的民间基金和社会资本参与创新创业和经济转型的投资活动，并相应地推动监管规则、考核标准、投资管理模式等制度建设。

（五）加快研究有利于产业转型升级、城乡地区平衡发展和促进社会公平的土地使用强度调节税、销售环节征收流转税、社会保险分

类税制、财税逆向调节预控机制等基础性财税制度建设

现有财税体制改革，主要集中在、当然也需要的业务技术层面。在此基础上，应当加快研究促进城乡地区平衡发展的土地使用强度调节税或横向转移支付制度，引导国土资源均衡开发、耕地和生态保护成本地区间平等分担。为建立以人为本、以消费为基础、以人的城镇化为取向的税收增长机制与征管体制，提高城镇综合承载能力，健全价格波动的税收灵活应对机制，以及促进商品产销衔接、引导社会消费倾向等，应尽快将增值税等间接税征收由生产环节调整到销售环节。适应营业税改增值税、直接税比重逐步提高等税改趋势，由发展不平衡进而收入水平和财富积累差异所导致的地区间税源差异及税收逆向调节隐患，应早做转移支付等财力平衡预案，尤其要通过财税、金融、地区、产业政策等，引导优质产业向欠发达地区转移，通过市场决定作用和财税调节作用促进地区间经济平衡发展和财力均衡分布。此外，应当加快分离基础养老金与个人账户养老金，按照基金性质分账分级管理。其中基础养老金改费为税、以中央税形式全国统一征收。近期适当考虑地区收入水平或生活成本差异，远期按照全国统一标准，用于公民身份无差别意义上的基础养老金支出。这将极大地推动统一劳动力市场的建立和社会公平目标的达成。除个人账户基金外，其他社会保险费，也同样可以改费为税，根据其保险性质，分别以中央税或地方税的形式征收管理。经过三四十年的试验、实践，几乎没有任何意义上的制度模式不清或操作技术难度，所需要的仅仅是相关部门管理权限的适当调整，当然还有勤政作为。社会保障税制的建立，不仅对我国税制完善和复式预算体系的建立健全意义重大，而且对统一全国劳动力市场、维护经济社会稳定、适应公平正义诉求，以及加强中央政府施政权威与调控能力、促进国家统一和民族团结，也必将居功甚伟。

（六）彻底改革征地制度，加快建立市场发挥决定作用、政府健全调节功能的城乡统一的土地要素市场

正在推进中的征地制度改革试点，从理念到方式上，都还是在延续计划经济的体制模式。按照城乡要素平等交换、市场起决定作用的顶层制度安排，无论是公益性用地还是商业性用地，征地价格理所当然地应当由市场决定，而不是由地方政府与农民及其集体经济组织之间进行市场机制之外的双边博弈。离开了市场决定价格，所谓“缩小征地范围、提高补偿标准”等“为民做主”的努力，既缺乏客观标准，又很难得到被征地者的真正认同而后患无穷。征地过程中政府的“更好作用”，主要应当体现在充分发挥市场的决定作用，维护交易规则及过程的公平，国家、集体、农民之间土地利益的合理分配，以及土地用途适当和公益用地成本在受益范围内或全社会间的公平分担等。

（七）深入理解供给主义条件和需求政策边界，明确界定宏观政策风险区间，努力建立兼容经济景气和供给侧结构性改革的安全有效的需求管理政策体系

在经济减速换挡和景气压力下推进供给侧结构性改革，将是当前乃至今后一个时期中国改革开放的重大特点。尽管兼顾经济景气的供给侧结构性改革，无论对政府还是对社会来说，都是一个容易顾此失彼的高难度选项，但在年复一年不可或缺的应急性需求管理政策方面，必须在充分理解供给主义条件的基础上，确立兼顾近期和长远的宏观政策体系。一是实施有明确界定政府债务率或赤字率上限的积极有效的财政政策，并对正在推进中的以及拟将出台的财税改革政策的城乡、地区效应和逆向调节风险做出预判和应对。二是实施币值稳定优先、兼顾增长需求的稳健中性的货币政策，综合考虑逆周期调节需要、经济杠杆率水平、海外资产收益、金融

资本国际竞争力、国际收支状况和金融监管能力等，相机决策式地实施货币供应政策和资本账户开放政策。三是实施杠杆去化而不是推高杠杆的投资政策，以加快推进垄断领域改革、服务业市场开放和公私合作模式，扩大社会投资尤其是民间投资。四是推进科研效率提高、科技成果转化、新旧动能转换的新型科技与产业政策，以体制创新缓解科技研发领域投入产出不对称、技术供给稀缺与科研成果闲置浪费并存、动能转化迟滞失速、“青黄不接”等问题。五是强化促进平衡发展、释放增长潜能的城乡、地区政策，缓解长期积累、负面影响日益加剧的城乡间、地区间重大结构失衡甚至马太效应。六是明确经济市场化改革和民主法治社会建设目标及阶段性推进指标，把各类产权保护、居民财富管理、个人信息安全、基本人权尊严等重大经济与社会权利尽快法制化，增强社会的方向感、认同感、安全感及责任感，克服广泛存在的市场及社会疑虑，创造优质资本和高端人才向心集聚的体制环境。

（八）面对国际关系新挑战，以中国和平崛起和全球战略利益、也是人类共同利益为基本考量，坚持制度性前瞻与利益性取舍相结合的经济外交政策，有重点地加速推进自由贸易区建设及“一带一路”战略

面对有关国家可能推行以邻为壑的保守主义政策，我国应加大对外开放的主动性，善用国际通行商务规则，积极倡导贸易自由化、投资便利化、经济全球化，把自贸区建设作为国际间双边、多边关系的重点，在互利共赢的基础上尽力推进、多多益善。把“一带一路”战略提高到培育中国新海权、新陆权的战略布局层面重点推进。具有海权觉醒意义的“海上丝绸之路”，与具有深厚海权意识、传统与霸权实力的美国政府之间，不免发生利益分歧甚至冲突，要坚持原则性与灵活性的统一，既小忍不乱大谋，

又坚定地维护核心利益，加快海洋战略布局。“丝绸之路经济带”，要以“高铁革命”为物质基础，培育陆权意识，开辟新的陆上商路，打通关键战略通道。除继续优化中欧铁路交通关系外，要重点加强与我既有共同利益、又有共同对手的“巴铁”战略合作，充分考虑巴方利益诉求和民族宗教特点，深化中巴经济、外交、反恐等战略合作，加快中巴铁路以及公路网络建设，以中巴铁路和瓜德尔港为支点，打造中巴经济走廊，建立我国西部陆路通道和出海口，使之成为“一带”与“一路”的战略交汇点，由此也给巴方带来实实在在的经济利益。境内则是将西部开发与向西开放结合起来，加快与西部陆路通道和新出海口相关联的路网、管网、线网、水利渠网建设，以及各类产业布局，从全球、长远层面构造西部陆海战略基地，随时应对东海、南海不测。此外，针对某些大国的军事政策偏好，我国除加强战略武备外，可以统筹考虑经济建设与国防建设战略布局，利用基础较好的制造业体系及充裕甚至过剩的产能，适当加强、加快常规大器生产、进而拉动内需增长，从另一个侧面扩大社会总需求，实现经济景气目标进而推进供给侧结构性改革。

（孔泾源，中国经济体制改革研究会副会长）

农业供给侧结构性改革的大逻辑

刘 奇

农业供给侧结构性改革不仅仅只是农业内部的结构性调整，它更是一次理念的变革、制度的变革、思维方式的变革，需要宏观层面的大战略、大思维、大逻辑。以三产融合、三物并重、三域齐抓、三利共谋的“四三理念”重构发展战略，是农业供给侧结构性改革的大逻辑。

一、三产融合

三产融合其实就是把与农有关的工商活动内化到乡村地域系统。最关键是要做到五大理念统领、四合结构业态和三驾马车配套，一、二、三产业融合才能顺利实现。三产融合是农业发展的新业态和新实践，中办、国办文件针对农业三产融合把五大发展理念具体化，即创新强农、协同惠农、绿色协农、开放助农、共享富农，这是三产融合发展的指导总纲，是严密逻辑结构的结果，也是事物发展经验规律的总结。这个问题，中办、国办文件中已经说得很全面、很具体、很透彻，这里不再赘述。

所谓四合结构业态，即经营主体联合、产业链条组合、城乡互动统合和网络平台配合，这是新业态的重要结构方式，旨在激活市场、激活要素、激活主体。一是经营主体联合。就我国目前情况而言，有家庭农场、专业大户、农民合作社、社会化服务组织、龙头企业、传统小农户这六大农业经营主体，这六大主体构成了中央所提出的构建新型农业经营体系。在三产融合中经营主体之间已经形成你中有我，我中有你的联合态势。一方面，各农业经营主体具有的比较优势不同，即拥有的资本、技术、土地资源数量不同，资本包括物质资本、人力资本和社会资本；另一方面，农业与不同的产业融合所需要的资源的种类和数量也不相同，因此导致各农业经营主体在不同产业融合进程中所处的地位也不相同。龙头企业拥有较为丰裕的资本资源和技术资源、较少的土地资源，农民合作社拥有较少的资本和技术、较少的土地资源，普通农户则拥有最少的资本和技术以及最多的土地资源。各个农业经营主体在三产融合中发挥的作用有所不同。目前，一种主要的联合模式是，在种养层面上还是以小农为主，但是在加工和销售的层面上，由工厂、公司和地方政府等组织来进行食品的加工以及运输、销售等以实现规模经济。这是过去 20 年来，我国农业产业化过程中形成的“公司 + 合作社 + 农户”产业组织形式在产业融合进程中的延续。“公司 + 农户”，是企业在种地，弊端正在显现。这种模式其实是昨天“公社 + 社员”的翻版，只不过“公社 + 社员”是政府与农民打交道，而“公司 + 农户”是企业与农民打交道而已。中国农业必须走“农户 + 农户”的路子，才是正途。合作组织是农民自己的组织，所以它更清楚农民的实际需求，并且更容易获得农民的信赖。由农民合作社自己创办该产业的上下游实体，直接与消费者进行联结，有效减少中间环节费用，并把这部分由减少费用转变来的利润合理分摊到生产者和消费者两个环节，使生产者和消费者双方都受益。比如，养殖合作社自己创办饲料加工企业和肉制品、奶制品加工企业等；经济实力较强的农民合作社在城市社区建立直销店直接销售农副产品等。后者是国际上大部分合作社通行的做法，在我国的实践中也表现出了较好的盈利性，具有旺盛的生命力，是今后合作社发展的重要方向。经营主体联合的另一个趋势是，龙头企业与专业大户、家庭农场、合作社深度融合发展。农户、家庭农场、合作社以资金、技术等要素入股龙头企业，形成产权联合的利益共同体。还有就是，合作社之间的联合。农民合作社的之间融合与合作是世界的普遍规律，我国农民合作社要做大做强，也必须走向融合与合作之路，要积极促成联合社，尤其是县域联合社的发展。

二是产业链条组合。产业链条组合就是要打造四条循环链条。（1）粮食及副产品生产加工链条；（2）畜牧水产生产加工链条；（3）林业及林产品生产加工链条；（4）农作物秸秆综合利用链条。这四条链条的打造不但有利于打破传统农业只停留在种、养阶段的局限，促进农民增收，而且有利于充分利用农业自然资源，促进资源节约型、环境友好型农业的建设。例如，我国每年生产 6 亿吨粮食的同时会产生 6 亿多吨秸秆，目前基层在秸秆利用方面很头痛，为了防止农民焚烧秸秆，每年都要投入巨资，花很大力气，许多地方每逢收割季节，乡村干部一连十数日在田间日夜蹲守。如果大力发展食草的畜牧业，遵循大自然的分工，农作物的种子让人吃，根茎叶养牲畜，就不会出现牲畜和人抢粮、秸秆无处存放的困局。

三是城乡互动统合。二元制度使城乡之间长期隔离。三产融合使城市文明、城市的项目、资金、人才等流向农村。一些人只把乡村视为内需市场的供给者，只想着让农民掏出钱，没想到先让农民挣到钱。事实上，今天的乡村是内需市场的提供者，更是新兴产业的发展地。乡村的特色农产品加工业更是一个前景广阔的巨大产业，其开发利用远远没有满足自身的需求和社会的需求。而传统手工业，可以充分挖掘乡村流传下来的编织、剪纸等传统工艺，加以改造，在浓郁乡村文化的底色中，融入现代理念，从而形成独特的乡村手工业。乡村旅游产业也大有可为，城里人需要到乡村旅游，乡村则应时而动，提供这种需求，城乡之间顺应市场规律，一拍即合，这是乡村再造千载难逢的大好机遇。随着交通、通讯、网络的快速发展，应重新审视乡村的功能定位，抛弃乡村只能发展一产的惯性思维，大力发展三产融合为新农村建设和城镇化发展持续提供源源不断的物质基础，这也是缩小城乡差距的内生性物质基础。

四是网络平台配合。互联网为农村三产融合发展不仅提供了技术支撑，也带来了思维方式、思想观念的变革，更创造了穿越时空的可能和便捷，因此，利用互联网平台打造命运共同体，是推进农村三产融合发展的大逻辑。产业融合与互联网结合的一个最大的产物就是网络销售农产品以及其加工的食品。中国人喜欢吃，五千年的饮食文明造就了品种多样、花色繁多的传统主食品，每一个品类都能成长出一个世界级的大企业。康师傅方便面把顶新企业从濒于倒闭做到购买台湾 101 大楼。中粮集团公司 2014 年的销售额已突破 3000 亿人民币，居世界 500 强前 100 位。利用迅猛发展的互联网平台，食品电商以自己独特的采购模式，为消费者提供安全优质和放心的产品。根据调查发现，食品电商市场在 2010 年占比仅为 0.08%，经过 5 年的发展 2014 年市场占比提升到 1.02%。消费者网购食品中有机食品占比达到 23%；奶制品达到 21%；健康食品达到 19%；进口食品达到 16%；生鲜食品仅为 12%；地方特产占比 9%。18-38 岁的年轻人群体是食品电商市场的主力消费者，该群体拥有强大的购买能力，并且对于海外采买与生鲜食品较为青睐。2015 年的一个爆款食品就是焦糖瓜子，焦糖瓜子横空出世后，”吃货们”在社交媒体中疯狂刷屏推荐，线下企业迅速跟进生产在网络形成销售通路，取得了令人咋舌的成绩。据相关调查显示，2015 年 8 月至 10 月，虽还未到瓜子炒货的旺季市场，但焦糖及黑糖味水煮葵花籽产品，仅合肥地区的日出货均量就达到了惊人的三十余吨。从“地上”

到“线上”将是一场农业领域的业态革命。中国在未来将经历从乡土中国到电子商务，从下地种田到上线种网，从熟人社会到虚拟空间的逐步转变。培养农民“打掉中介”的互联网思维是当前的重大课题，农民也会因此逐步学会既能用锄头又能敲键盘。

所谓三驾马车配套，2017 年中央一号文件明确提出，农业供给侧结构性调整，重点在于调优产品结构，调好生产方式，调顺产业体系。做实“三调”的 关键在于配套打造好产业体系、生产体系和经营体系，建设好三区（粮食生产功能区、重要农产品生产保护区、特色农产品优势区）、三园（现代化农业产业园、科技园、创业园）和一体（田园综合体）。一是打造包括种养加销游五大环链在内的产业体系，实现内部调优、一二三产全面融合。

（一）种植业处于农业产业链的最前端，是下游环链延伸开发的主要依托，种植业应根据现代化多元文明的多种需求着力优化结构。（1）适应人类生活需求优化结构。一是毫不放松粮棉油糖生产。把饭碗牢牢端在自己手上。二是协调抓好瓜果菜花。瓜果菜花属于劳动和技术密集型农产品，市场竞争优势显著。随着人们生活水平的提高，应大力发展具有营养保健观赏功能的特色瓜果菜花。（2）适应养殖业需求优化结构。要改变粮比草好的种植观念，加大饲料粮和饲草生产。（3）适应工业原料需求优化结构。抓好特种作物种植，满足工业原料需求，建立原料生产基地。（4）适应绿色化发展需求优化结构。实施重大生态修复工程，巩固天然林保护、退耕还林还草等成果，推进荒漠化、石漠化综合治理，保护好湿地。既要适当运用西方现代农业集约、高效、快捷的后发优势，又要充分挖掘我国传统生态农业绿色、有机、循环的先发优势，二者有机结合，才能保证农业发展的可持续。

（二）调整养殖业。调整粮猪农业，优先发展草食性畜牧业；调整种养分离，大力发展农牧结合型农业；调整养殖方式，最大化利用种植业副产品和废弃物；调整养殖视野，大力开发微生物产品。

（三）提升加工业。首先，应做好顶层设计。国家应从战略和全局的高度，把农产品加工业作为潜力巨大的战略性支柱产业和新的经济增长点摆上重要位置，列入重要议事议程。其次，着力推进产业转型升级。应坚持以转变发展方式、调整优化结构、提高质量效益为主线，大力推进初加工、精深加工、综合利用、主食加工、新业态新模式、技术装备、龙头企业、品牌战略、加工园区和主产区加工业等重点领域加快发展，引导和促进农产品加工业从规模扩张向转型升级、要素驱动向创新驱动、分散布局向产业集群转变。第三，大力实施“四品”战略。“四品”即品相、品质、品位、品牌。第四，积极落实和创设扶持政策。

（四）做强销售业。不仅销售自身的种养加产品，还要向内销售的化肥、农药、种子等农资产品以及种养业所需的各种技术服务。在网上销售农资不仅可大大降低消费者成本，而且方便快捷，同时消费者还可享受到名牌农资的质量保证。利用网络提供各种农业科技服务，已经在一些地方广泛流行，应运用大数据、云计算技术，把这一服务模式向深度和广度推进。

（五）开发旅游业。旅游业是一项“无中生有”的新产业，尤其在交通通讯高度发达的今天，随着人们生活方式的改变，休闲时间的增多，收入的增加，以及城市病的加剧，以别出心裁的创意开发旅游业恰逢其时。

二是打造包括种业、生产资料和技术装备在内的生产体系，提高生产能力和质量安全。（1）夯实种业。农以种为先。世界种业作为一个产业的兴起，迄今已有将近 100 年的发展历史。目前全球的种子市场规模约 500 亿美元，而我们自己的市场就达到 1000 亿元人民币左右，世界第二，仅居美国之后。根据全国农业技术推广服务中心对主要农作物种子使用情况调查，2012-2014 年这三个年度全国玉米、水稻、小麦、大豆、马铃薯、棉花、油菜7种主要农作物种子市值合计分别为708亿元，784亿元和819亿元。市场大是大，但是我们的种业生产体系却十分的羸弱。少数几家大型的跨国公司垄断了全球的种业市场。前3大公司孟山都、先锋、先正达2012年种子营业额达205亿美元，占全球种子市场份额450亿的45.6%以上。据保守的估计，这3家公司控制着全世界65%的玉米种子市场和50%的大豆种子市场；孟山都一家公司就控制了全球91%的转基因种子市场。外资企业蔬菜种子经营量已控制了我国50%的蔬菜种子市场，占去了80%以上的利润。外资先玉系列、迪卡系列和正大系列的玉米品种在国内据有压倒性的优势。我们种业企业的研发投入不到销售收入的1%，很多企业甚至都没有研发部门。长期以来，我们种业研发的核心都在科研单位，88%的品种都是出自于科研院所。科研院所培养的品种多大程度上被市场所接受是很成问题的，他们的兴趣和激励主要在做基础研究，发论文和项目结题上，品种的市场接受度并非优先被考虑，强人所难，既出不了好的商业品种，也出不了好的研究成果。畅销的作物品种，市场和生产一线的激励反而更为重要。我们的种业起步晚，缺乏超大型的国际公司，多数为家族经营的小作坊。资金短缺，研发投资很少。科研正在起步，还没有实质效果。有鉴于此，央企最近才纷纷出手布局种业生产经营，中国化工收购先正达，中粮控股Nidera，中信集团控股隆平高科。不过这只能是开始，在目前种业发展仍然脆弱的时候，政府政策还应该大力倾斜，对企业创新国家要扶持，让一些具有规模的种业能够在政府的协助下做强做大。

（2）优化肥料结构。经过60多年的发展，我们肥料工业已经形成了一整套完整的工业体系，对农业生产和农民增收发挥了很大的作用。目前，我们化肥产业的日子并不好过。据显示，2014年我国化肥总产能已达到13167万吨，化肥产量达到8011.73万吨，而我国化肥需求量仅为6610万吨，生产过剩量在1401.73万吨，过剩产能近一半。不过这是故事的一方面，有专家指出，目前产能过剩停留在传统大化肥的层面，而科技含量高的高效肥料、专用肥、水溶肥却是短缺的。因此，化肥产业的重点应该是优化、调整产品结构，以提高肥料利用率为主线，发展能增加肥效的相关肥料品种，例如，微生物肥、商品有机肥、土壤调理剂等。液体肥料在很多国家已广泛应用，美国液体肥料占全部肥料的55%，有3000多家液体配肥厂，英国、澳大利亚、法国、西班牙、罗马尼亚等国也大量用液体肥，以色列田间几乎百分百用液体肥。而微生物肥料在西方发达国家已经被广为使用，而这部分我们才刚刚起步。未来，我们要把很多高科技型肥料列为重点推广项目，特别是加大对高效环保肥料的推广力度。

（3）整合农药产业。根据农业部的统计资料，中国每年要使用农药140多万吨，其中主要是化学农药，占世界总施用量的1/3，中国是世界第一农药消费大国；过量的农药使用已经产生了巨大的环境危害和健康问题。我们出口的大蒜、香梨等都曾因农药残留而被大量退货。农药使用量零增长政策成功与否已经成为我们农业竞争力成败的关键。农药行业业数量多、规模小，且行业的产业集中度低，缺乏真正的龙头企业，农药行业的竞争力严重不足。并购整合是今后农药行业的一条出路，应该出台政策鼓励引导。另外，严格的环保措施也是一把利器，它能有效淘汰落后、推进产业集约化发展和产品结构调整。应大力支持生物农药的研发、推广和应有。最后一点就是，要鼓励农药企业为农户提供覆盖整体解决方案套餐。植保知识和技能缺乏，是农民在生产中滥用农药的原因之一，农药企业不应只提供产品，更应该着力供给植保服务。在美国约有1万家公司从事植保服务工作，年销售额为70亿美元，服务对象遍及家庭、商业、农业和工业。这方面的经验值得我们借鉴。

（4）提升农机产业。2004年中央出台农业机械购置补贴政策，由最初的7000万元逐年大幅增加至2015年237.55亿元，这极大的刺激了农机行业的发展。从2005-2014年，这十年间农机行业年均增长率保持在两位数，在机械行业名列前茅，被称为农业行业发展的“黄金十年”。2015年全国规模以上农机企业主营业务收入4283.68亿元。国产产品基本满足国内90%的市场需求。大马力拖拉机、大型联合收割机、青饲料收获机等主要产品有了很大的进步。不过，在我们产品智能化、可靠性等方面与国外先进水平相比还存在差距，针对于此，2016年的中央一号文件提出要“加快研发高端农机装备及关键核心零部件，提升主要农作物生产全程机械化水平”。这为农机产业的发展指出了方向，未来的重点就是要逐渐解决科研与经济脱节的问题，改变国内农机中高端市场几乎被国外洋品牌垄断的局面。

三是打造包括经营主体土地适度规模，经营社会化服务在内的经营体系。（1）促进土地租赁市场的发展，形成”小地主大佃农“。受传统“耕者有其田”观念的影响，许多人对租佃制还是有一些误解，一谈到租佃就色变。事实上，现代经济学发现租佃制度的存在有其经济上的合理性，否则就无法解释这种制度的持久性和普遍性。在目前我们土地如此细碎化的情况下，可以利用租赁的办法，扩大土地的经营规模，实现适度规模经济，提高农业经营效率。目前，全国经营150亩以上的家庭农场已达34万户。小农成为了地主，而大农成了佃户，小地主大佃农，这是前所未有的农地经营格局。土地的流转必须保持适度，不能盲目扩大。我们人多地少，过度土地流转，势必剥夺其他人的生存和发展。土地流转不可行政干预强迫，必须尊重农民意愿。租佃关系的纠纷也必须纳入到人人平等和公正严明的法治框架下来解决。（2）发展专业服务组织，推进农业生产的社会化服务。以往农民从种到收，所有的事情都会自己做，而现代小农引入了社会化服务，产前、产中、产后的各类服务都有专业组织来做。这种外包作业是扩大农业经营规模的重要形式，也大大提高了机械设备的使用率。而这些大型机械设备，利用率越高，平摊下来的成本越低，具有显著的规模经济效应。引入社会化服务的另外一个重要作用就是使得农业劳动变得轻型化。老人、小孩和妇女管理一亩三分地绰绰有余。还要大力推广土地托管服务。由当地一些给农业提供社会化服务的组织来帮农民种地，农民可以进城打工，托管组织只按照农民的要求搞服务，收获的粮食和农产品还是归农民所有。这是规避农业风险，充分发挥作业承担者的企业家才能，提高农业生产经营效率的好形式。

二、三物并重

人类有史以来的农业活动都是在中观世界里展开，就是植物的开发和动物的开发。随着高科技的发展，正在由中观世界向宏观世界和微观世界延伸，太空种子、太空种植、火星地球化都是农业在宏观世界的探索。微观世界的延伸就是微生物的开发，现在已经形成六大领域，三料二品一剂，即微生物饲料、微生物肥料、能源燃料、微生物食品、微生物药品、微生物清洁剂，这些都是已经成熟的技术。

微生物饲料已被广泛应用于畜、禽和水产养殖中，我们发展微生物饲料具有巨大的优势。单酒精、味精及造纸工业废液、皮革脱毛废水等，估计每年总产量达 2245 万吨以上，如加以利用能年产饲料酵母 10 万吨以上。我们的农作物秸秆产量就达 6 到 9 亿吨，如果通过微生物的处理，则可大大提高动物的消化利用率。如果每年将 3 亿吨农作物秸秆经微生物发酵处理作饲料，就等于增加了 8100 万吨燕麦，这几乎相当于目前我国每年所用的全部饲料粮。而我国的包括农作物秸秆在内的纤维素资源高达 50 亿吨左右。但我国微生物饲料产业起步较晚，跟国际先进水平比还存在很大的差距。这需要从政策层面加大对微生物饲料生产技术研发的扶持，对民营企业自主自行的技术研发进行资金补贴和社会激励表彰，加速形成一批在新技术研发上具有国际竞争力的微生物饲料厂商，抢占微生物饲料工业生产的制高点。

微生物农药是当前农作物病虫害防治中具有广阔发展前景的一种农药。从近 10 年国际上的发展情况来看，市场份额由 2000 年 0.2% 增长到 2009 年的 3.7%，2010 年全球生物农药的产值超过 20 亿美元，市场占有率达到 4% 左右。我们微生物农药工厂比较大的已发展到 60 多家，各类县级小型发酵厂近千家，并有日益扩大的趋势。目前，我国应出台更多优惠政策，把微生物农药的研发、推广列入农村科技发展规划。同时，严禁农药残留超标的农副产品进入市场，间接鼓励农业生产者使用绿色、无公害的微生物农药。

微生物肥料作为生态肥料的一种，已成为解决石油农业弊端、发展绿色农业不可或缺的产品。最优质的土壤标准是，每亩 16 万条蚯蚓、300 公斤细菌、真菌、5%-12% 的有机质含量，要达到这一标准，只有施用微生物肥料的土地才能实现。当前我们微生物肥料累计应用面积超 2 亿亩。美国等西方国家的微生物肥料用量已占肥料总用量近 50%，而我国微生物肥料使用量能占到化肥使用量的 10%，有专家预计我国微生物肥料的市场容量将达到 1400 万吨，发展空间和前景广阔。我国微生物肥料产业存在主要问题是产品质量及应用效果不稳定，生产成本畸高，缺少领军企业和标杆产品以及微生物肥料推广严重不足等问题。国家要加大政策的支持和引导，同时加大宣传引导力度，提高农民使用有机肥料的意识，另外也要强化技术创新与产业整合发展。

微生物食品开发潜力十分巨大。春秋战国时期，中国人已懂得制作酱和食醋。北魏时代的《齐民要术》中记载有利用微生物制作食品的方法。只是华夏先民当时并不知道这其实是微生物在“作祟”。微生物把糖变成了酒，又把酒变成了糖，在长达数百年的历史过程，我们逐渐形成各种风格的白酒酿造技艺，催生了目前年产值超过 5000 多亿元的制酒行业。乳酸菌食品也是一个重要的微生物食品。目前，全球乳酸菌市场已经达到 200 亿美元规模，其中乳酸菌食品占 85% 的份额。中国乳酸菌产业产值约 200 亿元人民币。并且还在以每年 22%~25% 的速度增长，远远高于整个食品工业 10% 的增速。另外，我们吃的蘑菇、木耳也都是微生物食品，营养学家建议每个人每天应吃 250 克以上的微生物食品，现在是每人消费只有平均 60 克，如果是药用的食用菌，价值更高，2015 年仅灵芝出口就达 20 亿元，食用菌产业开发前景非常广阔，完全可以形成一个万亿级产业。微生物的食品开发现在主要的问题是还没有引起全社会的足够重视，觉得微生物看不见、摸不着，价值不怎么样。这需要加强舆论的引导和宣传，让生产者意识到存在着的巨大产业利润，让消费者认识到微生物食品消费的安全性和健康性，形成理性的消费预期。同时，也让各级政策制定者了解到微生物食品产业的总体经济价值和社会价值，促成各级政府出台各项优惠政策，引导产业的良序发展。

人类认识微生物的历史源远流长，但有目的地从微生物次级代谢产物中发现新药的历史，至今不到 70 年。近年来，由于耐药菌的大量出现以及微生物药学技术的突破，全球都在加大投入开展新型微生物药物的研发中。微生物药物作为现代药物的重要组成部分，目前已有 100 多个品种，全球市值超过 300 亿美元，约占药物市场份额的 20% 以上。微生物的药用研究，特别是肠道微生物的药用研究，目前更是呈现出一派火热的态势。“广州可以捐屎了，每次赚 200 元”。广州市第一人民医院一纸“捐屎”志愿者征集公告，再度引发业内外对粪菌移植和肠道微生物的药用研究热议。粪便治病并不是简单地“吃”，而是指把健康人体的粪便制成合适的制剂递送到患者的肠道，以修复或者重建患者肠道的菌群，治疗病原体感染、代谢等疾病。其实，早在公元300~400年间，东晋的葛洪在《肘后备急方》中就有“野葛芋毒、山中毒菌欲死者：并饮粪汁一升，即活”的记录，这也是目前已知的用粪便治疗人类疾病的最早记录。据中华粪菌库官网显示，2013年，粪菌移植被列入美国医学指南，并入选2013年美国时代杂志“世界十大医学突破”。2015年美国一家新的生物公司投资4千4百万美元研究肠胃道菌群释放的分子以便开发为新的药物，我国肠道微生物检测公司量化健康2015年就完成2000万人民币的风险融资。微生物药物研发的火热程度可见一斑。我们微生物制药尽管发展迅速，但是核心技术薄弱，少有企业建立合理规范的专利战略体系。微生物制药尖端领域的企业少，小企业众多，缺乏市场竞争力。相关体制机制不完善，在新药注册审批、投融资、产品评价及定价、市场准入等方面没有形成科学体系，难以满足微生物制药大规模产业化。当务之急应改革监管制度和审批流程，建立严谨严格、覆盖全生产过程的监测系统，严厉打击违法的仿制药厂。

微生物清洁剂是黑臭水体治理、城市污水处理效能提升以及污染土壤生物修复的主力军，农药、除草剂、重金属等化学污染品主要是通过土壤微生物菌群降解和转化作用得到消除或者被钝化。发达国家自20世纪七八十年代开始，在环保微生物菌剂领域投入了大量人力、物力，获得了巨大的经济、环境和社会效益，进入国内也有七八年时间，在石化、造纸、食品、制药等领域取得了良好成效。目前我们国内市场的环保用菌剂多为进口产品，如丹麦生物技术公司诺维信和日本EM研究机构的菌剂，进口菌剂种类多、针对性强、效果好，但价格较高。国家《土壤污染防治行动计划》规定，到2020年，受污染耕地安全利用率达到90%左右，污染地块安全利用率达到90%以上，实现上述目标，农业生产中广泛应用微生物清洁剂是其中的关键所在。目前，国内许多微生物清洁剂企业的产品多为仿制品，针对性不强；科研院校的基础研究比较深入，但是产品转化率却非常低，科研和产业严重脱节，有竞争力的企业不多。而随意、大量使用进口微生物清洁剂，会引进外来微生物，从而打破我国原有的生态平衡，产生环境生态风险。解决这一问题需要，一是出台政策鼓励和支持新一代环境微生物技术的研发，提升我国微生物清洁的前沿技术。二是加强应用基础研究与成果转化的协同发展，搭建研究机构与环保企业的沟通平台，畅通成果转移转化的渠道。三是规范进口微生物清洁剂的安全使用管理。

在自然生态系统中，植物是生产者，动物是消费者，微生物是分解还原者。要建设生态循环农业，缺了微生物，循环链条就无法建立。现在我们的生存环境越来越恶化，不把微生物开发起来，人类的生存环境将每况愈下。中国农业的未来甚至世界农业的未来，前景都在微生物开发，效益也在微生物的开发，应强力引导社会形成一个共识：改善生存环境，提高生活质量，当从微生物开始。

三、三域齐抓

所谓三域，即陆域、水域、空域。陆地开发利用已经潜力有限，一是“人增地减”的矛盾加剧。改革开放以来，有3亿多亩耕地没了，英国有个“羊吃人圈地”运动，中国有个“房吃人圈地”运动。我们近10年增加人口约7845万，可耕地面积却在以较大的速度减少。我们20亿亩耕地占世界耕地面积的不足十分之一，但我们要养活占世界五分之一的人口。我们人均耕地只是美国的十三分之一，加拿大的十八分之一，连比我们穷的印度人均土地都是我们的1.2倍。二是缺水干旱的情况日益严重。水危机已经成为世界性难题，世行专家预测，“未来五年水将像石油一样在世界运转”。地球表面水体面积约占70%左右，但只有2.5%的水是淡水，97.5%的水是咸水，这么一点点淡水资源却有70%都冻结在南北两极，可供人类直接使用的淡水只占地球水体的0.007%，其余都埋在地下土壤和深层岩石下。现在世界上有12亿人口面临中度到高度缺水，20亿人饮水得不到保证。中国是世界上13个贫水国之一，人均淡水资源只占世界平均水平的27%，且时空分布严重不均。中国又是世界上用水量最多的国家，2014年全国水资源公报显示，全国总用水量达到6095亿立方米，大约占全球用水量的12%。其中，农业用水占了63.5%。据预测，到2030年，我国年缺水量可能会达到4000亿~5000亿立方米。三是陆域污染严重。陆域化肥、农药、农膜、重金属污染愈演愈烈。2014年的环境公报显示，我国地下水水质总体非常的差。其中，水质优良占0.5%、水质良好的占14.7%、水质较差的占48.9%、水质极差的占35.9%。大部分湖泊污染严重，处于富营养状态。水体污染不仅受到农业的农药、化肥面源污染和工业的废水排放污染，更受到医药的污染。我国人均消费抗生素138克，是美国的10倍以上，居世界第一。工业废水已经使我国产生了许多癌症村。我国已有1/3国土被酸雨覆盖，可谓逢雨必酸。2014年在74个根据空气质量新标准监测的城市之中，仅海口、舟山和拉萨3个城市空气质量达标，超标城市比例为95.9%。

陆地生存是世界更是中国的危机。向海洋要生存，已经成为人类的共同命题。奉行“天人合一”的列祖列宗早就明白“靠海吃海”的道理，河姆渡遗址出土了7000年前的单柄船桨；双王城水库发现了商周时期的古盐业遗址，这说明，“渔盐之利”的海洋文化由来已久。秦汉以降，“舟楫之便”又成为海洋文明的核心。海水农业主要包括了：一是海水养殖。新中国成立以后，面对过度捕捞造成的渔业资源匮乏，中国人率先尝试人工养殖，并一举成为海水养殖大国。我们每年人均消费水产品是37公斤，发达国家26公斤，发展中国家18公斤，我们喜欢吃海鲜，中国现在是第一海洋养殖大于海洋捕捞的国家，再过几年就没有东西可捕了。海水养殖都局限于近岸浅水区，基本上集中在水深5-40米的范围内。存在与环境争海、与旅游争海、与生活争海的问题。海水养殖未来一是要走向“深远海”，海水养殖离岸远退两公里，逐渐走向40米以上的深水区；另一方面，海水养殖向上走，向滩涂养殖和海水池塘养殖靠拢，广泛开展滩涂贝类养殖是开发滩涂资源、发展海水农业的一个重要方向。

二是海水种植。现在高科技发展很快，广东有一个农民与袁隆平合作已经开发出来用海水浇灌的水稻，媒体报道青岛已经在种植，陆地上的粮食、蔬菜、水果、畜产很难做到“无公害”，人们已很难吃到真正的“放心菜”“放心肉”了。但相对于陆地来说，海洋食品，特别是来自深海远洋的食品，基本上是“无公害”的健康食品。更重要的是，相对于陆地食品来说，海洋食品的优质蛋白含量高。科学家估算，就目前我国每年5000万吨左右的水产品来说，其优质蛋白含量基本上能满足13亿人口生存需要的三分之一。

三是海底资源。前景更为可观的是美国已经成功地从海藻中提炼出油料替代柴油等燃料，海藻的产油量非常可观，在世界大洋中，不少冷水海域，发育了大面积的巨型藻类，形成了真正的“海底森林”。按目前的技术，一亩海藻至少可提炼2-3吨油，是一亩玉米提取燃料的十多倍。从石油到玉米提取的燃料乙醇再到海藻油，被称为第三代燃料革命。海藻的生长速度惊人，从生长到产油，只需要两周时间，其潜力巨大，可见一斑。未来的海洋文明将以生产为中心，这项技术不是梦。

还有就是空域。空间诱变育种技术，即把种子带入太空，使它产生有益变异。上个世纪60年代初，前苏联就开始对拟南芥进行搭载实验，从此拉开了太空育种的序幕。之后，美国和德国等也陆续开始太空搭载植物的实验，探索太空环境对植物的生长规律和生育衰老等。1987年8月5日，我国首次利用高空气球搭载了甜椒品种带入太空，得到了单果重250 g以上同时增产120%的新品种。至今我国已利用15颗返回式卫星和7艘神舟飞船，搭载上千种作物种子、试管苗、生物菌种和材料，诱变育成一系列新品种，通过国家和省级鉴定的已超过70个。利用卫星和空间站还可以在太空直接种植农作物。俄罗斯已于1997年成功种出了“月球生菜”、“宇宙胡萝卜”、“外太空番茄”和“太空小麦”等。美国、日本联合攻关，将甘薯种在航天器里不仅补充仓内氧气，还能让宇航员吃到自己种的新鲜食品。进入21世纪，美、日、西欧已将太空植物的培育做为重点发展项目。美、俄2国已先后培育出百余种太空植物。未来时代，太空及附近的星球将成为人类无菌化生产农产品的主要基地。电影《火星救援》描述的火星非常具有独创性的土豆种植将不再是科幻。火星土壤中含有丰富的硝酸盐，这是一种很好的肥料。液态水则可以从从地表下或空气中提取。事实上，美国宇航局已经在实验室中进行了模拟食物种植，他们所使用的土壤都是模拟真正火星土壤的PH值和化学构成。科学家们已经在模拟土壤中种植了数十种作物。火星地球化正在成为现实。

四、三利共谋

所谓三利，即得利、顺利、便利。三利共谋，得利还要得，但是要让农民办事顺利，不致磕磕碰碰中梗阻，更要便利，不需跑腿找人，申请一经提出，部门就“谁的孩子谁抱走”，办妥交还。2015年国务院常务会议，总理一连讲了三个故事，痛斥某些政府办事机构。他费解地发问：老百姓办个事儿咋就这么难？政府给老百姓办事为啥要设这么多道“障碍”？有媒体报道，一个公民要出国旅游，需要填写‘紧急联系人’，他写了他母亲的名字，结果有关部门要求他提供材料，证明‘你妈是你妈’！”。现实中，这样的例子还有很多。据中国经济网报道称，辽宁省抚顺市清原县旅游龙头企业红河漂流公司，陷入了与政府的债务危机中，导致企业资金链断裂，经营活动难以为继。2014 年 3 月，这家企业接受了县政府委托的专门机构的专项审计，审计报告出炉后经过县长办公会审议通过。从 2013 年县委、县政府现场办公会决定解决欠款问题，到审计报告在县长办公会通过，时间过去 700 多天仍没有任何结论。这些为官不为的案例，不是苦涩的笑话，而是现实的“惰政”，为权力部门制造寻租空间，政府部门推诿责任也是另一种类型的腐败。总理常务会议上进一步阐释说，中国历史上，但凡一个时代的政治比较“简”，让老百姓休养生息，就会被后世称为“盛世”。而在中国历史上的若干次重大改革，其主线都是“删繁就简”。

为了解决办事难门槛高的问题，国务院三令五申简政放权，取消非行政许可审批类别，把改革推向纵深。但是，不少地方和部门只是由话难听脸难看事难办变成了话好听脸好看事不办。

当前，以信息技术为代表的新一轮科技革命方兴未艾，以数字化、网络化、智能化为特征的信息化浪潮蓬勃兴起，为简政放权和解决办事门槛高问题营造了强大势能。安徽亳州市运用“互联网 +”的新思维，探索出一整套方便群众办事，提供 24 小时全天候受理、360 度全方位服务的“一路通”制度模式。除了法律规定的如结婚登记等几件必须要到现场的事情之外，其他要办的事情都可以在网上办，不需要农民跑任何路，办好之后政府拿钱找快递公司 7 元钱一件寄过去，通过手机 APP，无论远近就可以把事情做好，这就是便利。这一创新实践，摸清了政府权与责的底数，建立了没有扯皮推诿的制度体系，规范了干部行为，走出了群众办事“四难”（门难进、人难见、话难听、事难办）的困境，设置了杜绝滋生腐败的屏障，找到了融洽党群干群关系的良方，重塑了党和政府的威信，重建了乡村社会的秩序。在《信息时代的治理》一书中，英国电子政务专家克里斯汀·贝拉米和约翰·泰勒也认为，信息通讯技术“不但降低了公共服务的成本，同时，它还有助于重建政府与公民之间的关系”。当然，亳州市的实践仍有一些需要完善之处，如个别部门仍存在“信息孤岛”现象，整合的信息如何防止泄密等，他们正在寻找逐步完善的措施，这些不足丝毫不影响其应有的推广价值。

北京宇星新语科技公司推出《农民办事不出村》电子政务信息化平台，让老百姓自助查询受理进度，浏览信息、咨询政务、办事流程等。并与政府协同，定期发布惠民政策，结合当地百姓需要，整合银行、电力、通信、供销、商务等业务的服务功能，开通惠农补贴领取、电费收缴、话费充值、网上购物、农资购买、信息咨询等综合服务。企业也将顺应移动互联网发展，上线由宇星新语技术团队专门研发的“农民办事不出村”手机客户端APP，帮助政府进一步提升政务办事效率，提升服务水平，推动城市掌上智能生活模式的发展，引领我国电子政务新局面。

改革开放以来，我们所有的制度建设都是为了让农民得利，今天农民对补贴的那几个钱已经不太在意，他们的强烈呼声是：给物给钱不如给方便，办事方便才能发展。只有三利共谋农民才能创业，农村才能发展，农业才能增收。

（刘奇，中国农经学会副会长）

网络恐怖主义威胁：争议、类型与具体表现

谢晓专

深刻理解网络恐怖主义及其威胁，是建立共识，推进反恐合作，有效打击网络恐怖主义的前提。目前国内外对于网络恐怖主义及其威胁缺乏共识，阻碍了网络反恐合作的深化，影响了网络恐怖主义的打击部署。本文旨在辨析争议，厘清认识，归纳网络恐怖主义威胁的类型、具体表现及其发展趋势，为合理判断网络恐怖主义威胁的态势与趋势提供参考依据。

一、定义：理解网络恐怖主义

网络恐怖主义（cyber-terrorism）最早由巴里·克林（Barry C. Collin）于1982年提出，是物理和网络世界融合的产物。社会各界对网络恐怖主义内涵与外延的认识不统一，概括起来主要有两类观点：一是从狭义角度理解网络恐怖主义，将网络恐怖主义定义为以计算机网络为攻击对象的恐怖主义行为，简称“目的型网络恐怖主义”（target-oriented cyberterrorism）。美国战略与国际研究中心将网络恐怖主义描述为“运用计算机网络工具攻击国家关键基础设施（如能源、交通、政府系统），胁迫或恐吓政府与平民”的行为。美国联邦调查局计算机安全专家马克·波利特（Mark M. Pollitt）和乔治敦大学多萝西·丹宁教授（Dorothy E. Denning）认为网络恐怖主义是“亚国家组织或秘密组织（特工）为实现特定政治目的，对信息、电脑系统、电脑程序和数据实施的有预谋的攻击，是一种针对非军事目标的暴力活动”。长期研究网络恐怖主义的学者乌曼教授（Gabriel Weimann）明确指出，使用计算机作为活动工具，如宣传、招募、挖掘、沟通等，不是网络恐怖主义。英国2000年出台的《反恐怖主义法》、美国2001年颁布的《爱国者法案》作为最早一批将“网络恐怖主义”纳入规制范畴的法律，均秉持此类观点。二是从广义视角定义网络恐怖主义，认为网络恐怖主义不仅包括“目的型网络恐怖主义”，还包括以计算机网络为工具的“工具型网络恐怖主义”（tool-oriented cyberterrorism）。戈登（Sarah Gordon）等学者持此观点，主张从更为宽广的角度理解网络恐怖主义，认为网络恐怖主义还包括恐怖分子运用互联网对现实世界施加影响的行为。我国学界和业界对网络恐怖主义的理解有着惊人的共识。笔者检索中国知网学术期刊全文数据库中题名含“网络恐怖主义”的文献共得98篇（检索时间为2017年1月10日），仅有个别文献从狭义角度理解网络恐怖恐怖主义。我国有关法律政策文件均从广义角度对网络恐怖主义作出规定。例如，2008年公安部印发的《公民防范恐怖袭击手册》将“利用网络散布恐怖袭击、组织恐怖活动、攻击电脑程序和信息系统等”界定为网络恐怖袭击活动。2015年出台的《刑法修正案九》和《反恐怖主义法》对资恐、助恐、涉恐培训、涉恐联络以及宣扬恐怖主义和极端主义等的规定适用于网络恐怖主义。2016年颁布的《网络安全法》规定“任何个人和组织不得利用网络宣扬恐怖主义、极端主义，宣扬民族仇恨、民族歧视，传播暴力等活动”，这是我国第一次明确将网络恐怖主义写进法律。2016 年颁布的《国家网络空间安全战略》指出，“恐怖主义、分裂主义、极端主义等势力利用网络煽动、策划、组织和实施暴力恐怖活动，直接威胁人民生命财产安全、社会秩序”，明确将打击网络恐怖活动列为我国国家网络安全战略的重要事项。

不同的机构或部门对网络恐怖主义定义不同，是由这些机构或部门的性质、承担的角色和任务差别所决定的。各国、各部门从自身工作需求和立场出发定义网络恐怖主义，导致对网络恐怖主义的理解存在差异。这种差异使得国际社会打击网络恐怖主义缺乏基本共识和统一标准，成为国际反恐合作中的重要障碍。2016 年“第十四次上海合作组织成员国总检察长会议”上，俄罗斯副总检察长马利诺夫斯基、哈萨克斯坦总检察长阿桑诺夫等人指出，网络传播无国界，解决网络恐怖主义问题必须依靠各国共同努力。2014 年“首届世界互联网大会”上，中国人民公安大学校长程琳呼吁世界各国“根据当前形势重新定义网络恐怖活动”，并建议将“利用网络实现恐怖主义的一切活动”均定性为“网络恐怖活动”。本文认为，从广义上界定网络恐怖主义，有助于全球网络恐怖主义治理；就网络恐怖主义界定达成统一意见和标准，有助于跨国、跨地区反恐合作。纵观业界关于恐怖主义的观点，可从网络恐怖主义行为主体、客体、动机、行为、后果等五方面理解网络恐怖主义的特点：一是主体方面，网络恐怖主义行为主体不应仅限于次国家行为体和秘密组织，还应包括国家、其他组织和个人等一切利用互联网从事恐怖主义活动的主体，例如国家恐怖主义的主体是国家，“独狼”恐怖主义的主体是个人；二是客体方面，已经发生的大量案例表明，网络恐怖主义攻击对象不应仅限于非军事目标，既可能是军事、外交与安全等目标，也可能是商用和民用目标，具有广泛性，这是恐怖主义“恐怖”和“极端”的重要体现；三是动机方面，网络恐怖主义旨在实现特定的政治、宗教或意识形态目的，这是它区别于一般的网络犯罪或黑客行为的本质特点；四是行为方面，包括以计算机网络、程序、数据为破坏对象的暴力恐怖活动，还包括以计算机网络为工具宣传暴力极端思想、招募恐怖分子、募集活动资金、传播暴恐技术、策划恐怖活动、指挥恐怖袭击行动等活动；五是后果方面，网络恐怖宣传和破坏活动是表达政治、宗教和意识形态诉求的工具，追求的是第三方效应，即引发恐慌，达成胁迫政府或民众的效果，而非在意恐怖袭击活动本身。

二、争议：夸大的网络恐怖主义威胁?

对于网络恐怖主义威胁的判断，有着两种截然不同的声音。

一是认为网络恐怖主义是当今世界各国面临的最为突出的安全问题，此观点可称为“网络恐怖主义威胁论”。美国作为冷战之后唯一的超级大国一直引领世界反恐格局，自上世纪 90 年代中期开始便将网络恐怖主义视为主要威胁。美国中央情报局前局长约翰·马克·多伊奇（John Mark Deutch）认为网络恐怖主义的危害性高于传统恐怖主义，是仅次于核武器和生化武器的第三大威胁。美国国防部前部长罗伯特·盖茨（Robert Gate）警告说网络恐怖主义可能成为最具有破坏力的大规模杀伤性武器并导致美国经济崩溃。著名政治学者、哈佛大学教授约瑟夫·奈（Joseph Nye）指出，“危害国家安全的网络威胁主要有网络经济间谍、网络犯罪、网络战争和网络恐怖主义等四类，当前危害主要来自前两者，但未来 10 年，后两者将超前者”。2016 年一项盖洛普民意调查显示，美国人普遍认为未来 10 年网络恐怖主义是美国国家核心利益的主要威胁之一。学者科林（B. Collin）曾如此描述未来网络恐怖主义的“恐怖情境”：开着大卡车冲撞联邦储蓄大厦没可能，但网络恐怖分子坐在地球另一端可以通过互联网攻击来摧毁银行、国际金融交易、证券交易所，使一个国家的人民对经济体系失去信心；网络恐怖分子将攻击下一代空中交通控制系统，通过驾驶舱传感器，使两架大型民用飞机相撞成为现实；网络恐怖分子可远程改变制药厂的配方，潜在的死亡将不可避免……此类观点在各国法律政策中得到反映，近年来诸多国家的法律与网络安全政策将网络恐怖主义作为重要威胁因素纳入治理范畴。

二是对“网络恐怖主义威胁论”持批判态度，认为网络恐怖主义的威胁被夸大了，浪费了公共资源，该观点可称为“网络恐怖主义威胁夸大论”。美国反恐专家大卫·本森（David Benson）研究指出，没有发现任何证据证明互联网明显有助于恐怖组织实施攻击，恰恰相反，政府、国家安全机构在互联网资源、技术及其应用方面占据明显的优势地位，政府能够有效地运用互联网技术对恐怖分子进行监听、逮捕和指控，夸大的威胁浪费了大量资源。约书亚·格林（Joshua Green）认为，网络恐怖主义被神话了，目前没有任何案例显示有人被恐怖分子利用计算机杀害，也没有有力的证据证明基地组织或其他任何恐怖组织利用计算机成功实施严重的破坏活动；大量的网络攻击由黑客发动，很少有出于政治目的的，更没有如恐怖分子所期望的那样引起混乱或屠杀。还有一些批判者指出，强调网络恐怖主义威胁严重不过是媒体为了吸引眼球而夸大的耸人听闻的假象，是政客们用以制定严苛法律的借口，是企业牟利的工具。乌曼教授（Gabriel Weimann）对此作了深入的分析，他认为诸多因素的综合作用提升了网络恐怖主义恐惧：一是心理因素，未知的威胁比已知的威胁更具有威慑力，随机性的恐怖主义暴力伤害与人们对计算机技术的不信任、恐惧感相结合，加上大量误传误报，让“网络恐怖主义”成为最恐怖的术语；二是媒体因素，报刊杂志的头版头条极力宣扬，编剧和小说家以形象、戏剧化的场景进行塑造，大众传媒对黑客和网络恐怖主义不加区分，依据类似于“一个

16 岁的年轻人能做到，何况资金充足的恐怖组织”的错误逻辑进行推理，进一步渲染了恐怖氛围；三是无知和利益因素，国会议员与政府官员对其缺乏深入了解，因不懂而产生恐惧，一些群体利用这种无知，放大了这种恐惧，许多科技公司将自己塑造成国家安全领域重要的创新者，推动华盛顿加大财政投入，执法和安全顾问也非常想让每个人相信国家安全面临严重威胁；四是政治因素，部分政客出于信念，或出于推进政治议程的需要，扮演了预言恐怖主义威胁的角色。

如何看待上述争议？如何客观判断网络恐怖主义威胁？下文基于文献梳理归纳了网络恐怖主义威胁的类型，基于事实数据来梳理揭示网络恐怖主义威胁的具体表现，以便为科学评估网络恐怖主义威胁的态势和趋势提供依据。

三、网络恐怖主义威胁的类型

分类是人们认识事物的基本方法。联合国反恐特勤队根据恐怖分子使用互联网的目的，将网络恐怖主义分为 4 类：一是远程攻击计算机系统信息或终端计算机系统之间的数据通信；二是将互联网作为恐怖分子活动的信息源；三是将互联网作为发布与恐怖分子目的有关内容的工具；四是将互联网用作支持沟通联络和组织网络的方法。国内学者陈京春、刘广三等人认为网络恐怖主义主要有攻击型、传播型、组织型等 3 种形态。刘启刚等人指出网络恐怖主义表现为网络恐怖破坏战、网络恐怖宣传战、网络恐怖心理战、网络恐怖协作战等 4 种类型。

持“广义论”的文献大多采取“二分法”，将网络恐怖主义分为“目的型”和“工具型”两类。“目的型网络恐怖主义”是以计算机、网络系统及信息为攻击目标的恐怖主义行为。就网络攻击技术手段与具体表现形式而言，它与普通网络犯罪无本质区别，可直接套用计算机网络犯罪分类框架。德国将计算机犯罪分为“非法操作、间谍、数据破坏、盗用、侵入”等类型；日本将其分为“破坏计算机、盗窃数据、盗窃设备、欺诈与侵占、机器时间窃用”等类型；我国台湾地区将其分为“计算机操纵类、间谍类、破坏类、窃用类”等类别；联合国将其分为“欺诈、伪造、毁损或修改程序、非法入侵、非法复制”等类型。2001 年欧洲理事会《关于网络犯罪的公约》对网络犯罪类型的划分影响最为广泛，它把网络犯罪分为 9 类，其中“目的型”有 7 类：一是非法入侵，未经授权故意侵入计算机系统；二是非法截获，非法利用技术手段故意截获非公开数据资料；三是数据干扰，未经授权故意毁损、删除、修改或隐藏计算机数据；四是系统干扰，故意妨碍计算机系统合法使用；五是设备滥用，生产、销售、发行或提供网络犯罪的计算机硬软件设备；六是伪造计算机资料，通过增加、删改、隐藏等方式伪造数据资料；七是计算机欺诈，包括通过伪造资料、干扰数据或系统等方式谋取不法利益并导致他人受损的行为。

“工具型网络恐怖主义”是以互联网为工具的恐怖主义行为，目前已成为网络恐怖主义活动的主流。学界对其具体类型有较多讨论，表 1 列举了部分学者的观点。

根据表 1，可将“工具型网络恐怖主义”归纳为 6 类：一是宣传与心理战，旨在传播极端思想、塑造自我形象、引发恐慌等；二是招募与动员，旨在招募潜在的恐怖分子或促进其激进化；三是通信联络，表现为计划、协调、指挥、控制等；四是培训与知识分享；五是筹资，包括融资、洗钱、募捐等；六是情报搜集与分析。此外，“网络采购与交易”是恐怖活动的重要组成部分，可增列一类。综上，网络恐怖主义的类型如图 1 所示。

表 1　　工具型网络恐怖主义的具体类型

作者	观点
Furnell	网络宣传、筹资、信息发布、安全通信
Cohen	网络宣传、筹资、计划、协调行动和政治行为
Thomas	宣传、筹资、指挥与控制、匿名／秘密通信、制造网络恐惧、动员与招募、信息搜集、减轻风险、数据窃取与操控、攻击、误导
Weimann	心理战、宣传、计划协调、数据挖掘、筹资、动员与招募、联络、共享信息、虚拟培训、在线教化
CTITF	培训、招募、数据挖掘、宣传和激进化
皮特·戈拉博斯基	搜集情报、通信、宣传、心理战、招募人员、筹集资金
朱永彪、杨恕	宣传主张、获取信息、获取经费、发布信息、传播涉恐知识与极端思想、罗织新人员
吴君军	提供信息、招募成员、财政支持、恐怖组织网络化、信息收集与共享[8]
Murat Dogrul 等	制定计划、洗钱／筹资、宣传、安全通信（内部交流）、信息与知识共享（外部交流）、指挥／控制、研究开发、招募、获取国际支持、搜集情报、信息战

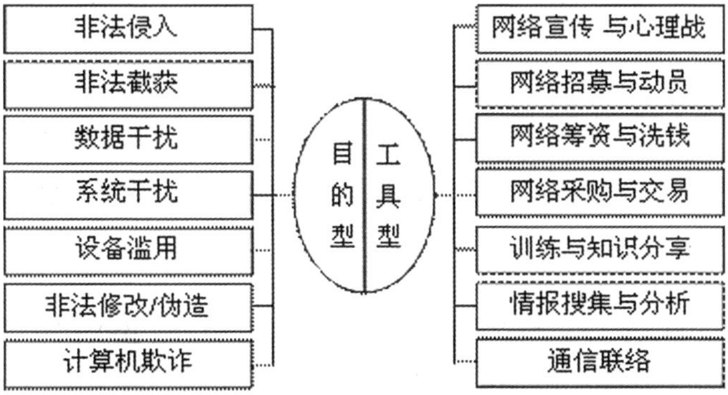

图 1：网络恐怖主义的类型

四、网络恐怖主义威胁的具体表现

（一）目标型网络恐怖主义威胁的具体表现

目前尚未出现由恐怖势力发动的针对关键基础设施的、大规模的、造成重大损失和伤亡的网络攻击事件。青年学者汪晓风认为这有两种解释：一是关乎国计民生和国家利益的关键基础信息设施得到重点保护，恐怖分子难以下手；二是恐怖势力本身尚不具备大规模、高水平的网络攻击能力。

朱永彪副教授也认为这是由于信息技术上存在不对称性差距所致。然而，这种情况正在发生变化。

从现状看，恐怖组织已具备一定的网络综合攻击能力，并成功实施拒绝服务攻击、劫持网站篡改信息等破坏活动。20 世纪 70、80 年代，意大利恐怖组织“红色旅”便多次实施计算机炸弹攻击，宣称将摧毁计算机系统和设备作为“打击国家心脏”的有效手段。1997 年，斯里兰卡大使馆网站遭受邮件炸弹攻击瘫痪，泰米尔猛虎组织声称对此负责。近年来，恐怖组织越来越重视信息技术专业人才的培养和招募，组建“黑客”部门或网络战团队，频繁发动网络攻击。2016 年 2 月，黎巴嫩真主党公布了它的黑客部门，宣称拥有卓越的攻击能力；2013 年 4 月，“叙利亚电子军”成功侵入美联社 Twitter 官方帐号，并在 Twitter 发文称“白宫发生两次爆炸，奥巴马受重伤”，导致美国社会恐慌，股市大幅波动；2016 年 3 月，“圣战”组织成员马吉德·阿维达（Majed Awida）被指控开发黑客软件入侵军队、警方和机场的监控系统和军事敏感系统。诞生于社交媒体时代的“伊斯兰国”（后文简称 ISIS）在网络战方面达到了新高度。美国网络安全咨询公司 TrustedSec 创始人兼 CEO 戴维·肯尼迪（David Kennedy）指出，ISIS 是第一个拥有黑客部门的恐怖组织。《ISIS：恐怖之国》一书的作者伯杰（J.M. Berger）披露，ISIS 早已开始招募黑客，有些黑客是远程的合作者，有些已经移民叙利亚。据悉，ISIS 组建了专司网络战的“Attissam”行动小组，积极招募和遴选具有网络战技术的极端分子，知名英国籍黑客侯赛因（Junaid Hussain）于 2013 年加入 ISIS。2015 年 1 月，美国中央军事司令部的 Twitter 和 Youtube 账号遭受黑客组织“网络哈里发”的攻击，侯赛因是主谋；2015 年 4 月，“网络哈里发”攻击了法国电视 5 台，导致该台网站被临时控制，社交媒体账户被盗，网站主页和社交媒体账户出现“我是 ISIS”、查理周刊袭击以及“#Daesh”宣传信息；2015 年 8 月，

ISIS 黑客部门成功入侵美军社交媒体账户，包括 54000 个 twitter 账户。上述事例充分说明恐怖组织已具备一定的网络攻击能力。

其次，从趋势看，恐怖组织正在更深入地了解网络空间，未来的网络恐怖袭击将会更加成熟复杂，目的型网络恐怖主义威胁将日趋突出。这具体表现在：一是网络恐怖主义力量的专业化程度不断提高。ISIS、基地组织等已经组建黑客或网络战部门，其成员受教育水平不断提高，培养和招募的网络技术专业人才不断增多，网络攻击能力逐步增强。此外，一些缺乏道德观念，有着仇恨、狂热心理的黑客易被恐怖势力所利用或雇佣，堕落成恐怖主义帮凶。例如，2016 年 6 月，黑客 Ardit Ferizi 向美国法院认罪，承认非法入侵美国公司网络并将上千名政府雇员以及现役军人的姓名、地址、财务信息提供给 ISIS。该案被认为是美国第一起黑客恐怖主义犯罪的案件，体现了恐怖主义与网络威胁的关联。二是网络恐怖袭击手段多样化。在互联网环境下，网络攻击技术和知识广泛传播，黑客行为成为恐怖分子的学习范本。各类“圣战”论坛对黑客技术的兴趣日益明显。2014 年以色列国际反恐研究所发布的《网络恐怖主义活动》系列报告披露，Hanein“圣战”论坛建议用户学习“计算机防御技术以及黑客技术”，发布了系列研究主题，内容包括黑客安全机制、各类编程语言、建立网络论坛、破坏服务器等。基地组织的“圣战者”博客“The Africa”发布系列电子“圣战”出版物，详细介绍使用 Tor 系统匿名上网的优点。Al-Jihad Al-Alami 网站刊登黑客指南，指导如何发现漏洞并侵入网站；巴勒斯坦黑客网站论坛“Gaza”黑客团队发布网络课程，内容包括如何使用 SQL 注入技术破坏网站，并宣称该论坛致力于电子“圣战”，希望为黑客提供最专业的、最前沿的信息。这些都为恐怖分子学习和掌握网络技术手段提供了便利。三是网络恐怖袭击目标广泛化。互联网技术将人类社会生产生活各领域串连在一起，为恐怖主义分子发动网络袭击提供了广泛目标。理论上讲，恐怖分子在地球上任何一个角落，只要拉上网线，安装电脑，便能够对链接在全球互联网中的基础设施实施攻击。四是网络恐怖主义造成的后果严重。物理恐怖主义尽管可能造成严重伤亡和破坏，但局限于特定的时空范围，而网络攻击可以影响全球网络用户。冲击波病毒、震荡波病毒等病毒程序在全球范围内肆虐，感染成千上万台电脑，给全球带来巨大经济损失。2015 年年底在乌克兰发生的电网遭受黑客攻击的事件，造成约 70 万个家庭在圣诞前夜陷入黑暗，尽管这并非恐怖分子所为，但充分证明网络攻击的严重后果及可能性。而低成本、破坏性与影响力大的袭击方式恰恰是恐怖分子追求的，如美国前国家情报总监、海军上将迈克·麦克奈尔（Admiral Mike McConnell）所言，恐怖组织迟早会掌握复杂的网络技术，它比核扩散容易得多。

（二）工具型网络恐怖主义威胁的具体表现

“9.11”事件之前，网络恐怖主义主要体现为通过网络攻击来破坏基础设施，“9.11”之后网络恐怖主义的形态发生巨大变化，开始更为广泛地利用互联网进行规划、融资与沟通联系等。

伴随互联网的发展变迁，工具型网络恐怖主义相应地经历了 web1.0、web2.0、web3.0 三个阶段。Web1.0 时代，恐怖组织主要通过自建网站开展宣传，以单向传播为主。2004 年，乌曼教授研究发现，所有活跃的恐怖组织都建立了自己的网站。亚利桑那大学项目组搜集了 1 万多个恐怖分子或恐怖分子相关网站，发现大多数恐怖组织都建立了自己的网站。2007 年，罗斯林（John Rollins）等人对 86 个样本网站的 20 万份多媒体文件进行研究后指出，恐怖组织网站采用了比政府的网站更为先进的技术。Web2.0 时代，由于各国加大对网络恐怖主义的打击力度，恐怖组织网站不断被审查、过滤和关闭，恐怖分子开始通过建立镜像、变更网址等方式予以对抗，同时重点向有注册资料审查、会员引荐进入、加密等机制的网络论坛、聊天室、电子邮件等渠道转移。Qalah、Al-Shamikh、Majahden、Al-Faloja、Alneda、al-Qimmah、Atahadi、al-Jihad al-Alami、al-Fajr、al-Fida al-Islam、al-Furqan 等论坛以及 PalTalk、Arabic-speaking 等免费聊天室受到恐怖分子和新招募人员的欢迎。恐怖分子通过论坛、聊天室获取支持，发布“圣战”论坛广告、宣传视频网址以及恐怖主义指导手册；通过“圣战”论坛留言板和聊天室由“专家”直接回答如何混合化学毒品进行攻击，如何伏击士兵，如何进行自杀式袭击以及如何侵入计算机系统；通过论坛和聊天室分享战斗经验，颂扬恐怖分子的“殉道”行为。Web3.0 时代，恐怖组织将触角转向社交媒体。乌曼教授研究发现，将近 90% 的网络恐怖主义组织通过社交媒体进行活动，包括招募新人、实施行动、寻求赞助、下载视频、表达好恶、获取敌人信息、购买爆炸物品、获取攻击目标信息等。布鲁金斯学会发布的一项报告称，2014 年 9 月至 12 月间，ISIS 支持者拥有的 Twitter 账号多达 4.6 万个。Twitter 公司表示，自 2014 年年中至 2016 年年初共关闭了 12.5 万个与 ISIS 有关的账号。可见，社交媒体平台已成为国际恐怖主义活动扩散蔓延的重要资源。

工具型网络恐怖主义具体表现为网络招募与动员、融资与筹资、采购与交易、教育训练与知识分享、情报搜集与数据挖掘、通讯联系与指挥协调、宣传与心理战等 7 类，前 6 类旨在为恐怖组织提供人才、资金、设备、知识技术、情报信息等资源以及组织保障，第 7 类“网络宣传与心理战”为前 6 类活动提供思想动员、舆论支持和帮助，为线下恐怖活动呐喊助威，直接助力恐怖组织或恐怖分子的政治目的、宗教目的或意识形态目的的实现（见图 2）。

（1）网络招募和动员。在后伊拉克战争时代，网络聊天室取代宗教场所、社区和咖啡馆成为招募中心，恐怖势力通过互联网能够广泛搜

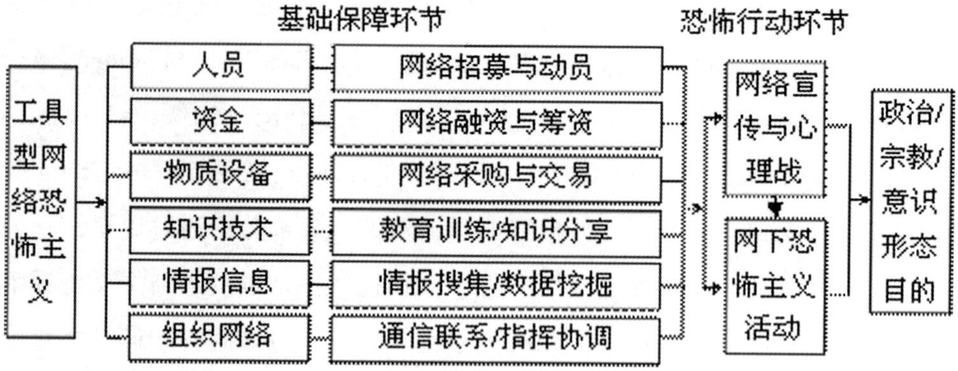

图 2：“工具型网络恐怖主义”的具体表现形式

集和获取潜在招募对象的信息，进行互动和动员，招募成功的可能性大大增加。公众、支持者、反对者、批评者等通过互联网交流辩论，有助于恐怖组织调整策略，提高水平和吸引力。当前恐怖势力在网络动员和招募方面呈现以下突出特点：一是招募对象呈年轻化与专业化特点。马来西亚国立大学的一项研究成果指出，恐怖分子以年轻人居多，主干成员通常在 20-35 岁之间。美国乔治华盛顿大学的一份研究报告显示，自“9·11”事件以来美国抓捕的、记录在案的涉恐人员平均年龄为 26 岁。恐怖组织对专业人才的重视在招募广告中得到充分体现。例如 2013 年 3 月，“伊斯兰马格里布基地组织”在 Twitter 发帖招募具有医学、化学、电子、武器制造、媒体、管理等学科背景的专业人才。ISIS 近来也投入力量重点招募掌握多国语言或专业技能的人，包括电脑游戏与漫画制作、黑客、网页设计开发等领域的专业人士。二是动员方式和手段重视精神洗脑与物资引诱的双重动员。ISIS 通过网络媒介不断传递简单而强有力的讯息：在物质层面，可提供工作机会，提供经费，满足基本生活需求，提供宗教法治下的新生活与组织身份。在精神上，以宗教之名将价值观神圣化，排斥其他价值观，通过社交媒体和网络杂志公开呼吁支持 ISIS

的社交媒体运动和哈里发领土的管理，以凝聚目标，塑造共同身份，让皈依者找到新的生活意义；通过“斩首”视频等方式展示武力，宣判西方国家以及“异教徒”的“罪过”，使用战场的成功故事为“圣战者”提供激励和新机会，为加入ISIS提供积极证据。ISIS发布《服务与参与“圣战”的39种途径》之类的指南指引全球“圣战者”加盟，彰显出高超的招募与动员手段。三是招募程序重视安全审查工作。ISIS招募新人的典型步骤如下：首先通过网络互动，挑选对恐怖组织感兴趣的人员进一步接触；随后开展背景审查，一般为3个月至1年，“圣战导师”会评估潜在新人加入ISIS的兴趣、是否是间谍等，被招募者通过审查后可获得推荐信以验证身份；最后讨论赴叙利亚的事宜。四是招募和动员效果卓有成效，表现如下：一方面，来自全球范围的“圣战者”前赴后继。据伦敦国王学院极端主义与政治暴力研究中心（ICSR）2016年4月的研究估计，自2012年以来，共3万多人奔赴叙利亚参战，涉及100多个国家。另一方面，“独狼”恐怖分子不断增多。恐怖势力一直致力于推行“独狼”化的恐怖主义战略，塑造出越来越多的“独狼”恐怖分子。基地组织重要成员Abu Jihad al-Masri撰写的《如何独自战斗》在“圣战”论坛广为流传。基地组织《激励》（*Inspire*）杂志长期使用多种语言传播“独狼”恐怖袭击战术与知识，呼吁进行“独狼”恐怖袭击，减少被发现的机会。2016年5月，ISIS发言人默罕默德·阿德纳尼（Abu Mohammed al-Adnani）在网上发布音频呼吁支持者在欧美发动“独狼”袭击，宣称“你们在心脏地带实施的的小规模行动比我们采取的大规模行动更好、更持久”。被《纽约时报》称为“社交媒体时代美国首例完全互动式的全国悲剧”的波士顿马拉松赛爆炸案，作案人纳耶夫（Tsarnaev）兄弟通过YouTube等社交媒体观看奥拉基（Anwar al-Awlaki）演讲视频等产生极端思想，根据《激励》杂志提供的简易爆炸装置制作方法制造炸弹并实施袭击，成为网络时代“独狼”恐怖主义的典型缩影。据统计，自2006年以来西方国家因恐怖袭击导致的伤亡人数中，70%源自“独狼”袭击。近期欧美国家发生的系列“独狼”袭击浪潮预示着“独狼”恐怖主义时代的到来，一幅以“独狼”思想为指导的全球恐怖主义“圣战”图景正在形成。

（2）网络融资与洗钱。资金是恐怖组织的血液，是“武装斗争的引擎”。恐怖组织通过互联网等向全球范围内的同情者与支持者寻求资助，利用虚拟货币、银行转账以及移动支付系统为恐怖活动做准备，运用Paypal、GoFundMe、CASHU以及Facebook、Twitter、Skype等社交媒体平台支付，绕过正规的金融系统控制机制匿名提供资金资助。恐怖组织的网络筹资方式主要有：一是直接发表寻求资助的声明。例如，阿富汗塔利班2012年4月18日在其组织网站发表声明称，非常需要世界各地信众兄弟的资金援助，全球信众有责任在精神和物质上参加“圣战”，并附有联系电话和Email地址。一些恐怖组织甚至利用访问其网站的用户信息，识别潜在的可能提供资助的用户，直接与他们联系寻求资助。二是发起有组织的募捐行动。巴黎金融行动特别工作组的一份报告披露，恐怖组织及其支持者使用诸如Facebook、Twitter、YouTube、WhatsApp、Skype、Telegram等社交媒体平台协调数千名“赞助商”进行“大规模的、有组织的筹款计划”。三是通过网上筹资人或其他中间环节为恐怖组织募集资金。例如，2014年8月，被美国和联合国确认为基地组织筹资人的Hajjaj Fahd al-Ajmi，于2012年6月建立名为“支持叙利亚革命委员会”，通过Twitter账户募集资金，购买武器以支持叙利亚的“圣战”组织。2015年3月被捕的Ali Shukri Amin被指控运用Twitter指导数千名追随者使用比特币、“黑暗钱包”等网络方式向ISIS秘密捐款。四是通过电子商务出售物品募集资金。例如，ISIS和基地组织等曾通过网上商店售卖宣传手册、T恤衫、旗帜、VCD/DVD、书籍等物品获取资金。五是以慈善名义募集或骗取资金，包括通过“慈善”机构网络页面、聊天室、慈善募捐应用程序插件以及Facebook、Youtube等社交媒体慈善筹资功能等开展宣传和募捐工作。六是通过网络犯罪手段获取资金。当前，全球资助恐怖主义活动的国家极少，恐怖组织被迫转向网络犯罪以获取资金，具体方式有入侵金融系统窃取银行卡和信用卡密码、网络钓鱼诈骗、身份盗用、电信诈骗、网络赌博等。例如，1997年泰米尔猛虎组织入侵英国谢菲尔德大学信息系统，使用教职员工帐号发送信息呼吁捐助者汇款。2003年的一起信用卡欺诈案中，受害者收到建议更新易趣（Ebay）账户信息的邮件，受害人点击链接时其信用卡详细信息将自动发给英国籍恐怖分子。据估计，每年恐怖分子利用网上赌球、网上博彩业等洗钱、筹资达数亿美元。

（3）网络采购与交易。恐怖势力利用互联网购买或出售物品是其网上活动的重要组成部分，具体包括购买武器弹药、制爆物品与原材料、教材书籍、恶意软件等，出售印有恐怖组织标识的T恤、暴恐音频视频DVD/VCD、宗教极端主义书籍等。据媒体报道，中东“圣战战士”使用Facebook购买和出售重武器，包括重型机枪、肩扛式导弹、防空武器等。《纽约时报》称在线武器集贸市场已经在中东地区出现，包括叙利亚、伊拉克、也门、利比亚等地。一个名为“军械研究服务”的咨询公司自2014年9月以来记录了利比亚97项试图通过Facebook转让重型武器的记录。《泰晤士报》指出，类似的在线集市也存在于其他冲突地区，据估计叙利亚、伊拉克发生超过6000次武器交易。我国公安部网络安全保卫局局长顾建国曾在2014年世界互联网论坛的发言中披露，恐怖团伙通过阿里巴巴购买易燃易爆原料。

（4）提供训练与获取知识。恐怖分子通过互联网远程接受恐怖主义训练，学习先进有效的恐怖袭击技术和方法，以至于一些反恐专家将互联网称为“恐怖分子的大学”。互联网大大缩小了现代技术差距，部分恐怖分子站在了知识的前沿领域。可怕的是，恐怖组织积极通过各种网络渠道为潜在的“圣战者”提供培训视频、教程和相关资料，内容广泛涉及地下组织创建、袭击战略战术、枪支弹药、毒气毒品，以及爆炸、冲撞、绑架、暗杀、恐吓等恐怖主义手段。例如，网上广泛传播的“圣战毒药手册”包含各种自制毒品和有毒气体的制作方法，“无政府主义者手册”、“破坏手册”等电子手册中刊载着劫持人质、制造炸弹、游击战术等知识；基地组织编纂的长达数千页《圣战百科全书》刊载如何建立地下组织、如何实施攻击等内容；许多“圣战”论坛拥有黑客战版块，传播黑客手册和网络攻击技术；ISIS 在 JustPaste.it 论坛分享如何利用新账号以及微调用户名等手段规避 Twitter 审查机制的小贴士；“东伊运”在 Twitter 上传播教学视频详细介绍炸药的制作方式；极端主义聊天室张贴讲解如何制作自杀式炸弹背心的视频，演示如何在满载乘客的公交车上使用；《激励》杂志几乎每期都刊载有关暴恐技能的知识，内容涉及“带刃汽车改装”、“躲避安检”、“AK-47 训练”、“手机遥控引爆技术”、“暗杀策略”、“纵火技术”、“焚烧车辆与制造车祸”等。1999 年伦敦多点连环爆炸案作案人 David Copeland 在被审讯时，坦白从网上下载《恐怖分子手册》与《如何制造炸弹》学会致命技术；制造西班牙马德里火车站“3·11”爆炸案的恐怖分子承认是从互联网上学到制爆技术的；2013 年美国波士顿马拉松赛爆炸案主谋交代，参考《激励》杂志中题为《在你妈妈的厨房内制作炸弹》的文章制造炸弹。综上可见，互联网让恐怖分子能够随手创建“虚拟训练营”。

（5）情报搜集与分析。互联网为恐怖分子实施恐怖袭击提供了庞大的数据源和精确搜索服务，恐怖组织日益认识到网络情报的重要性。基地组织的一份培训手册甚至指出，“使用公开资源而非非法手段可获得有关敌人 80% 的信息”。部分恐怖组织设有专门的情报机构，通过互联网搜集和分析潜在的攻击目标的情况，利用社交网络获取与袭击目标有关人员的姓名、地址信息、家庭关系网络等情况，为实施恐怖袭击、锁定攻击目标、策划恐怖袭击、寻觅招募对象、开展动员工作等提供情报支持。例如，澳大利亚一名被指控有恐怖主义犯罪行为的男子，利用澳大利亚政府网站获取潜在的袭击目标的地图、数据和卫星图像。黎巴嫩真主党通过监控社交网络上的士兵信息，搜集有关以色列军队的动态。2006 年，基地组织发布过一份就如何利用谷歌搜索引擎提供详细指导的手册。2007 年恐怖分子试图通过燃气管炸毁纽约肯尼迪国际机场一案以及 2009 年孟买恐怖袭击案中，恐怖分子均利用开源互联网工具如 google 地球获取照片或卫星地图。

（6）通信联络。互联网为恐怖分子的通信联络提供了便利，恐怖分子越来越多地通过网络交换意见，交流炸弹制作、组织筹建以及恐怖袭击策略等实用信息，其网络通讯联系呈现两大动向：一是组织架构分散化、网络化。萨拉菲派重要作家 Abu Musab al-Suri 在其所著《全球伊斯兰抵抗运动呼吁书》一书提出全球“圣战”分散化策略，认为“敌人强而有力，我们弱小贫穷，战争持续时间将是漫长的”，建议通过小单元或“独狼”作战方式在全球范围形成尽可能多的战线，小型组织之间尽可能减少甚至杜绝联系，避免安全机构的渗透和打击。自“9·11”事件以来，恐怖组织在全球各国执法与安全机构的打击下，被迫发展得更加分散，“化整为零”的分散化思想越来越多地被恐怖势力所运用。互联网为恐怖分子开展独立行动，创造松散的、无领导的组织提供了条件，恐怖组织通过互联网和通讯工具进行全球范围的沟通联络、组织协同、指挥、控制和情报搜集规划等，等级森严的组织结构向网络化结构转变，每个恐怖分子均成为整个恐怖主义体系中的一个节点，通过互联网连接成松散的遍及全球各地的恐怖网络，任一环节的消亡不影响整个网络。二是通信联络隐蔽化。有“圣战”分子指出，“建立圣战者之间的、安全的、避免敌人追踪的沟通渠道势在必行”。恐怖分子常用的安全通信联络策略有：

选择多元化的联络渠道，包括有移动电话、卫星电话、VOIP 通讯、电子邮件、APP 程序（如 WhatsApp、Viber、Telegram 等）、加密论坛、聊天室、即时通讯软件、社交媒体等。此外，网络游戏、暗网、自己开发的加密程序等也成为重要联络工具。斯诺登（Edward Snowden）披露，美国情报机构曾潜入网络游戏“魔兽世界”和“第二人生”追踪恐怖分子。2015 年巴黎恐怖袭击案件中，恐怖分子使用 PS4 游戏机交流袭击计划。ISIS 自己开发了 Twitter 应用程序“晨礼竹屋”（Fajr al-Bashaer）、“黎明喜讯”（Dawn of Good Tidings），近期又开发了 Android 通信应用加密程序“alwari”用于通信联络。

通过暗语、隐喻等规避侦查。例如，使用“玩具”代表手枪，“哑巴”代表枪支消音器，“七大洲”代表伪造签证，“宝贝”代表炸弹制作方法光盘，“小女孩”代表伪造的驾驶证，“俄罗斯苹果”代表俄罗斯生产的手榴弹。“9.11”事件策划者默罕默德·阿塔（Mohammed Atta）和拉姆齐·比纳尔谢赫（Ramzi Binalshibh）在联络时使用暗语，将世贸中心称为“建筑”，将五角大楼称为“艺术品”，将白宫称为“政治”。

使用加密技术，包括使用通讯工具自带的加密功能、开发加密产品、运用隐写术等。恐怖组织通过网络发布各类安全通信知识供恐怖分子学习。例如，Ushaq Al-Hur Al-Islamiya“圣战”论坛曾警告恐怖分子不要在 google 搜索“高压锅”，提醒论坛成员使用 google 浏览器要注意删除浏览器记录。“天堂圣战者”论坛警告其同行谨慎使用 Viber、WhatsApp、Mobile Twitter 和 Line 等媒介，称沙特政权利用其开展监视。Valiyat Dagestan 网站发布教学视频教授恐怖分子规避审查，包括使用 VPNs、假身份信息与网络应用程序绕过封锁，介绍如何对 USB 等介质进行编码和加密。法国巴黎系列暴恐案件之后，ISIS 公布了一份网络安全手册，提供了一系列网络安全保密通讯联络技巧和措施。

（7）网络宣传与心理战。恐怖组织越来越重视并善于运用互联网开展宣传和心理战，具体表现在：

一是从宣传力量看，基地组织、ISIS 等组建了专门的媒体部门或宣传团队。基地组织构拥有“队伍”、“云彩”、“媒体委员会”、“圣战之音”等四大媒体中心，构建起遍及全球的立体式宣传网络。ISIS 专门成立媒体委员会，控制有 Al-Furqan、Al-I'tisam、Ajnad、Aamaq、al-Battar、al-Khilafah、al-Ghurabaa、al-Israa、al-Saqeel、al-Wafaa、Nasaaim Audio Productions、Al-Hayat Media Center 等专业化的媒体团队，并在一些国家建立媒体部门分支机构。这些恐怖组织媒体机构通过专业化的团队和流程化的生产，制作数以百万计的视频和广告，译成多种语言，通过电台广播以及社交媒体推送。例如，基地组织编辑的电子杂志《激励》和 ISIS 编辑的电子杂志《达比格》（*Dabiq*）制作精美，堪比时尚大刊，成为恐怖组织宣传的重要阵地。

二是从宣传技术与能力看，恐怖组织的媒体制作与传播技术日益娴熟。《华盛顿邮报》对关押在监狱的 ISIS“圣战者”的采访调查报告披露，ISIS 媒体机构配备有精良的摄影、录像、电脑等设备，内部分工细致，部门齐全，并与外部诸多媒体工作室有良好的合作关系，ISIS 媒体工作人员的地位、薪水、生活条件均优于普通的作战人员。巴黎系列暴恐案件发生后，ISIS 的 Al-Hayat 媒体中心在报道伊拉克和叙利亚战事时甚至采用无人机全景式记录激战场景，通过社交媒体广泛传播。2015 年 11 月，ISIS 发布宣传片《刻不容缓》（No Respite），以浑厚的男音、标准的英语，来自不同国家的不同肤色的“圣战战士”，播报 ISIS 作战场景，塑造“圣战战士”的英雄形象，煽动追随者为 ISIS 献身，视觉效果堪比大片。基地组织通过 al-Shamouk 网站发布的动画片《阿拉伯半岛的基地组织》，生动呈现了半岛上“圣战”游击队的“英雄”事迹，内含袭击、武装战斗和暗杀等内容，旨在促进青少年和儿童跟随“圣战英雄”人物的步伐。黎巴嫩真主党开发的“特种部队”游戏，鼓励玩家“暗杀”以色列总理阿里尔·沙龙（Ariel Sharon）以传播组织的价值观和理念。伊拉克极端组织狙击手朱巴（Juba）狙杀美国士兵的录像通过互联网广泛传播，该视频将朱巴描绘成“自由战士”和不朽的人物。我国国内的恐怖势力也越来越熟练运用互联网开展宣传活动。据国务院互联网信息办公室的统计，2010 年“东伊运”制作恐怖主义音视频 8 部，2011 年为 13 部，2012 年增至 32 部，2013 年达至 109 部，2014 年前 6 个月便高达 73 部，增速之快令人咋舌。

三是从叙事框架与策略看，恐怖势力的宣传叙事框架得到精心策划和设计。查理·温特（Charlie Winter）将 ISIS 的宣传叙事主题归纳为 6 类，包括残暴（例如传播斩首视频）、仁慈（例如呼吁悔改）、受害者（将自己叙述成受害者）、战争（报道战场情况）、归属感（将恐怖组织描述成温暖、宁静、充满爱、有归属感的家园）、乌托邦（例如描述建立全球“哈里发国”的乌托邦理想）等。具体来说，恐怖组织的宣传叙事框架主要有 4 类：宣扬和传播恐怖主义理念、价值观以及宗教极端主义思想，鼓动“圣战”；播报恐怖组织情况，塑造恐怖组织“美好”形象；认领恐怖袭击事件，发布暴力恐怖影像与信息，传递恐惧，实施心理战；攻击敌人并为恐怖活动进行合法性、神圣性论证，例如恐怖组织通过宗教叙事强调暴力“圣战”的神圣性，通过诋毁敌人的叙事塑造弱者抗争的形象。

五、讨论：辩证看待网络恐怖主义威胁

前文对网络恐怖主义威胁的现状、类型与态势作了详细的描述分析，笔者在此基础上对网络恐怖主义威胁的相关争议，略作讨论如下：

第一，“网络恐怖主义威胁夸大论”有一定的合理性。归纳学术界的

观点，大致可用一个简明的公式来阐释“网络恐怖主义威胁夸大论”产生的原因：“互联网本身的脆弱性以及恐怖主义威胁的客观现实”+“特定主体的立场和利益需求驱动”+“大众传媒的渲染”+“对计算机网络技术缺乏了解”+“社会心理本身的特点”=“网络恐怖主义威胁夸大论”。上述诸多变量的共同发酵，营造出对网络恐怖主义威胁充满忧虑的舆论环境和氛围。此类观点有助于决策者和民众更加理性地认识和科学地评估网络恐怖主义威胁，避免不必要的恐慌，科学配置公共资源以避免浪费。

第二，认真对待“网络恐怖主义威胁论”，绝不能低估网络恐怖主义威胁的严峻性。互联网对恐怖分子具有天然的吸引力，互联网已成为整个社会运行的重要纽带，为恐怖势力提供了广泛的、无处不在的潜在目标和机会。互联网技术架构具有天然脆弱性和漏洞，各类黑客、网络犯罪现象为恐怖势力提供了样本。网络的开放性与共享性，让恐怖组织能够轻松分享和获取网络攻击技术知识以及非法软件工具。网络传播的廉价性和方便性，为恐怖组织在暴恐音频视频传播、技术人才招募、资金募集、组织策划等方面提供了便利条件。网络行为的匿名性、隐蔽性，让恐怖分子容易躲避情报与执法机构的追踪。而且，网络恐怖活动成本低廉，其门槛要低于物理恐怖主义，不需要长期、复杂、昂贵的组织策划，不需要体能训练、心理训练、长途跋涉，任何一个具备一定网络知识和上网资源的“独狼”或黑客，在咖啡馆喝咖啡的过程中便可以传播病毒或进行远程攻击。已经发生的大量案件表明，网络恐怖主义相比传统的恐怖袭击能够直接影响更多的人，引发广泛的媒体报道。而且，我们还必须注意到，“网络恐怖主义威胁夸大论”主要考察的是“目的型网络恐怖主义”，而没有将“工具型网络恐怖主义”的威胁考虑进去。“工具型网络恐怖主义”已经成为当前网络恐怖主义活动的主流，这种威胁普遍存在且影响深远。

第三，要警惕“思想上重视，行动上怠慢”的问题。“思想上重视，行动上怠慢”是一种普遍的社会现象。在社会各界的主流认知中，网络恐怖主义已被塑造成一种“潜在的、可能的”突出威胁，但由于防范成本高等诸多原因，各行各业在行动上很少将其作为当下亟需应对的“现实”威胁而采取实际措施。这吻合人类的认知规律：未亲身经历的，难以真正体会。在我国民众的认知中，恐怖主义威胁离自己很遥远，直到2013年的“10•28”事件、2014年昆明暴恐事件（“3•01”事件）发生，血淋淋的现场才让全国上下真正意识到恐怖威胁就在自己身边，各界才真正下决心大力推动反恐防恐工作。对于网络恐怖主义威胁的评估判断，我们应吸取教训，尽管迄今为止恐怖分子还没有利用互联网发动全面的网络攻击，但必须警惕“思想上重视、行动上怠慢”的问题，做到未雨绸缪。如果低估网络恐怖主义威胁，我们未来就可能付出惨痛代价。

总而言之，网络恐怖主义已然成为全球社会面临的重大安全挑战。这场网络空间的角逐，将会残酷而且漫长。

（谢晓专，中国人民公安大学侦查与反恐怖学院副教授。本文系国家社科基金项目“虚拟社区中的信息交流与导控机制研究”与北京社科规划项目“社区管理创新视角下北京地区虚拟社区综合治理机制研究”系列研究成果之一。由于篇幅所限，本文略去全部注释，有需要的读者可向本刊编辑部索取：zlygl@cssm.gov.cn）

“特朗普新政”十五问

乔良

一、不理解特朗普就无法理解这个正在巨变的时代

与其说我们在关注特朗普，不如说我们在关注与这位“奇葩”总统的上台同时到来的一个大时代。现在看，我们大家都没为此做好准备，特朗普也同样没做好准备。这一点，从特朗普执政后颁布的一连串急于兑现竞选承诺的法令政策即可看出来。他并不真正理解这个把他推上总统宝座但却充满巨大不确定性的时代。整个人类社会正面临 300 年未有之变局，资本主义主导的人类社会将在这场巨变中走到尽头，新的社会形态将取代资本主义，就像 300 年前资本主义取代封建社会一样。

这是关系整个人类社会的大变局，特朗普的胜利恰好与这场变局处在同向位、同时段上，于是让人觉得好像是特朗普要带来什么变化，实际上特朗普自己都没意识到这种变化，他的胜利只是在一定程度上预示了这个大时代本身将要发生的变化。

特朗普之所以能赢得胜利，不过是美国底层百姓对美国式确定性的厌弃或抛弃，转而选择了不确定性。什么是确定性？希拉里代表着从金融利

益集团到硅谷科技精英集团的整个美国精英阶层，如果美国民众把选票投给希拉里，就意味着他们明知这种选择没有希望仍然将错就错。那么投给特朗普就有希望么？也不一定，但至少这种不确定性让选民觉得可能还有希望。换句话说，美国底层民众在确定性和不确定性之间，宁可选择不确定性。因为选择不确定性可能还有希望，选择确定性就完全没了希望。

美国底层民众基本上是过去40多年来美国经济高速发展中的落伍者，是被甩下车的群体。他们既非当下的中产阶级也非现在的精英阶层，顶多算是破产后的中产阶级和工薪阶层。这部分人被特朗普及其团队充分动员了起来。或许他们过去并不参加投票或即便投票也只是随大流，但这次他们押注式地选择了特朗普。为什么？因为特朗普那些耸人听闻的口号，击中了他们心中最柔软的部分。

那么特朗普真的会给美国人带来变化么？当然会带来一定变化。但仅以某个人的一己之力，很难与整个社会抗衡。美国 200 多年间已经形成自身的政治传统，拥有完备的政治体制，也有自己特殊的获利方式，这些都非一人之力所能改变。那么特朗普能够改变什么？这个有待我们继续观察。但可以肯定的是，他不会从根本上改变美国。

二、特朗普是个成功商人，但这并不确保商人治国也会成功

特朗普是一个“非典型”、野蛮生长起来的美国商人，因此他的很多举措惊世骇俗，非常大胆，敢于出格冒险，善于出奇制胜。这是他在商业上取得成功的重要元素。

特朗普还是一个自身麻烦不断、也不断给别人制造麻烦的人，从经商到现在，他卷入了大大小小上千起官司，至今还有 70 多件没有了结。一个敢于官司缠身的人，一定是个不怕自己麻烦、也不怕麻烦别人的人。这

种秉性使他对政治正确那一套充满蔑视且毫不理会。

这不仅仅是因为他看到了政治正确给美国社会带来的伤害，更是因为他根本就不屑于美式的政治正确。对于种族平权、男女平等等这套西方逐渐确立起来的普世价值观，特朗普在骨子里就不认同，在国与国的关系上同样如此。他理所当然地认为应该“美国优先”，他提出“让美国再次伟大”，实际上是建立在“美国例外”的心理预期之上，而“美国例外”本身就和普世价值冲突。如果你的价值观是普世性的，那大家就应该平等，而“美国例外”就是不平等，是美国高人一等的心理作祟。

这种主张或心理，迎合了美国正在兴起的民粹主义。可以说，特朗普正好踩在了美国与这个时代的节点上，即世界面临全球性的经济失败，无论发达国家还是发展中国家都面临困境。当极少数人获利而其他大部分人没能获利时，不满情绪就会抬头，这种情绪一般会被灌输到民粹主义运动中去。因此，今天民粹主义在全球范围内的兴起，与全球性的经济失败是因果关系，可以说，特朗普的胜利就在这个时候应时而生。

三、全球性的经济困境，可以理解为经济全球化的失败么？

这里有个非常微妙的问题需要明确回答，那就是全球化尚未完结，而只是衰败了。衰败并不意味着它的方向完全不对，客观地说，即便美国推动这一轮全球化主要是为了使自己从中获利，它还是给全球带来了利益。如果中国没有加入由美国推动的全球化进程，就不会有过去 30 多年来的崛起和财富积累。

问题在于万物都有兴衰，现在只是正好到了全球化的衰落期。但我们不能因为它衰落，就说它错了。事实上只能说这种模式的全球化能量释放得差不多了，快走到头了。而同全球化衰落相对应的是资本主义的衰败。

同样道理，我们也不能回过头去说资本主义完全错了，毕竟它已成为人类历史的一个发展阶段，曾经辉煌过，也极大地释放过能量，只是现在能量已经释放殆尽，红利吃到头了。就在这个时候，我们看到了特朗普上台。

四、特朗普上台正好契合了当下时代的大变局，这个大变局主要体现在哪些方面？

真正的变局是互联网带来的。美国人发明了互联网，但美国人却对互联网将要带来的变化甚至是对美国霸权的摧毁性影响始料未及。

说到全球化的衰败，它与什么有关呢？我们首先需要理解这一轮全球化的发展过程。这轮全球化的兴起始自美元的全球化进程，它的衰败势必也源自美元全球化的衰退。现在，连特朗普都已准备放弃美元推动下的全球化，转而求助于他所代表的产业资本的复兴。特朗普已经准备冷落以华尔街为代表的美国金融资本。要知道，美元与黄金脱钩之后的40多年来，是金融资本在推动全球化进程。正因为是金融资本在发挥推动作用，才导致产业资本在本轮全球化中受挫。美国国内情况也是如此，其结果是美国国内中低端制造业不断向外转移，逐渐陷入产业空心化状态。现在特朗普打出口号，说要夺回被中国或其他国家夺走的就业岗位，这本身就是对金融资本推动下的全球化的否定，但也是对这一轮全球化本质上的无知。

美国今天的现状不是别人造成的，更不能归咎于中国。当金融资本快速崛起并成为美国最主要的获利方式后，美国大量向外输出美元，结果必然导致大规模的贸易逆差。因为输出美元就是去进口别国产品，美国国内同类产品价格又比别国产品高，结果使制造业在美国活不下去，变成夕阳产业甚至“垃圾产业”。

这是由于美元本身成了一种特殊商品。一张美元纸币的成本在40年前是 4.4 美分，现在也只有 6 美分左右。如此一来，还有什么制造业产品的成本比它还低呢？制造业产品的成本那么高，在美国生存下去不容易。为什么美国那么多精英最后都集中到了硅谷？因为高科技产业才有高附加值，才可能带来较高的利润。而美国的中低端制造业跟新兴经济体相比，毫无成本优势。就是在这一逻辑的推动下，美元的全球寻利冲动开始推动美国制造业外移，并导致全球产业大分工，其他国家则不得不将自己的产品与美元绑定，进而形成了当下这一轮全球化。

但当 2008 年金融危机后美元全球化开始衰落时，它所推动的全球化还能持续下去么？因此，这轮全球化的衰退是必然的。

五、特朗普已表现出反全球化倾向，他上台后的美国与全球化会呈现一种什么关系？

美元推动的这轮全球化，虽然发动机动力渐衰，但它的规模还在，世界经济还是全球化规模的经济。这就好比一辆车虽然动力不足了，但车还在行进，只是主机与零部件之间出现了各种问题。在此背景下，全球化出现相应的退潮和减速无可避免，但这套体系是否以及最终何时崩溃，在很大程度上仍取决于特朗普上台后美国的作为。

如果美国大搞贸易壁垒，别国也会被迫那样去做，最终结果就是互相之间壁垒高筑，那样全球化就会彻底崩溃。所以，特朗普必须明白，如果他只是想停掉金融全球化，而让实体经济全球化继续推进，就不能搞贸易壁垒那一套。

但特朗普很可能在贸易领域对全球宣战，至少会跟中国拉开搞贸易战的架势。其他小国对于美国这种做法只能无可奈何，但中国不一样。现在美中在实体经济特别是制造业领域，已经王车易位，中国已是全球制造业第一大国、外汇储备第一大国。虽然美国拥有最强军力，堪称老大，但与俄罗斯军力相若的中国也已处在老二或老三的位置，和老大的差距正在缩小。最关键的是，双方都有能按住对方军事命门的能力，这一点特朗普心里一定清楚。因此，即便再怎么“大嘴”，他也没忘记说：“我们要保持美国军力第一，但绝不会与中国和俄罗斯这样的国家发生战争。”因为一旦发生战争，美国即使占到便宜，也会伤敌一万自损八千。如此一来的话，让“美国再次伟大”就变成了不可能。对这一点，美国人比谁都懂。

六、如何看待特朗普前段时间一些对华的强硬表态呢？中国又该如何应对？

上台执政将近一个月来，特朗普在努力兑现他对选民的承诺。比如，宣布退出 TPP，叫停“奥巴马医改”，在美墨边境修“长城”，签署“禁穆令”等等。但对中国，他仍迟迟没有出手，还停留在试探性“叫牌”阶段。比如与蔡英文通电话，或在推特上发文质疑其多届前任的“一中”政策和抱怨中国在南海吹填造岛没跟美国商量，但也仅此而已。在遭到美国政界和企业界的一片指责声后，他很快就在与习主席的通话中，表现出其商人务实的一面：承认“一中”原则不变。这反过来证明，中方的应对之策是正确的。因为中国的决策者看得很清楚，特朗普是一个只有 50% 民意支持率的总统，还有几乎一半美国人反对他。就任后，他要耗费很大精力去对付反对党、本党内部反对他的人以及不投票给他的民众。

这个时候我们如果不让他去内耗，反而急着跟他硬碰，那就等于给了特朗普转移国内矛盾，通过外部危机整合内部不团结的借口和机会。因此，我们最好的应对策略是以静制动，而非以动制静。特朗普还没上台前的言论一定会与上台后大有不同。跟蔡英文通个电话或在推特上发几句牢骚都没什么了不起，这些只是特朗普的“叫牌”，而且还是试叫，等他真正打出牌来再做反制不迟。

不过，虽然中国宜静不宜动，但也不能掉以轻心，对特朗普这个不按常理出牌的人，还是要仔细地掂量和分析。你可以说他是政治素人或新手，但别忘了，新手往往手气都壮。因此，我们必须仔细分析他到底能干成什么和干不成什么。

在我看来，他跟蔡英文通电话是一次精心策划，这种精心程度不亚于当年里根总统就任后不久那次“试话筒”的典故。现在特朗普的团队基本是按照同样的思路，在设计对华战略。对于跟蔡英文通电话这件事，很多中国人已经知道如何解读了。他无非就是告诉中国，要拿台湾问题换取利益，否则就在这个问题上做文章。甚至有特朗普团队的人私下里讲，如果大陆不接受美国的条件，那美国很可能跟台湾“建交”。其实，所有这些放风，都不算数，就是让你神经紧张而已。我们稍微琢磨一下就会明白：特朗普是个商人，他会为了 5 分钱的利益去放弃 1 块钱的利益？他怎么可能为了台湾而跟大陆彻底交恶呢？如果特朗普真那样做了，那他肯定不是一个成功的总统，甚至连一个成功的商人都算不上了。

七、特朗普的未来政策是否能让“美国再次伟大”？

刚才我们谈到，美元推动的金融全球化已经快进行不下去了。2008 年金融危机对美元全球化造成重创，使美国人利用输出美元的方式从全球范围内获利这条路越走越窄。现在美联储除了量宽政策就是加息降息，手段越来越少。在金融获利能力降低、实体经济又一蹶不振的情况下，美国从资本家、商人到普通百姓都很焦虑。

这种焦虑使得 8 年前的奥巴马获得了以黑人面孔当上总统的机会，这是美国人求变心理发挥作用。美国民众希望他能带来变革。奥巴马执政后进行了一次左倾自由主义的变革，但 8 年过去证明无效。这就更加重了美国人的忧虑，最后，他们终于选择抛弃美国式的传统政客，转而把选票投给看起来并不靠谱的特朗普。这是因为美国人渴求一次完全不同的变革，特朗普号准了美国人的脉。

虽然金融全球化走不下去了，但目前来看特朗普显然还没有酝酿出成熟的退出机制，他甚至根本就没考虑到全球化的问题。特朗普的崛起确实代表了美国底层民众民粹主义的抬头和对全球化的厌弃，他们希望特朗普用实体经济为美国带来变化，但这终究需要某种从金融全球化中退出的计划和机制。特朗普的举动表明他最终可能想要退出金融全球化，但他规划过退出全球化的路线图或计算过退出成本了么？

此外，特朗普还声称要让其盟友日韩及北约成员国承担更多美国驻军费用。盟友关系虽然不是全球化的一部分，但却是美国全球体系的一部分。如果美国按特朗普的办法“再次伟大”的结果，是让美国人重新“光荣孤立”，那就等于让美国退出其在二战后精心构建和主导的国际体系。我们知道，美国精心营造的全球体系和它推动的全球化互为表里，相互纠缠。美国战后很多军事行动都是在为这套金融全球化体系打仗。在这种情况下，退出一个势必要伤及另一个。如果退出金融全球化伤及它所主导的国际体系，那美国的替代方式是什么呢？显然特朗普还没这样的考虑，这跟他的变革心切但政治经验不足有关。

如果特朗普的“让美国再次伟大”就是让自身强大，不包括它过去一直不愿放弃的世界领导权，这个目标倒真有可能成功。问题是，特朗普不可能让那么多美国人跟他一起放弃已成习惯的全球领导权。这种领导权就是建立在战后 70 多年美国苦心经营的国际体系以及美元与黄金脱钩 40 多年来的金融体系之上。因此，特朗普“让美国再次伟大”的口号还是会落空。

八、特朗普声称要坚持“美国优先”原则，但他显然还没弄清楚是解决美国内部问题优先，还是维持美国的全球利益优先

解决美国内部问题和维持美国的全球利益何者优先，特朗普自己也没有作出明确解释。在选战阶段，“让美国再次伟大”就是一种耸人听闻的煽动性口号，目的是为了获取选票。所谓“让美国再次伟大”，是继续保持世界领导权，如奥巴马所说继续领导世界 100 年，还是不管世界的事，先把美国自己的事做好，现在看来特朗普还没完全理清楚。

即便如此，我们还是基本能够断定，特朗普无法改变美国主导的战后国际体系，因为这是让美国伟大或保持领导权的最基本框架。要动这套体系，除了会在国际上遇到麻烦，他还要在国内面对 50% 的不支持他的选民，以及反对党和党内反对派。未来特朗普很可能在这方面耗费很多精力。我们不能按集权国家的政治模式，把特朗普想象成权力巨大的总统。在美国，无论多么强势的总统，都需要面对美国宪法和各种法规。在这方面，它的制度设计相当完备。特朗普想要突破这些东西，他面对的宪法和法律障碍要比任何其他国家的领导人都大得多，因此我们不用担心他会做出多么出格的事。那样对他来讲，不光会困难重重，甚至可能招来不测。当然，这种不测不仅仅是人身不测，还可能包括遭到弹劾、提前下台等可能性。在面对宪法时，关在“笼子”里的美国总统并没那么大权力。

九、在特朗普的推动下，美国社会本身会发生什么改变?

美国国内不会有目标明确的改变，但却会在互联网影响下经历一场浸润式的改变。互联网带来的最大变化，就是对平民的赋权，它使整个社会

的成员在信息透明、共享和对称上获得权力。很多人还没意识到，他们利用这种赋权就能改变社会。其实特朗普的胜利，正是利用社交媒体，即充分利用互联网赋予美国人的那份权力，击败了希拉里。

虽然每个人都拿到了这份无形的权力，但相互之间并未组成联合体。他们在选举中分别投下了自己那一票，这些投票最终形成了一种力量。这个过程并非有意识的，而更多是潜意识和个人利益诉求在发生作用。美国还会继续被这种潜意识的力量推着往前走，只不过目前这种变化的目标指向还不是很明确。可以预期的是，在特朗普的一系列逆反美国传统政治取向的政策影响下，美国社会内部早已存在且被“政治正确”掩盖的阶层和族群矛盾会日渐公开化，撕大其社会的裂缝和伤口。

十、特朗普的美国可能在金融全球化方面后撤，但在全球化的另一层面即意识形态方面，会比现在更务实么？

这一点在特朗普身上已经有所体现。特朗普的经历决定了他不是一个搞意识形态斗争的行家里手，他早就摒弃了政治正确那一套，转而寻求能为美国带来实际利益的商业模式。如果他真在乎政治正确或搞意识形态，那就不会以那么严厉的姿态去应对移民问题，甚至要在美墨边境筑墙。

特朗普有关移民政策的这种姿态和作为，意味着美国必定会从普世价值上往后倒退。移民或难民政策之所以能在西方落脚，根基就在于西方的普世价值。普世价值的三个要素：民主、自由、人权，后两项都涉及到人的自由迁徙和自由工作。特朗普推出如此严苛的政策，不让更多移民进入美国，甚至还要把一些移民遣返，这实际上已经与美国过去信奉的普世价值大相径庭了。如果继续以这种对政治正确满不在乎的态度搞下去，那么美国占据了几十年的全球道义制高点，终将要瓦解，普世价值的灯塔形象也就随之坍塌。

这里面有一个权衡问题，即为了获得实际利益，特朗普的美国能在多大程度上容忍或承受灯塔形象的坍踏。这一点，我想特朗普同样没充分掂量。而在移民政策上的后退，不是退到这一步就能守住的。因为这种政策是要赢得更多白人支持，很多诉求还没通过选举表达出来，他们会在你撤掉这条线之后进一步逼你后撤。长此以往，我觉得类似“黑鬼”的称呼或其他对少数族裔的侮辱性姿态会变成白种人的家常便饭，甚至被美国强力部门暗中支持，比如警察执法中对白人明显的偏袒。

应该说，西方在普世价值观上的倒退并非从美国开始，而是美国人对欧洲的某种追随。特朗普加入了英国脱欧所掀起的这一思潮行列。英国人想要自己制定自己的移民政策，不被欧盟尤其是默克尔绑架。默克尔还在勉为其难地做欧盟的道义旗手，继续坚持普世价值观，她想要区分难民和恐怖分子，不想一概而论。难民问题确实把欧洲折腾得够呛，欧洲国家的民粹主义甚至“反动”思潮将会因此变得愈发强烈，这样下去会有更多国家为了自身安全和利益脱离欧盟。如果欧盟瓦解，各国都制定自己的移民政策，那将意味着强调自由流动的《申根协定》必然完结，整个西方都将在普世价值上向后大踏步地倒退。

那样的话，西方引以为豪的两个方面都将出现崩盘迹象，一是经济发达，二是普世价值。如果这两方面都崩溃了，那么西方会怎么样，美国会怎么样呢？结果可想而知。

十一、美国能否再次实现自我修复？

先看美国，特朗普能上台就是因为他提出的要恢复美国实体经济的口号对不少美国人，特别是下层民众充满吸引力。但他可能没意识到，他提出这个口号给自己带来多大难度。仅以汽车业为例，美国一个熟练汽车工人每小时工资是中国同样工种每小时工资的数倍，为了支持特朗普恢复实体经济计划，而置巨大利润于不顾，想想看，哪个企业家会这么做？就算特朗普还有雄心勃勃的财政改革计划，准备大幅减税，用减税来支持实体经济，难道这样就真的就能帮助美国恢复就业么？就能从中国夺回工作岗位么？

我在前面提到，美国的工作岗位不是被中国人抢走的，而是它们本身无法在美国生存才外迁的。但工厂外迁了，美国人仍然需要那些产品维持生活，这就需要那些具有劳动力价格优势的国家来为美国生产，美国再以低廉价格把产品买回去，这就形成了美国巨大的贸易逆差。这就是美元的全球化需要付出的代价。

更重要的是，现在特朗普要恢复实体经济，先不说有无可能，即便他可以搞成，恢复后的制造业就会有产品需要出口，就可能产生顺差，这就和靠逆差向外输出美元的模式马上产生矛盾，会压制美国人搞了40多年得心应手的获利方式，美国金融利益集团会答应么？不知特朗普想没想过这个问题。他以一己经验来决策他自己的买卖，当然没有问题，但在上升到整个国家体系层面时，就会带来问题，如果美国整个国家的对外贸易都顺差了，美元就不好出去了。

这是原理性问题，包括特朗普在内的任何人都不能和原理作对，原理就是鱼和熊掌不可兼得，这个道理放之四海而皆准。美国不可能让制造业都回去，美国企业主们承担不起那么高的成本，美国消费者也承受不起超高成本产品的高价格。因此，中低端制造业回归美国的前景渺茫。特朗普恢复制造业的努力的结果，更大的可能是既伤害了美国的虚拟经济，又拯救不了美国的实体经济，两头落空。

十二、与俄罗斯联手抬高油价可能是美国的机会，但特朗普敢么？

美国在恢复实体经济方面就毫无机会么？那倒不是。有个领域它是有机会的，就是页岩油和页岩气。按奥巴马政府的乐观设想，美国在2020年之后将成为最大能源输出国。由于看好页岩油气出口的前景，美国已经成立3万多家能源公司，现在都还没有大幅盈利，前两年油价一路下跌，已经导致其中一万多家倒闭。如果下一步美国把恢复实体经济和就业岗位的希望寄托在页岩油气技术以及能源出口上的话，那它还真可能成功。

问题是，国际油价现在位于50美元上下，美国需要油价高企。美国页岩油气技术虽然取得重大突破，但成本仍然很高。这种情况下只有一个办法，就是抬高油价。而要达到这个目的，美国唯一的手段，就是打仗，把其他产油区投资环境打坏，把油价打高之后，好让美国卖油。

可这不是美国一家之力能做到的，俄罗斯也在产油区打仗，那么特朗普很有可能想与普京联手在其他产油区打仗，把油价打起来，让美俄两国卖油获利。以普京现实主义甚至实用主义的性格特点，他会不会接受美国的示好？这种可能性虽然现在看并不大，但也不能排除。

如果特朗普真这么做了，其意图显然是避免与中俄两条战线相争，意在收拢两个拳头集中全力打击中国。但这里同样存在一个悖论问题，因为如此一来，美国可能就不得不接受一个事实：让俄罗斯的外汇储备暴增。一旦卖石油让俄罗斯血满复活，美国将不得不再次面对一个不光军事上强大，经济上也变得强大的俄罗斯。事实是，美国人无论如何也不会愿意面对那样的现实，因为在美国看来，中国相比俄罗斯更有确定性。虽然中国未来能强大到何种程度目前尚难料定，但中国肯定不像俄罗斯那样莽撞，更重要的是也没俄罗斯那么多核弹。能够对等摧毁美国的只有俄罗斯的核武器，那么美国人愿意面对一个重新强大起来的俄罗斯么？这恐怕是特朗普还没好好掂量过的又一个重大战略取舍问题。这从他选择亲俄的迈克尔·弗林做他的国家安全事务助理即可看出，而后者最近因与俄驻美大使的秘密通话被媒体曝光，遭到美国朝野上下质疑，被迫辞职。可以说，这是对特朗普走美俄接近路线的一个当头棒喝。

特朗普面临很多类似“甘蔗没有两头甜”的悖论或两难选择，这会使他首鼠两端、投鼠忌器，但最后又将不得不作出一头的选择。这将给特朗普的理政能力带来巨大考验，其中最能考验其智慧的一点，则是如何判断谁是美国的主要对手。目前来看，特朗普打算从指责中国抢了美国人的饭碗，指责中国操纵汇率做突破口，颇有点把中国做主要打击对象的架势。但这种寻衅很无知。因为全世界主要货币的发行国都操纵汇率，美国一会加息一会降息，而且决不让别人知道其中的秘密，这不就是操纵汇率么？另外，所谓的操纵汇率实际上是中美之间过去 20 多年来经济捆绑过程中形成的默契。美国社会对中国物美价廉的商品十分依赖，而正是中国压低汇率才能以低价出口商品，否则美国还能从中国买到质优价廉的便宜货么？这就是为什么前几任美国总统，即便刚开始时都对中国放狠话，最后又全都会否决国会某些议员的提案，拒绝将中国列为汇率操纵国，因为他们完全明白这其中的道理。

十三、废止 TPP 是否意味着特朗普要把奥巴马与中国的软对抗变成硬对抗？

特朗普上台当天就废止了 TPP，但这对中国来说没什么可欣喜的。他不搞 TPP 并不意味着放过中国，而是认为 TPP 没用，他宁可直接跟中国打贸易战。

实际上，特朗普没能领会和理解奥巴马这样做的苦心，这位前总统搞TPP，是因为在WTO的框架内，美国已经无法面对占据上风的中国。WTO是贸易组织，管的就是产品买卖，而美国已经不是制造业第一大国，其之所以还是全球第一贸易大国，是因为它大量输出美元买别人的东西。但它买的多，卖的少，在这种情况下打贸易战，美国不占上风。原来的游戏规则是美国制定的，但现在它发现反被那套规则所累，因此它不准备再在WTO中与中国缠斗，而是准备构建一个新的组织，TPP就是为此而设。

TPP想要干什么？它主要瞄准了两个方面：知识产权和互联网。这些都是目前还未建立完善游戏规则的领域，TPP就是要为这两个领域制定规则。奥巴马之所以不让中国参与，就是因为它还没能制定好规则。一旦规则制定完了，美国一定会向中国招手，欢迎中国加入。那时中国就像当年加入WTO谈判一样，开始漫长而艰苦的TPP谈判，被迫一步步地作出退让和承诺，最后被五花大绑后“恩准”你才加入进去，变成一个“出血者”。这是奥巴马的长远谋划，但作为直截了当的商人的特朗普无法理解这番苦心，觉得绕那么多弯子费事，不如直接跟中国打贸易战，只要中国不让步就抬高关税压你低头就范。

如此一来，特朗普就将把奥巴马对中国的软对抗、巧对抗，直接变成硬对抗。为此，中国不得不做好准备应对特朗普的直接贸易战，进行低水平的互相制裁。上世纪90年代中期这种互相制裁曾在中美间连续发生过几次，但后来发现对双方都没好处，随后就不再打贸易战，而是变成了软对抗，通过讨价还价、互相让步的方式达成平衡，共同获利。现在特朗普要把美中贸易关系拉回上世纪90年代的水平，岂不是舍本逐末？

如果中国在贸易战中拒不让步，予以反制，那么美国可能不排除用军事力量进行恫吓甚至搞摩擦冲突，把软较量变成真正的硬对抗。届时中国应对得好，让美国的硬对抗失效，不但中国的经济利益、安全利益不会受损，国际格局也会为之一变；但若是应对不好，就会不光是经济利益、安全利益受损，连国际地位也会一落千丈。所以，如何应对？一味退让，可能让人家突破一点，满盘皆输；一味强硬，则可能带来投资环境恶化、资本撤离。平衡点在哪里？运用之妙，存乎一心。这将取决于决策者的智慧。

特朗普如果萧规曹随，按照奥巴马的路子走，就会发现在其他很多问题上不得不走前任的老路。奥巴马上台之初本来准备收拾华尔街，但最后却比前几任总统更甚地拜倒在华尔街脚下，继续推进美国的金融经济和虚拟经济，因为他彻底了解了美国经济就是这个状态，只能靠它获利。特朗普大多时候在金融资本圈子之外的产业资本圈里活动，不太了解虚拟经济对美国的重要性，甚至对金融资本欺负产业资本愤愤不平，现在他要带领产业资本出这口恶气。可是等他到了这个位置就会发现，美国已只能依靠金融资本获利，他所代表的产业资本在美国基本上已是明日黄花了。

十四、特朗普会用军事手段对付中国么？

特朗普会调整奥巴马的亚太政策，但不会从西太平洋后退，相反，我认为他会继续加大对中国的压力，他已经准备把在亚太地区的美国军舰，从现在的 270 多艘增加到 350 多艘。美国要想打赢贸易战，一定会需要更强硬的军事手段与之配合。我们要特别警惕班农这个人。作为特朗普的高参，他的非常规思想深刻地影响着后者。他认为当前世界（其实是美国）的主要威胁，一是“哈里发国”，二是“国家资本主义”（其实暗指中国）。他还在去年为特朗普助选时就公开预言，未来十年，美国将会与中国在南海交战。由此我们不妨推想一下，假如“特朗普新政”在其国内推行顺利，美国与中国较量的领域，将主要集中在贸易和金融范围；如果推行不顺，不排除特朗普会铤而走险，通过与中国在南海或其他地方擦枪走火甚至武装冲突，转移其国内矛盾焦点，借机以外压整合其内部。因此，中国必须提前做足心理和物理准备。

十五、当大时代到来时，中国的机会在哪里？

我们正处在互联网空前普及的时代。互联网本身不支持霸权，支持多元化。因为它的特性就是信息透明、共享、对称，这是靠点对点实现的，其特征是分布式、扁平化、去中心化，其结果就是去权力化，最终支持的是多极化。这种多极化正好是中国的主张，美国则主张一超独大，殊不知它发明的互联网并不支持一超独大。这就是趋势和背景，明白了这些事情，就能知道为什么特朗普无力回天，即便他很有手腕。

互联网还将带来去货币化趋势。去货币化之际，美元恐怕也难幸免。美国手中最主要的两项权力就是政治权力和货币权力，如果两项权力都被互联网去掉了，那么美国的霸权就将“绕树三匝，无枝可依”。“皮之不存，毛将焉附”，美国霸权也就无从依附了。

这就是中国的机会，因为我们既不会沉浸在自身传统的老思路中，也没完全接受西方那一套，这种大脑思维的合理状态才容易形成新理念。西方已经在它那套理念中固化了，中国的老理念已被西方摧毁，这使我们恰好处在创造新理念的相对优势状态。我们更有希望，但光有希望不够，还需有意识的努力。互联网经济时代已经开启，互联网政治时代也在孕育中，没有霸权负担，又肯学人长处，这是中国弯道超车的有利条件和理想要素，中国必须紧紧抓住，充分利用。

（乔良，国防大学教授、空军少将）

中苏关系与人民空军的创建

林晓光

新中国成立初期，在苏联的帮助和支援下，中国人民解放军空军从创建到成长壮大，走过了一条从无到有、由弱变强的发展道路。1949 年 8 月，在中国人民革命走向全面胜利的关键时刻，受中共中央委托组建新中国人民空军、后来出任中国人民解放军空军第一任司令员的刘亚楼率领一个小型代表团秘密访问了苏联，与苏联空军总司令维尔希宁元帅举行了 3 次会谈，达成了苏方向中方提供飞机，派遣教官和技术人员，帮助建立航空学校，培养空、地勤人员的协议。这对于中国人民解放军空军从无到有、由小到大的创建和发展，起到了具有重要历史意义的奠基性作用。

一、创建人民空军与争取苏联援助

1949 年，随着解放战争三大战役的结束，中国人民解放军百万雄师过大江，以摧枯拉朽之势迅速解放了长江以南的大片国土，中国人民革命的胜利已经指日可待。为了保卫新中国的领土、领空和领海，为了解放祖国的沿海岛屿，完成祖国统一大业，我党必须迅速着手建立中国人民解放军的空军和海军。

（一）创建人民空军的目标、任务和原则方针

早在解放战争期间，中共领导人就提出了创建人民空军的任务。1947年12月5日，周恩来为中央军委起草了致东北局的电报，就组建空军的准备工作以及问题和条件等征询意见，毛泽东在审阅电报文稿时加入了“建立空军已成党的迫切任务”这样一句话，首先把建立空军提升到党的迫切任务的高度[1]。1949年年初，中国人民解放战争的胜利指日可待，毛泽东在题为《目前形势和党在1949年的任务》的党内指示中，进一步明确了要在1949-1950年间组建中国人民解放军空军的任务。他提出：1949年及1950年我们应当争取组成一支能够使用的空军及一支保卫沿海沿江的海军，这种可能性是存在的[2]。这一指示使人民空军的创立和建设开始纳入党中央、中央军委的工作日程。1949年1月，中共中央政治局会议正式决定，1949-1950年争取建成一支能够使用的空军。七届二中全会期间，毛泽东接见了东北航校的副校长常乾坤、副政委王弼，听取了他们的汇报，推动空军的建设加快了步伐。中国人民解放军空军的创建，首先是组建空军的指挥机构。1949年春，当时担任中国人民解放军第四野战军第十四兵团司令员的刘亚楼奉中央军委的命令开始着手组建人民空军[3]。3月30日，中央军委决定从东北老航校抽调人员成立军委航空局，常乾坤、王弼分别任局长、政委。航空局的任务是，组织接受国民党遗留的机场、飞机和航空设备，收容航空人员，组织修复航空工厂，恢复航空生产，加强机场管理，开辟空中航线，培育航空人员，为正式组建空军创造条件。5月，中

[1] 《毛泽东著作辞典》，浙江人民出版社，2011年，第272页。
[2] 这是毛泽东为中共中央起草的一份党内指示，1949年1月8日经中央政治局会议通过。中央档案馆编：《中共中央文件选集》，中共中央党校出版社，1992年，第18集，第19页。
[3] ［日］平松茂雄：《中国与朝鲜战争》，劲草书房，1988年，第78页。

央军委航空局进一步扩充办事人员、完善组织机构，作为中共中央、中央军委领导人民空军创建工作的常设办事机构，在组织机构和工作机制等各方面，有组织、有系统、有步骤地积极推进人民空军的建设[1]。7 月 26 日，中央军委发布命令，取消军委航空局，组建中国人民解放军空军司令部。11 月 11 日，中央军委正式宣布中国人民解放军空军司令部成立。这一天因此成为新中国空军的诞生日。

组建人民空军，既是解放台湾的需要，也是新中国国防和国家安全的需要。对于当时几乎没有成建制的正规空军的中国人民解放军来说，最大的问题是组建空军的物质基础和技术力量，比如飞机、机场设施和飞行员、机械师的严重不足。创办于 1946 年 3 月的东北航校虽有少量日制飞机和日本技术人员，但远不能满足建设一支强大的人民空军的目标要求。而且，随着中国人民解放军势如破竹的攻势，几乎整个中国都已获得解放，国民党军队的残兵败将或龟缩于西南一隅，或逃往东南沿海地区，或渡海占据沿海各个岛屿。如何跨海两栖作战，解放东南沿海各个岛屿，最终解放全中国，完成新民主主义革命的任务，就成为中共中央、中央军委的军事议事日程上一个迫在眉睫的重要课题。渡海两栖作战不仅需要海军掌握制海权，也需要空军掌握制空权，才能保障陆军安全渡过海峡、登陆作战，消灭敌人、解放海岛。迅速组建一支拥有较完善技术装备、具有强大战斗力、能压倒国民党空军的人民空军，是解放沿海岛屿、解放全中国的必要条件之一。毛泽东、中央军委明确指示：要加速空军的建立，为掩护渡海、夺取台湾做准备。为此，军方必须以建立空军为首要任务，准备一年左右可以用于作战[2]。解放军总司令朱德也曾当面指示刘亚楼，去苏联谈判建设空军，近期的也是首要的目的，就是为了解放台湾，因此在谈判中一定要掌

[1] 空军司令部编研室编：《空军史》，解放军出版社，1989 年，第 25 页。
[2] 转引自苏振兰：《毛泽东与人民空军建设》，《文史精华》，2012 年第 11 期。

握好两条标准：一是培训能参战的空、地勤人员的速度要快，不能耽误了中央解放台湾的战略部署；二是培养出来的作战飞行员，要以能压倒国民党空军为目标[1]。他再次强调了创建人民空军的首要目的以及空军力量应以超过国民党空军为宜的规模标准。因此，中国人民解放军空军的建设又是与解放东南沿海岛屿的现实军事斗争需要紧密相关的。

毛泽东指出：在经过了考验的人民解放军的基础上，我们的人民武装力量必须保存和发展起来，我们将不但有一支强大的陆军，而且有一支强大的空军和一支强大的海军。这就明确提出了在陆军的基础上建设空军和海军的原则方针。但当时，解放军所拥有的空中力量仅有美、英、日三国制造的破旧飞机 159 架，不仅数量少，而且机型杂，有 20 多种机型。其中，处于良好状态、能够使用的只有 P-51 战斗机 22 架，C-46 运输机 8 架，C-5 通信机 5 架，日制 99 式轰炸机 23 架。这样的空中力量显然无法形成足以对抗国民党空军的战斗力。特别是像空军这样现代化技术构成很高、管理机构专业性极强、运行程序较为严谨复杂的军种，要想在短期内仅仅依靠中国自身的力量，在陆军传统的基础上，从无到有地顺利建成，其难度是非常大的。

对于创建人民空军的难度以及目的，中国领导人有着极为清醒的认识。1949 年 7 月 10 日，毛泽东致信周恩来指出，“我们必须准备攻台湾的条件，除陆军外，主要靠内应和空军；二者有一，即可成功；二者俱全，则把握更大”，但考虑到“我空军要压倒敌人空军，短期内（例如一年）是不可能的”。所以，他建议可否考虑派 300-400 人、用 6-8 个月的时间，到苏联去学习；同时，从苏联购买 100 架左右的飞机，与我军现有的空军力量一起组成一支具备空中打击和对地、对海攻击能力的空军，“准备到明年

[1] 转引自徐秉君：《组建新中国空军 刘亚楼两次赴苏谈判始末》，《福建党史月刊》，2010 年 5 月。

夏季夺取台湾”[1]。毛泽东之所以对组建人民空军提出了如此详尽的意见，说明他对空军在现代化两栖战争中的作用有着非常清晰的认识，而且把能否以占压倒优势的空军投入解放台湾的战斗，作为决定何时发起对台渡海作战的重要参数之一。7 月 11 日，周恩来即根据毛泽东的指示召开会议商量组建人民空军的有关事宜，并命令刘亚楼：以 1 年为期，建成一支能投入实际作战的空军；下个月即前往苏联，就招聘空军专家、购买各种飞机、请苏方帮助我方培训空军人员等问题，与苏方协商谈判[2]。

20 世纪 40 年代末至 50 年代初，在新中国人民空军的创建阶段，为了争取苏联援助解决我空军的武器装备问题，毛泽东、周恩来曾先后向斯大林、布尔加宁等苏联领导人发电报和信件共 32 次。尤其是 1952 年 2 月 4 日，毛泽东亲自与海军司令员萧劲光等海军领导商量，把准备购买舰艇的外汇转给空军购买跨海作战、解放台湾所急需的作战飞机。1950 年 6 月 28 日，毛泽东在中央人民政府第八次会议上指出：“我们打了几十年仗，建立了很强大的陆军。但是，我们没有海、空军……今天我们有了建立海空军的条件，应当着手建立一支强大的海军和一支强大的空军。尤其是空军，对于国防极其重要，应当赶快建立。”仅 1949-1953 年，毛泽东就批阅了空军提交的请示报告达 124 份，就空军的建设和发展作出过 170 多项重要指示[3]。由此可见，中共中央、中央军委对于空军在现代化战争中的作用极为重视，把空军的建设摆在了优先发展的战略地位。因此，中央对于刘亚楼赴苏谈判援建空军的问题作出了详尽的指示、给予了全力的支持，使刘亚楼赴苏谈判一举成功，赢得了苏联对创建新中国人民空军的大力支持。在苏联的帮助下，新中国人民空军从无到有、由弱变强，迅速成长为

[1] 中央文献研究室编：《毛泽东年谱（下卷）》，人民出版社、中央文献出版社，1993 年，第 529 页。

[2] 吕黎平：《赴苏参与谈判援建空军回忆》，载中国人民解放军历史资料丛书编委会：《中国人民解放军历史资料丛书——空军回忆资料》，解放军出版社，1992 年，第 140 页。

[3] 空军司令部编研室编：《空军史》，解放军出版社，1989 年。

展翅蓝天、鹰击长空的空中卫士，在抗美援朝战争中勇斗世界第一空军强国美国的王牌飞行员，取得了击落、击伤敌机425架的辉煌战果；并在多年的国土防空作战中，连续击落美蒋飞机，战果累累，战功赫赫，发挥了极其重要的作用。美国空军参谋长范登堡将军对此惊呼：“共产党中国几乎在一夜之间就变成了世界上主要空军强国之一……我们过去一直信赖的空中优势，现在已面临着严重的挑战。”[4]

（二）拟定空军建设方案

刘亚楼受命组建空军后，立即开始研究拟定建立空军的整体方案。但是，组建空军必须具备三个条件：第一要有航空兵的师、团领导机构；第二要有空、地勤人员；第三要有飞机以及相关装备。在中央军委的大力支持下，第一个条件采取了从陆军直接抽调现成的师、团领导机构，组成空军的师、团领导机构的办法，第二个条件通过在老航校和陆军部队选拔大批空、地勤人员的办法，都很快得以解决。惟有第三个飞机装备问题，仅靠中国自身力量一时难以解决。因为当时中国没有自己的航空工业，只能从国外引进，而苏联是当时惟一有可能向新中国提供空军装备的盟国，所以空军装备只能请求苏联的援助。

为解决上述第三个问题，刘亚楼与当时任职中央军委航空局的王弼、时任东北航校校长的吕黎平一起，草拟了准备与苏方协商谈判的具体方案，主要内容包括：（1）购买飞机，其中包括雅克战斗机100-200架、轰炸机40-80架以及随机配备的航空炸弹。（2）在苏联航校训练我方空军人员，包括飞行员1200名、机械师500名，共1700名；如苏方同意，培训可以在3年之内分期分批进行，第一批拟9月召集、10月出发赴苏联；培训所需经费全部由中方自己承担（先从苏联贷款，以后再偿还）。（3）招聘

[4] 转引自徐秉君：《组建新中国空军 刘亚楼两次赴苏谈判始末》，《福建党史月刊》，2010年5月。

苏联空军专家3-5人来华，在空军司令部和航校担任顾问。（4）如苏方原则上同意我方的上述要求，拟在刘少奇率领的中共中央代表团从苏联回国之前，由刘亚楼率领小型军事代表团赴苏联与苏方进行有关空军建设之具体事宜的协商谈判。[1]

刘亚楼把上述方案报告中共中央、中央军委后，中央表示同意。1949年7月26日，中共中央给当时正率领中国党政代表团在莫斯科访问的刘少奇发去专电，请他向斯大林提出请求。为准备在1年左右时间组成中国人民空军的作战部队，以便参加渡海战斗、解放台湾，我方请苏联方面给予援助：（1）拟向苏联订购战斗机100-200架、轰炸机40-80架；（2）拟请苏联航空学校代我训练空军人员1700名，一切费用由我们负责偿还；（3）拟请苏联派出高级空军顾问3-5人；（4）若上述第一、第二项要求获得同意，拟即派刘亚楼（将出任中国空军司令员）率小型军事代表团，于中共中央代表团离开莫斯科回国之前，赴苏商谈具体事宜。7月27日，刘少奇即在与斯大林等苏联领导人的会谈中，提请苏方就新中国创建空军一事给予援助。苏方对此表示积极支持。会谈结束后，刘少奇即电复中共中央说：斯大林、华西列夫斯基、布尔加宁等同志对援助我方创建空军的计划表示赞同，但斯大林不同意出动苏联海空军协助我军攻打台湾，也不同意把航空学校设在苏联，要求航空学校设立在中国，建议派苏联空军专家到中国境内培训中国空军人员；苏方同意刘亚楼速来莫斯科，以便商谈援建空军的具体计划。毛泽东接获刘少奇的电报后迅速回电指示：请苏方提供作战飞机，帮助我们培训飞行员。刘少奇把毛泽东的建议转告斯大林，斯大林表示同意，并委托苏联武装力量部部长华西列夫斯基元帅协助中方解决组建新中国空军的问题。刘少奇随即电告中共中央，建议尽快派军事

[1] 吕黎平：《赴苏参与谈判援建空军回忆》，前述资料，第141页。

代表团来苏联，与苏方商谈有关援助创建新中国空军的具体事宜[1]。中共中央遂决定，派刘亚楼率军事代表团访问苏联。

鉴于斯大林不同意在苏联境内训练我空军人员，只同意派专家在我国境内进行训练，刘亚楼在出发前又对前述方案进行了修改，并报中共中央得到批准。于是，这一修改过的新方案就成为中方准备在有关援建新中国空军的会谈中向苏方提出的正式方案。新方案的主要内容有：（1）购买苏制战斗机、轰炸机、侦察机、教练机共 300-350 架。（2）在国内开办 6 所航校（包括现有的东北航校），每个航校可以培训 60-80 名飞行员，6 个航校一共可培训 360-480 名；每个飞行员要具备实际空中作战能力和技术，至少需要 150-200 个小时的飞行时间。（3）按照前述航校的规模和训练要求，从苏联聘请教官[2]。后一方案与前一方案相比，有 2 点作了较大的调整。一是购买苏联飞机的数量增加，从 200 多架增加到 300 多架。究其原因，还是与武力解放台湾的作战计划有关。因为按照一般的空中作战的常规推断，若想掌握制空权，己方的空军实力和作战飞机数量应该比对方更强、更多。而当时国民党空军拥有 P-51 战斗机 150-200 架、B-24 轰炸机 40-50 架，全部作战飞机总共有 190-250 架左右（另外一说为国民党空军当时有 330 架作战飞机）[3]。我人民空军若想掌握台湾海峡上空的制空权，就需要拥有比国民党空军更多的作战飞机。二是飞行员的人数大大减少，从 1200 名减少到 300 多名、400 多名。其原因主要是为了使飞行员的人数与地勤人员的人数保持适当的比例（一般是 1 ∶ 2），使飞行员人数与所购飞机数量保持大体上的均衡，同时也要考虑到航校规模大小、培训能力高低，以及飞行员培养技术含量高，需要按部就班由浅入深，难

[1] 蔡景惠、张源洪：《1949 年刘少奇秘密访苏状况的考察》，《北京党史研究》，1994 年第 3 期，第 61 页。也可参见［日］石井明：《中苏关系史研究：1945—1950》，东京大学出版会，1990 年，第 6 页。

[2] 吕黎平：《赴苏参与谈判援建空军回忆》，前述资料，第 141 页。

[3] 杨万青：《人民空军首任司令员刘亚楼》，《中共党史资料》第 42 辑，中共党史资料出版社，1992 年，第 224 页。

以大规模短期速成等问题。

二、中苏谈判援建新中国人民空军

中共中央经研究决定，由刘亚楼、王弼、吕黎平及翟云英 4 人组成小型军事代表团，于 1949 年 8 月 1 日从北京出发前往莫斯科，与苏方谈判援助创建新中国空军的有关事宜。周恩来亲自将中共中央的决定通知了刘亚楼，并告诉刘亚楼带王弼和吕黎平一起，于 7 月 31 日下午到中南海接受毛主席、朱总司令的接见，并当面聆听毛主席、朱总司令的指示。1949 年 7 月 31 日，毛泽东、朱德、周恩来等中共中央领导人接见了刘亚楼。毛泽东当场任命刘亚楼为全权代表，专门负责与苏方谈判我国在苏联援助下建立人民空军的有关事宜[1]。

（一）中共中央领导人的接见和指示

1949 年 7 月 31 日下午 4 时，朱德总司令在中南海接见了刘亚楼、王弼、吕黎平。刘亚楼就赴苏谈判的准备工作和东北老航校培养飞行员的情况作了简要汇报。朱德听了之后非常高兴地说："好啊！你们已经为建设空军培育了第一批种子。我们空军也会同陆军一样，从小到大，从弱到强。你们受中央的委托去苏联谈判建空军，近期的也是首要的目的，就是为了解放台湾。因此在谈判中一定要掌握好两条：一是培训能参战的空、地勤人员的速度要快，不能误了中央解放台湾的战略部署；二是培养出来的作战飞行员，要以能压倒国民党空军为目标。"他语重心长地叮嘱说："希望你们圆满完成任务！"

随后，周恩来在办公室接见了刘亚楼等 3 人。周恩来简要询问了他们

[1] 杨万青：《人民空军首任司令员刘亚楼》，前述资料，第 219 页。

出发前的准备工作情况后说："为了商谈苏联援助中国建设空军的协议，中央代表团团长刘少奇同志正在莫斯科等待你们。你们明天出发，到了莫斯科以后，首先去少奇同志那里领受任务，大的原则问题，他已经同斯大林同志商定了。因为毛主席还要亲自接见，要和你们详细商量建空军的问题，我就不多谈了。"

下午 5 时半，刘亚楼等 3 人走进了毛主席的办公室。毛泽东满脸含笑地从座椅上起身同他们一一握手。他简明扼要地介绍了当时的国内外形势之后指出："中央认为，现在请苏联援助我们建立空军的条件已经具备。今天找你们来，就是商量这个问题。有关情况恩来同志已经告诉你们了，你们已经知道了中央的建军方针，现在我想听听你们关于组建空军的具体意见，好吗？"

刘亚楼随即向毛主席详细汇报了台湾国民党空军的兵力和装备状况、我军现有的航空装备及人员的家底，以及为完成渡海作战、解放台湾的任务，需要建立一支 300-350 架飞机组成的空军作战部队。但刘亚楼认为，1200 名飞行员、500 名机械员的"这个比例不切实际，应该是飞行人员少，地勤人员多，比例 1 ∶ 2 较为合适"。他对请苏联训练的空地勤人员比例、创办航空学校、从陆军中选拔飞行员等问题，提出了调整和实施建议。毛泽东聚精会神地听完刘亚楼的汇报后，问道："你们觉得中央在电报中提出的飞行员太多了，地面机械人员又太少了，飞机数量不够，不能夺取制空权，是不是这个意思？"刘亚楼回答说："主席，您说得完全正确。"毛泽东沉思片刻后说道："你们谈的意见比较符合实际情况，修正了中央 26 日电报所提方案中的一些问题。我看就以你们的意见作为正式方案，同苏联商定具体计划。你们到莫斯科以后，先同刘少奇同志商量，由他带领你们去同苏联同志谈判，因为这是中央代表团同苏共中央会谈的重要内容之一。现在可以把我们刚才研究的意见归纳为两条空军的建军方针：第一，以1年为限建立一支歼击、轰炸部队，协助陆军渡海作战、解放台湾，从陆军选调飞行人员采用速成训练方法。第二，我们的经济很困难，苏联又不能无偿援助，因此，你们这次去谈判，请专家、买飞机、购器材都要精打细算。现在是贷款建空军，出钱买经验，要勤俭建军，厉行节约。”毛泽东归纳的这两点，第一点再次指出了组建新中国人民空军的目的、动因和期限，以及培养空军飞行员的路径和模式，第二点则强调了勤俭节约、建设空军的原则。刘亚楼表示：“我们坚决按照主席的指示去做。到莫斯科以后，向刘少奇同志汇报主席的指示，谈判的情况及时向主席、中央报告。”毛泽东满意地点头微笑说：“组建空军是件大事，所以找你们来商量，刚才你们谈的意见，能说明问题，为中央出了好主意。希望你们努力工作，把空军建设好。你们这次的任务就是去谈好建立空军的具体计划。至于空军领导机构的组建、飞行人员的选调等问题，我告诉恩来同志着手办理。”接见结束后，毛泽东与刘亚楼等3人一起用餐，并打开了一瓶葡萄酒，亲自斟满每一只酒杯，然后端起酒杯祝辞：“亚楼同志，中央指派你们去苏联谈判建空军，你就是全权代表。预祝你们顺利完成任务，为建立一支强大的人民空军——干杯！”刘亚楼站起身来举起酒杯说：“我们一定不辜负主席的嘱托，尽快把空军建立起来，协同陆军解放台湾，完成统一祖国的大业。”他话音甫落即将酒一饮而尽[1]。

（二）赴苏谈判，达成协议

1949年8月1日，刘亚楼一行为了中国人民解放军空军的诞生，又一次踏上了新的征程。他们先坐汽车从北京出发行程1000多公里到哈尔滨，然后换乘高岗的专用列车西行到满洲里，再换乘苏联的火车到赤塔，

[1] 关于毛、周、朱等接见刘亚楼等3人的情况，可参见徐秉君：《组建新中国空军 刘亚楼两次赴苏谈判始末》，《福建党史月刊》，2010年5月。

从赤塔登上奉命等候他们的苏共中央政治局委员专用的C-47运输机，于11日下午抵达莫斯科[1]。8月12日，刘亚楼一行不顾旅途的颠簸和疲劳，向已经在莫斯科的中共中央代表团团长刘少奇和拟任驻苏联大使王稼祥转达了毛泽东和中共中央的指示，汇报了准备对苏方提出的援助建设空军的我方方案。刘少奇表示同意，然后说："要尽快同苏联武装力量部部长华西列夫斯基元帅联系，约定会谈时间，原则上确定后，我就要回国了。因为中央已经决定，9月要举行政治协商会议，讨论通过建国的各项重大问题；10月1日，要举行开国大典，成立中央人民政府。我要回北平参加这个会议和开国庆典。"

1949年8月13日，中苏双方在苏联武装力量部办公大楼就苏联援建中国空军一事举行了第一次会谈。中方参加会谈的有刘少奇、王稼祥和刘亚楼一行，苏方有苏联武装力量部部长华西列夫斯基元帅、空军司令维尔希宁元帅，以及主管训练的空军副司令和空军训练部部长等5名代表。寒暄过后，华西列夫斯基首先说道："我们已经得到斯大林元帅的指示，由苏联援助中国建立空军，中国方面可以先谈谈你们的设想和意见。"刘少奇说："我们党中央已经决定刘亚楼同志出任空军司令员，现在由他代表我党中央谈谈关于组建中国空军的方案和意见。"维尔希宁要求中方提出希望苏方提供援助的具体事项。刘亚楼于是用流利的俄语首先介绍了中国人民解放军现有的航空装备及人员状况，然后详细介绍了中方组建空军的设想和意见，最后提出希望苏方援助我们创建空军的方案，计划在1年之内建立一支由300-350架飞机组成的空军战斗部队。针对中方提出的方案，维尔希宁提出问题："你们对歼击机、轰炸机的比例是如何计划的？哪里的机场最多、最便于飞行训练？"他要求中方进一步说明所要求购买的飞

[1] C-47型运输机是二战时美国按租借法案援助苏联的，由于安全系数较大，苏联改装了几架供苏共中央政治局委员乘坐。

机数量、战斗机和轰炸机的比例，以及中国国内机场的状况。吕黎平回答说：我空军要保证具有超过国民党空军的数量优势，所以我们提出了 300-350 架飞机的购买总数；至于战斗机与轰炸机的比例，我们认为 2 ∶ 1 比较合适；中国国内的哈尔滨、长春、沈阳、锦州、北平、天津、济南、南京、上海等地的机场，设施条件都比较好，都可以使用[1]。刘少奇提出，中方的请求援助方案是中共中央决定的，希望苏方以中方的方案为基础，提出苏方的具体援助计划。华西列夫斯基表示同意，说听了中国同志的方案，我们有了初步依据；为使援助计划搞得更细一些，建议刘亚楼同志和维尔希宁空军元帅再进行一次详细的会谈，草签一份协议，我们报请斯大林同志批准。他当即指示维尔希宁与刘亚楼进一步协商，尽快达成内容较为详尽的协议，草签后上报斯大林批准。中方表示同意苏方提出的这一谈判程序。刘少奇表示：自己将很快回国，今后刘亚楼将是中苏之间关于援建中国空军问题谈判的中方全权代表[2]。

1949 年 8 月 14 日，刘亚楼、王弼和吕黎平等 3 人到苏联空军司令部与维尔希宁举行了第 2 次谈判。这次会谈主要是商量苏方援助的一些具体细节，苏方表现出了尽最大可能援助新中国建设空军的诚意，谈判进行得非常顺利。苏方与会人员，除空军总司令维尔希宁元帅外，还有上将副司令、中将训练部长和两名校级军官。苏方对于东北航校的训练情况，现有学员的技术水平和飞行能力，现有飞机的数量、机型和状态，机场的保养设施、修理能力和技术水平，以及我方空军的现状等一系列问题，提出了极为详尽的询问。中方代表在回答了苏方的提问后，也对苏联空军指挥系统的机构设置，航空学校的人员编制、教学安排、教学科目、训练年限、飞行时间、训练方式等，提出了一系列的询问。对于中方的问题，除了涉及到喷

[1] 吕黎平：《赴苏参与谈判援建空军回忆》，前述资料，第 143-144 页。
[2] 杨万青：《人民空军首任司令员刘亚楼》，前述资料，第 221 页。

气式飞机设计和制造的各种技术和性能参数，还有涉及苏联空军作战指挥的机密之外，苏方都一一给予回答，作了比较详细的介绍[1]。会谈结束时，维尔希宁表示："你们的要求可以得到满足，所提方案可以实现。具体的援助计划，我们3天之内提出来，到时候再请你们来这里商谈。现在你们可以在莫斯科好好休息几天。"苏方承诺满足中方所提要求，并将在3天之内拟订具体的援助方案，然后正式向中方提出。

3天之后的8月18日，中苏双方在苏联空军司令部举行了第3次会谈。苏方在这次会谈中就援建中国空军的问题提出了极为具体详细的计划，主要内容有：（1）设立航空学校。苏方将帮助中方设立6所航校，其中4所为战斗机航校、2所为轰炸机航校。（2）提供各种型号的飞机，合计有：雅克-18初级教练机（战斗机教练机）90架、雅克-11中级教练机（轰炸机教练机）90架、拉-9UTI型高级教练机90架，拉-9战斗机120架，图-2轰炸机40架，另外还有4架运输机，总共是434架飞机。（3）培训飞行员，计划用1年的时间培训350-400名飞行员，初级、中级、高级三种教练机各训练飞行50-60小时，全部飞行训练时间总计150-180小时。（4）派遣苏联空军专家，准备向中国的6所航校派遣教官共640人（其中向战斗机航校派遣400人，向轰炸机航校派遣240人），另外还有空军航校管理干部20人，以及地勤人员、飞行理论教员、医务人员、后勤保障人员和派往中国空军司令部的高级顾问共218人，全部派往中国的苏联空军人员总共有878人。（5）提供物资和装备，凡是与飞行训练相关的物资装备，如汽车、燃油、充电设备、飞行装备、通讯器材、教学设施、飞机的零件和配件、修理设备和工具等，均按照中方的要求配备和提供，保证飞行训练的一切需要。此外，鉴于中方需要将新组建的空军尽快投入到解放台湾的实际作战，苏方还主动提出了将完成飞行训练任务的中国飞行员编成正式作

[1] 吕黎平：《赴苏参与谈判援建空军回忆》，前述资料，第145页。

战部队的设想：在培训 6 个月以后，以在东北航校完成学习任务的 110 名飞行员为主体，加上其他航校的优秀学员，首先编成一个混合航空师，下辖 2 个战斗机航空团、1 个轰炸机航空团，从航校调出 80 架战斗机、20 架轰炸机，配备给混合航空师；1 年以后，把航校全体毕业学员编成 3 个航空师，其中 2 个战斗机航空师、1 个轰炸机航空师，每师下辖 3 个航空团；届时如果已提供给中方的飞机数量不足，双方可以在 1951 年上半年再举行协商，解决配备给 3 个航空师的飞机以及所有装备的问题[1]。听完维尔希宁关于苏方援助方案内容的介绍后，刘亚楼认为，这个方案与我方提出的方案基本上相符，党中央所制定的谈判目标已经基本实现。他高兴地说："苏联方面所定的援助计划，我们表示同意。这是国际主义精神的具体体现。为此我以代表团的名义，向斯大林元帅、苏共中央、苏联政府、苏联武装力量部致以崇高的敬意！对空军元帅同志及由您主持的苏军代表团的负责精神和高效率的工作，表示真诚的敬佩和衷心的谢意！关于购买飞机、器材以及聘请专家的各项经费，请按世界通常价格计算，由我们政府核实结算，将来向苏联政府偿还。"显然，作为新中国空军司令和中方全权代表的刘亚楼对于苏方提出的援助方案非常满意，不仅当即表示完全同意，而且声明：中方从苏方购入的飞机、器材、设备以及聘请专家的全部费用，均按照国际市场的平均价格计算，先由苏联政府垫付，作为给中国的贷款，将来全部由中国政府偿还[2]。会谈结束之前，刘亚楼和维尔希宁分别代表本国政府在双方达成的协议上签字。协议草签后，刘亚楼即向党中央发电汇报了会谈情况及协议的内容，并建议加速空军的筹建工作。中苏关于援建新中国空军的谈判结束后，王弼为准备接待赴中国的苏联专家，于 9 月中旬先期回国。在等待苏联政府批准援助计划期间，刘亚楼等人应维尔希宁邀请，

[1] [日] 平松茂雄：《朝鲜战争与中国空军的建设》，《国防》第 39 卷第 10 号，第 71-72 页。
[2] 杨万青：《人民空军首任司令员刘亚楼》，前述资料，第 223 页。

充分利用这个机会，参观考察了苏联空军总部、飞行航校、航空工程学院、飞机制造厂、飞行部队和航空基地等，以及最新式的喷气式战斗机米格-15。

1949年10月5日，华西列夫斯基元帅再次会见刘亚楼一行，他高兴地通知说：“援助中国建立空军的协议书，斯大林元帅和苏共中央已经批准了，我向你们表示祝贺！苏联第一批专家23人已经集中，很快就可以出发去中国。如果没有其他的问题，你们就可以乘飞机到赤塔，然后改乘火车回国了。”刘亚楼热情地向华西列夫斯基元帅和维尔希宁元帅表示了最诚挚的谢意，然后将这一最新情况电告党中央、毛主席。第二天，中共中央回电：“与友方谈定的一些计划都很好，中央完全同意。”至此，刘亚楼等一行圆满完成了预期的谈判任务，于10月7日启程回国。

客观地说，苏方为创建新中国人民空军提出的援助方案不仅几乎满足了中方的全部要求，而且提供了更多的飞机、派遣了更多的专家，甚至连中方并未提出、但又是飞行训练所必不可少的人员配置、课程设置、物资储备等方面的问题，苏方都基于自己开办航校、培养飞行员的经验，主动为中方解决，并提出了详尽的援助计划，苏方的援助是全面、完备而充分的。这对于人民空军从当时几乎是一无所有、一张白纸的状态，迅速发展成为具有完备组织系统、严密指挥机构、正规培训体系和实际空战能力的空中武装力量，奠定了坚实的基础，起到了巨大的促进作用。可以说，年轻的人民空军能够尽快地投入抗美援朝的空中作战，与经历过世界大战、骄横不可一世的美国空军相抗衡，鏖战蓝天并取得辉煌的战绩，与苏联的援助是分不开的。无论后来中苏关系如何发展演变，苏联全力帮助援建新中国人民空军的历史事实，是应该得到尊重的。

（三）新中国人民空军的诞生和成长

为了保卫北平的安全，保卫第一届全国政治协商会议和开国大典的安全，根据毛主席、党中央和中央军委的指示，空军从东北老航校抽调飞行员和飞机到北平的南苑机场，于 1949 年 8 月 15 日在北平成立了新中国人民军队的第一支空中作战分队——南苑飞行队。南苑飞行队从 9 月 5 日起正式担负北平地区的防空任务，从而拉开了中国人民解放军的空中武装力量进行国土防空作战的序幕。在开国大典上，南苑飞行队的 17 架飞机列队飞过天安门广场上空，接受了毛主席等党和国家领导人的首次空中检阅。

从 1949 年 7 月开始，刘亚楼奉中共中央和中央军委之命，负责着手筹建人民空军。8 月，他赴苏进行购买飞机、派遣专家及援建航校的谈判。10 月 25 日，中央军委正式任命刘亚楼为空军司令员，肖华为空军政治委员。11 月 11 日，中国人民解放军空军司令部正式成立。1950 年 4 月 1 日，筹建空军战斗部队的条件已经成熟，刘亚楼向中央军委提出从陆军各野战军选调建制师、团领导机构组成空军部队各级领导机构的建议，并得到批准。1950 年 6 月 19 日，中国人民解放军空军第 4 混成旅在南京成立，随后于 8 月 8 日进驻上海龙华机场，自 10 月 19 日起担负保卫上海地区的防空任务。空军第 4 混成旅指挥机构以第三野战军第 30 军第 90 师师部为基础，加上空军司令部和华东航空处抽调的 100 多名干部，共 300 多人组成。华东军区空军司令员聂凤智兼任旅长，李世安任政治委员，刘善本等 3 人为副旅长。旅机关设有司令部（辖作战、侦察、通信、管理、机要 5 个科）、政治部（辖组织、宣传、保卫 3 个科和 1 个翻译室）、后勤供应处和航空工程处。旅下辖 4 个团和 4 个团级供应大队，全旅共有 3500 多人。作为当时解放军唯一的一支航空兵部队，空军第 4 混成旅几乎集中了全国所有的作战飞机，机型、机种五花八门：有歼击机，有强击机，还有轰炸机；有喷气式的，也有螺旋桨式的；有的机种数量多达几十架，有的只有几架，可以说是我军当时所有各型号战机的大汇集。比如，第 10 团是解放军空军第一个装备喷气式歼击机的战斗团，装备乌拉 -9 飞机 3 架，雅

克 -17 飞机 4 架，米格 -15 飞机 38 架；第 11 团装备乌拉 -9 飞机 4 架，拉 -11 飞机 39 架；第 12 团装备飞机 39 架，均为杜 -2 轰炸机；第 13 团装备的飞机均为强击机，其中从苏军接受的伊尔 -10 飞机 25 架，原有伊尔 -10 飞机 3 架。朝鲜战争爆发后的 1950 年 11 月初，空军第 4 混成旅奉命率歼击机第 10 团开赴东北，并扩编为歼击航空兵第 4 师，首批参加了抗美援朝作战。歼击机第 11 团则调入新组建的歼击航空兵第 2 师，继续担负保卫上海地区的防空任务。同一时期，中国人民志愿军空军司令部和华东、中南、西南、华北、西北等军区的空军指挥机构也先后组建。新中国人民空军坚决贯彻中共中央制定的“边打边建”的建军方针，派部队投入抗美援朝作战。到一年后的 1951 年 11 月，空军已经组建了 11 个歼击航空兵师，分别参加抗美援朝作战，以及担负起祖国东部（沈阳、北京、武汉、广州连线以东地区）各要地的防空作战任务。

新中国人民空军创造了适合自身特点的空中作战的战术原则。刘亚楼在对志愿军空军进行空战指导时，根据毛泽东一贯主张的“集中兵力”的思想，结合空中作战的实际情况，提出了“一域多层四四制”的战术原则。尽管初创的人民空军只有 200 来名飞行员，作战飞机不足 200 架，人均飞行时间不足 100 小时，但年轻的志愿军空军面对拥有 1200 多架作战飞机的美国空军和飞行时间达上千小时的美国王牌飞行员时，毫不畏惧，敢打敢拼，取得了举世震惊的优异战果，同时也为人民空军的空战战术奠定了基础、积累了经验。到 1954 年，中国人民解放军空军已编成 28 个航空兵师（其中有 15 个歼击航空兵师）、70 个航空兵团，拥有以喷气式飞机为主的各种型号飞机 3000 多架，建成了兵种构成完整、技术装备齐全的现代化空军。

人才培养是空军建设的基础工程。1949 年 11 月 15 日，刘亚楼向中央军委和毛主席提交了关于空军领导机关组建原则的报告，提出了在目前没有空军部队的情况下，应集中主要力量把航校办好的意见，得到了毛泽东的肯定和批准。空军司令部为筹办好第一批航校，提出了“一切为了办好航校”的指导性工作方针，把人才培养作为空军建设的基础工程。刘亚楼事必躬亲，周密规划，精心指导，终于达成了六所航校于 1949 年 12 月 1 日全部如期开学的目标。1950 年 5 月，各航校的第一批飞行学员顺利毕业。6 月，解放军的第一支航空兵部队——空军第 4 混成旅在南京正式成立。新中国人民空军既要参加抗美援朝，又要担负国土防空，任务十分繁重，空军司令部决定扩大航校训练规模，对学员进行速成训练，加速组建航空兵部队。随着人民空军现代化、正规化建设的全面展开，刘亚楼意识到，航校层次的单一训练已经不能适应技术含量与日俱进的现代化空军的需求，建立空军院校势在必行。从 1954 年起，在刘亚楼的领导下，空军建立了 10 多所院校。1958 年 9 月 12 日，刘亚楼期盼已久的空军最高学府——空军学院——获准组建。1959 年 9 月 1 日，空军学院正式开学。毛泽东从空军建设的长远需要出发，曾指示空军选送优秀人员到苏联培训。按照毛主席的指示，空军从 1953-1962 年先后选派了 6 批干部到苏联红旗空军学院学习。到 1965 年为止，空军已经创办了 29 所院校，初步建立起多专业、多兵种、多层次的院校培训体制。

三、中苏关于援建新中国空军方案的不同之处

如果仔细分析和对比中苏双方各自提出的创建新中国人民空军的方案，我们可以发现其中有一些微妙的不同之处。

首先是飞机的数量和机种，双方方案有所不同。中方希望购买 300 多架苏制飞机，应为 200 多架战斗机、100 多架轰炸机，这个飞机总数和飞机种类比例主要是针对当时国民党空军力量的大小而设定的，以确保对国

民党空军的数量优势，保证解放台湾作战的顺利进行。而苏方承诺提供的飞机数量为 434 架，虽然比中方希望的 300 多架多了 100 多架，但是机种型号和作战功能的构成却并不符合中方的最初设想。在苏方承诺提供的 434 架飞机中，教练机有 270 架、运输机有 4 架，共 274 架，占了总数的 63.13%，而战斗机和轰炸机则共有 160 架，占总数的 1/3 多点，是中方希望购买数量（300-350 架战斗机、轰炸机）的一半左右。虽然一旦作战需要，教练机也可以作为空战平台安装搭载武器系统投入作战，但毕竟与专业化的作战飞机有所不同。这背后所反映出来的苏联的国际战略意图，是值得深思的。

其次是派遣苏联空军专家的人数，双方方案也有所不同。刘亚楼提出的第一方案准备招聘 3-5 名苏联专家作为顾问在我空军司令部工作，把我飞行员的培训放在苏联境内进行，由于斯大林不同意而改为第二方案，在我国境内设立 6 所航校，拟“从苏联招聘必要的指导教官”，没有提出具体人数。这大概是因为对学校规模、课程设置、科目安排以及需要多少教官比较难于计算和确定，但似乎不大会超过计划培训的 360 名飞行员的总人数。而苏方准备派遣专家总人数达 878 人，是中方准备培训学员总人数的 2.44 倍，也是苏方准备培养学员人数 400 人的 2 倍多。如果说适当增加飞行员的培训人数，是考虑到飞行员培养过程中不可避免的淘汰和将来作战中的人员损耗，那么苏联专家团队规模的庞大则是因为不仅仅有飞行教官，还包括了空地勤人员、后勤保障人员以及航校和机场的管理人员。这应该是苏方根据中方所介绍的新中国空军航校、机场等几乎“一张白纸”的现状，而提出了较为全面完善、周到细致的援助方案。

三是苏方拟提供的作战飞机中战斗机与轰炸机的构成比例，双方方案也有所不同。中方基于解放台湾的战斗需要，要求苏方提供的飞机中，战斗机与轰炸机的比例为 2 ∶ 1，比如刘亚楼拟定的第一方案，希望购买

100-200 架战斗机，40-80 架轰炸机，后者甚至不足前者的一半。而苏方提出的方案为 3 ∶ 1，即 120 架战斗机，40 架轰炸机，而且到了编成混合航空师的时候，又改为 4 ∶ 1，即 80 架战斗机，20 架轰炸机。或许可以说，这样一种空军战斗部队所配备的机种、机型构成，明显地表现出了苏联空军作战模式中，重空中格斗、轻对地攻击的传统倾向。

如果超越纯粹的空军装备的技术因素考量，关于新中国空军建设方案和苏方援助计划的这些不同之处，恐怕也反映了当时中苏双方对于中国人民解放军空军建设的重点、方式、目标，以及对当时任务的认识有所不同。

新中国建设空军的目标，从长远看是为了建设强大国防力量，保卫国家安全，维护领土、领海和领空的主权；从短期看，是为了拥有压倒国民党空军的优势空中力量，掌握台湾海峡的制空权，保证渡海登陆的作战得以顺利进行和夺取最后胜利，解放祖国的领土台湾。因此，解放台湾之作战任务的紧迫性，决定了新中国空军建设的迫切需要和速成方针。根据毛泽东分三个阶段解放台湾的战役设想，第一阶段要组建强大的海军和空军，掌握东南沿海地区和台湾海域的制海权、制空权；第二阶段要解放东南沿海各岛，扫清台湾外围，建立进攻台湾的前进基地；第三阶段是在 1950 年夏季，发起解放台湾的渡海作战。所以，毛泽东、朱德、周恩来在 1949 年 7 月都要求刘亚楼以短期速成的方式，在 1 年之内组建一支能投入实战的空军。而中苏双方达成援建空军的协议是 1949 年 8 月 18 日，协议得到斯大林和苏共中央的批准已经到了 10 月 5 日，刘亚楼回到国内已经是 10 月中旬，从那时起到 1950 年夏，一共只有 10 来个月的时间，除去航校筹备、战斗部队编成所需要的时间，真正在航校训练的时间只有半年多，所以毛泽东设想用 6-8 个月训练飞行员，然后即编成作战部队，投入解放台湾的空中作战。另外，中国人民解放军的基干力量是陆军，其他技术兵种和特种兵种，如炮兵、坦克兵、工程兵、通讯兵等，都是在陆军步兵的基础上、在实际战斗中发展起来的，因而注重实用、善于速成。基于这一历史经验和传统，大家认为只要掌握了基本的原理和程序、技能，就可以“边干边学”，在实战中提高技术水平、作战技巧和对装备的熟练程度，积累技术兵种的实战经验，迅速成长为作风和技术都过硬的部队。而苏联并无如此紧迫的战斗任务，因而更强调空军的高技术构成的特殊性以及飞行训练的按部就班和不可逾越性，更为注重培养飞行员的正规化和循序渐进，因此向中国提供的飞机中近2/3是教练机，派遣的专家和技术人员中，仅教官就有640人，占总人数的73%，几乎是学员人数的2倍。

中华人民共和国成立后，逃到台湾的蒋介石即令其残余空军力量不断空袭骚扰大陆沿海重要城市。美国也趁朝鲜战争爆发之机，派遣美军飞机侵入我国东部沿海地区进行侦察活动。1953年美国总统艾森豪威尔上台后，与台湾签订了《美台共同防御条约》，并封锁和遏制新中国，为国民党空军全部换装了喷气式战斗机。国民党空军频繁窜扰我国大陆，甚至深入大陆纵深地区进行战略侦察，使海峡两岸长期处于紧张的军事对峙和战争继续状态，于是空中交战就成为中国人民解放军空军成立后的主要战争方式。

1950年1月，刘亚楼再一次访问苏联，“根据毛泽东的指示，作成组建中国人民解放军空军航空兵部队的计划，拟订了从苏联购入拉-9战斗机280架、图-2轰炸机198架、教练机108架，合计586架飞机的草案”[1]，请苏方协助。1950年6月25日，朝鲜战争爆发。10月19日，中国人民志愿军赴朝作战。11月，苏联空军组成了独立歼击航空兵第64军，下辖第28、第50、第151三个歼击航空兵师，每师下辖2个歼击航空兵团，进驻中国的东北地区，其主要任务是保卫中国东北地区的重要城市、工业中心、战略要地、后勤基地和鸭绿江大桥、丰满水电站等重要目标，同时负责保卫鸭绿江以南75公里以内、位于朝鲜北方领土上的交通线和飞机

[1] 当代中国丛书编委会编：《当代中国空军》，中国社会科学出版社，1989年，第78页。

场[1]。朝鲜战争结束后，苏联空军在回国之前，应中方要求，将独立歼击航空兵第64军的全部作战飞机，包括当时最先进的喷气式战斗机米格-15，全部作价卖给了中方[2]，进一步帮助和促进了新中国空军的建设、成长和发展。无论如何，在中国人民解放军空军诞生、建设、发展和壮大的历史上，这一页是不应该被忘却的。

四、人民空军防空部队的建设

中国人民解放军空军的主要任务是保卫祖国的领土、领空、领海，这一国土防空作战的任务是伴随着新中国的成立和人民空军的建立而开始的。从1949年9月5日新中国人民军队的第一支空中作战分队——南苑飞行队正式担负北平地区的防空任务起，在以毛泽东为首的党中央、中央军委的领导下，新中国年轻的空军（包括高射炮兵、雷达兵和地空导弹兵）为保卫祖国的领空，勇敢机智地进行了国土防空作战。

国土防空作战既有空中作战，也有地面防空部队——高射炮兵——打击空中来犯敌机的作战形式。而中国人民解放军防空部队的建设，同样得到了来自苏联的大力援助和有力支持，在中国人民解放军积极组建防空部队的过程中，从人员到装备，从知识到技术，苏联政府都给予中国方面巨大的援助。虽然早在1945年11月，解放军就编成了第一支高射炮部队，但高射炮部队的发展、壮大和完善却是在新中国成立前后，伴随着解放战争的胜利推进和东南沿海地区防空体系的形成，以及人民空军的建设和防空力量的加强而得以实现的。

由于防空军、高射炮兵是技术兵种，所以苏联的军事援助和技术支持，

[1] ［俄］奥尔洛夫：《1950—1953年朝鲜战争中的苏联空军》，《近现代史》，1998年第4期，第138-139页。
[2] ［日］平松茂雄：《朝鲜战争与中国空军的建设》，前述资料，第73页。

对于从陆军部队转行而成的中国人民解放军防空军和高射炮部队的建设，起到了非常重要的支援作用。早在中国人民解放军开展战略进攻的1949年，无论是攻打重兵把守的大城市，还是地面部队的防空作战，都需要有效防御空中袭击的特殊兵种和技术装备。1949年8月11日，中共中央军委根据聂荣臻、杨尚昆、杨立三等人的建议，决定利用现有的防空兵人员和技术装备，尽快编成10个高射炮团和10个高射机枪团，担负东南沿海地区各大中城市的防空任务。同时，我方向苏联政府提出请求，希望在防空能力和技术装备方面加强对华军事援助。9月19日，苏联部长会议通过一项决议，决定向中国人民解放军派出苏联的军事专家。10月初，苏联军事总顾问及其助手们来到了北京，截至到1949年12月末，共计有超过1000名苏联军事专家被派到中国人民解放军工作[1]。苏联专家们在极为困难的条件下，在极其短暂的时间内，着手创建了多所六年制的特殊兵种技术学校，培养出一批又一批飞行员、坦克手、炮兵、高射炮兵，帮助人民解放军官兵迅速掌握特种作战技能、熟练使用技术装备，迅速形成国土防空作战的实际能力。特别是在国民党空军动用战机、发动空袭来威胁一些和平城市时，苏联军事专家们积极参加了解放军击退空中来犯之敌、保卫和平城市的战斗。

1949年9月创建的中国人民解放军高射炮兵学校，为新生的防空兵部队培养了大批指挥、雷达、通信、遥控靶机、火力控制等专业的指挥员和工程技术人员。1950年2月9日，第四野战军特种兵司令部高射炮兵指挥所与河南军区第2警备旅直属机关合并，成立高射炮兵第1师，驻守武汉[2]。4月12日，我军在东北军区第4、第5高射炮团的基础上，编成高射炮兵第2师，驻守沈阳。5月13日，华东军区淞沪警备司令部高射炮兵

[1] 《20世纪战争中的俄罗斯/苏联阵亡军人》之《中国国内战争（1946-1950）》，译自俄罗斯“士兵”网站。
[2] 《当代中国》丛书编辑部：《当代中国军队的军事工作（下）》，中国社会科学出版，1989年，第75页。

指挥所与陆军第100师合并，成立了高射炮兵第3师，驻守上海[1]。至此，中国人民解放军的高射炮兵部队正式编成，成为解放军组成序列中一支新的兵种。为了加强国土防空建设，统一对国土防空的指挥，1950年12月16日，中国人民解放军空军防空司令部成立[2]，在各主要城市也分别成立了防空指挥部，同时配置了高射炮部队和雷达分队、探照灯分队，与歼击机部队共同组成防空合成指挥所。至此，中国人民解放军防空部队正式编成，形成了中国人民解放军空军的一个重要组成部分。

1950年春季，鉴于国民党空军飞机频繁骚扰大陆沿海地区，建设防空体系的工作在东南沿海迅速展开。1950年2月8日，中央军委紧急调动还正在防空学校受训的高炮第17、第18团到上海担负防空作战任务[3]。2月11日，上海市成立防空治安委员会[4]。2月21日，中央军委决定在华东、中南、东北、华北各军区设立防空司令部，在主要大城市和重要工业区设置防空监视所[5]。3月中旬，上海市防空司令部成立。在上海市防空司令部的指挥下，新组建的防空兵部队迅速投入保卫大上海的防空任务，实施了多次防空作战。到5月11日，驻守上海地区的防空部队总共进行防空作战4次，击落敌机5架。7月4日，中国人民解放军总参谋部指示各军区：鉴于美军在台湾海峡和朝鲜战场的动向，有必要不分昼夜地进行对空监视警戒，强化防空体系，防备敌军空袭[6]。8月10日，中央军委下达关于扩大防空军的命令。9月7日，当时任中央军委炮兵部副司令的苏进向毛泽东、周恩来建议，到10月份编成15个高射炮团，年底前在国内

[1] 李俊亭、杨金河主编：《中国武装力量通览（1949-1989）》，人民出版社，1990年，第34页。
[2] 1955年改为防空军司令部，成为一个独立军种。
[3] 中国人民解放军历史资料丛书编审委员会：《防空军回忆资料·大事记》，解放军出版社，1993年，第547-548页。
[4] 《当代中国》丛书编辑部：《当代中国军队的军事工作（上册）》，中国社会科学出版社，1989年，第355页。
[5] 空军司令部编研室：《空军史》，解放军出版社，1989年，第54页。
[6] 中国人民解放军历史资料丛书编审委员会：《防空军回忆资料·大事记》，解放军出版社，1993年，第553-555页。

10个大城市部署高射炮团。10月，中央军委决定成立全国防空计划委员会，统一负责全国各地防空计划的制定和组织实施。同时，我方再次向苏联提出，请求援助15个高射炮团的全部武器装备。

为帮助解放军保卫上海以及东南沿海地区，苏联政府应中国政府要求提供了15个高射炮团的全部武器装备。苏联部长会议专门于1950年2月通过决议，组建一支苏联防空部队，参加中国东南沿海地区的防空保卫战。此后，开赴中国的苏联防空军直接参加了击退来犯敌机、保卫大上海的战斗。当时统帅苏联防空部队进驻上海的是著名的苏军将领、后来的苏联元帅П. Ф. 巴季茨基中将[1]；副司令员是С. В. 斯柳萨列夫中将，负责指挥空中作战部队——歼击航空兵第64军；С. Л. 斯皮里多诺上校，负责指挥高射炮兵部队——第52高射炮师。为截击来犯敌机、掩护上海机场和其他重要的军用、民用和工业目标，苏联防空部队先后共计作战238次，沉重地打击了敢于进犯大陆沿海地区的国民党空军。由于遭受中苏两国防空部队的严重打击，国民党空军对大陆城市的空袭行动逐渐减少，尤其是对上海及其郊区的空中袭击有所减少，而将主要的空袭目标转向中国人民解放军的地面部队。从1950年8月1日起，苏联防空部队一边积极参加保卫上海的防空作战，一边开始指导解放军官兵掌握苏联军队的防空装备和防空技术。到1950年10月，苏联防空部队（包括高射炮部队和飞行部队）撤出上海，同时将全套防空系统和军事装备移交给了解放军，其中飞行部队重新编组成为独立歼击航空兵第64军，转场到中国东北地区，负责为中国东北地区的各大城市以及驻扎于朝鲜北部的中国人民志愿军地面部队和战略目标提供空中掩护。从1946年到1950年，苏联军人、苏联专家在中国履行国际主义义务期间，共有936人牺牲或因伤病而去世，其中包括：

[1] П. Ф. 巴季茨基（1910. 6. 27-1984. 2. 17），卫国战争期间曾任师长、军长，1965-1966年任第一副总参谋长，1966-1978年任国土防空军总司令，1968年授衔为苏联元帅。

军官 155 人，军士 216 人，士兵 521 人，文职专家 44 人[1]。

地面防空部队的构成主要有高射炮部队、雷达部队、探照灯部队，以及后来的导弹部队等。高射炮兵是当时地面防空部队的主要兵种。在苏联的帮助下，到 1949 年底我军已拥有 18 个高射炮团，1950 年成立了中国人民解放军高射炮兵司令部。到 1950 年底，中国人民解放军高射炮兵部队总共编成了 23 个高射炮团；到 1951 年底，又组建了 26 个高射炮团、6 个独立高射炮营。

根据保卫国家安全的需要，根据边防和海防的军事斗争现状，也根据防空作战的区域性特点，优先配置高射炮兵部队的有两个重点地区：一是作为朝鲜战场大后方的东北地区，二是重点防范美蒋军登陆作战和空袭的东南沿海地区。这与国家安全战略和军力配置的两个重点方向是相符合的。

1957 年，中国人民解放军的空军和防空军合并，改善了原来两个军种任务近似，但机构重叠、层次过多、指挥不便的问题，建立了全国统一、整体的防空体系，统一了国土防空作战的指挥系统，提高了空军进行“空防合一”整体防空作战的能力。1958 年 10 月，装备苏联先进的萨姆—2 地空导弹的解放军第一支地空导弹部队——导弹第 1 营——在北京成立。同年年底，我军又在北空和南空各成立一个地空导弹营，并将高射炮第 106 师改编为空军第 3 训练基地，成为人民空军地空导弹部队的摇篮。至此，人民空军建成了一个多兵种协同作战的现代化军种，以及空防结合的国家防空体系。中国人民解放军也逐步完成了从以步兵为主的单一陆军，向诸军兵种合成的现代化国防军的根本性转化。

（林晓光，中共中央党校国际战略研究中心退休教授）

[1] 《20 世纪战争中的俄罗斯 / 苏联阵亡军人》之《中国国内战争（1946-1950）》，译自俄罗斯“士兵”网站。

论“儒家启蒙主义”

黄玉顺

这些年来，“反思启蒙”乃至“批判启蒙主义”成为了学术界的一种时尚，更是儒学界的一种时髦。实际上，西方人的“反思启蒙”和中国某些人的“反思启蒙”，毋宁说是来自两种截然相反的价值取向：前者是要更加彻底地“兑现启蒙承诺”；而后者却是“强国压倒启蒙”。今天的中国，救亡的历史任务早已完成，现实的运动是实现“强国梦”，即建设一个强大的国家，因此，李泽厚“救亡压倒启蒙”的判断亟需修正，即压倒启蒙的已经不是“救亡”，而是“强国”。在这种态势下，儒家当中的不少人也被裹挟或裹胁，以至存在着使儒家再一次陷入毁灭、乃至自取灭亡的危险。有鉴于此，本文倡言“儒家启蒙主义”[1]。

一、“反思启蒙”的三种立场

仔细观察分析迄今为止的所谓“反思启蒙”或“批判现代性”的思潮，

[1] “儒家启蒙主义”是由美国华裔学者薛涌最早提出的，作为对中国20世纪的新文化运动的启蒙和80年代的“新启蒙”两次启蒙运动的反思，参见薛涌：《学而时习之——〈论语〉研究之一》，北京：新星出版社2007年1月第1版。但该书并没有产生什么影响。本文提出的“儒家启蒙主义”与薛涌的“儒家启蒙主义”具有共同的基本价值取向，但方法和路径颇为不同，拟另文讨论。

不难看出，它们来自三个不同的方向，出自三种截然不同的立场：后现代主义；前现代主义或原教旨主义；作为现代主义的一种极端变异形态的极权主义。

（一）后现代主义的立场：兑现个体解放的启蒙承诺

有一种很普遍的误解，以为西方后现代主义是对现代性启蒙的反叛。其实，后现代主义绝非现代性的对立面，毋宁说是现代性的深化，即寻求更加彻底的个体化，亦即真正兑现“启蒙的承诺”（The promise of the Enlightenment）——“人的解放”（the emancipation of man）、个体的解放（现代性启蒙的根本精神乃是个体性，详见下文）。我们看后现代主义的观念，诸如解构普遍主义、基础主义、本质主义、逻各斯中心主义，诸如自我放逐、自我边缘化，其实都是在更彻底地强调个体的解放，也就是“人的解放”，这恰恰是“启蒙承诺”，即启蒙所许诺的“解放的理想”（the ideal of emancipation），而不是对启蒙精神的否定。

所以，作为后现代主义者的福柯（Michel Foucault），在反思启蒙的同时，并不是抛弃启蒙承诺，而是寻求一种新的、更彻底的启蒙，即更彻底的个体精神，亦即“不再是以寻求具有普遍价值的形式结构为目的的实践展开，而是深入某些事件的历史考察，这些事件曾经引导我们建构自身，并把自身作为我们所为、所思及所言的主体来加以认识”；这是“一种历史－实践性的检验，从而也即是我们自己对作为自由存在的自身所开展的工作”。[1] 福柯所强调的乃是个体自我作为主体的自由存在，这恰恰是现代性启蒙的根本精神。

因此，需要严格区分两个不同的“启蒙”概念：一个是既有的诸如法国、英国、德国现代化过程中的“启蒙运动”（the Enlightenment），

[1] Foucault: Qu’est-ce que les lumières? Gallimard 2001, p80, p82.

另一个则是一般的"启蒙"本身（the enlightenment itself）。前者指既有的现代化历史，它确实存在着一些问题，所以是应当反思、甚至批判的；后者指现代性的根本精神，即人的解放、个体的解放，这其实恰恰是后现代主义所坚持的。这类似霍克海默（Max Horkheimer）、阿多诺（Theodor W. Adorno）所说的"启蒙的辩证法"（Dialektik der Aufklärung）：一方面，既有的"启蒙思想的概念本身已经包含着今天随处可见的倒退的萌芽"，"幸福的因素本身变成了不幸的源泉"[1]；但另一方面，"对启蒙的批判，目的是要准备好一种积极的启蒙概念，以便把它从盲目统治的纠结中解脱出来"[2]。这种"积极的启蒙概念"绝非现代性启蒙精神的对立物，尽管是一种"新启蒙"[3]。

在这个问题上，哈贝马斯（Juergrn Habermas）的见解值得注意。在他看来，迄今为止的现代化之所以出现问题，并不是由于实现了现代性的启蒙承诺，恰恰相反，是由于未能真正兑现启蒙承诺，人并没有获得真正的解放。这确实是一种深刻的洞见。但哈贝马斯的观点也存在着错误：他误以为迄今为止的启蒙和现代化之所以出现问题，是由于观念上的"主体性范式"（subjective paradigm）；因此，要兑现启蒙承诺，就需要实行"范式的转换"（change of paradigm），从主体性范式转变为"交互主体性"（inter-subjectivity）（或译"主体间性"）范式。这是德国哲学一向的毛病：总是把现实的问题归结为观念的问题。事实正好相反：启蒙承诺所要解放的"人"，恰恰是作为"个体"的"主体"，而不是什么"交互主体"；真正的社群主义（communitarianism）也不是要推翻现实的自由社会的基本制度安排，实际需要的乃是"前主体性"的，亦即存

[1] 霍克海默、阿多诺：《启蒙辩证法》，渠敬东、曹卫东译，上海人民出版社 2003 年版，第 3、5 页。

[2] 霍克海默、阿多诺：《启蒙辩证法》，第 5 页。

[3] 这里所谓"新启蒙"不是中国某些学者 20 世纪 80 年代的所谓"新启蒙"，后者倡导的乃是威权主义，它正是笔者所指出的"强国压倒启蒙"的倾向。

在论（Being theory）意义上的现实生活的社会运动，由此促成真正的人或个人的诞生。[1]

（二）前现代主义的立场：徒劳的传统型“复魅”

与“反思启蒙”、“反思现代性”相伴随的，是当今流行的“复魅”（re-enchantment）思潮，这是对韦伯（Max Weber）所说的现代性“祛魅”（disenchantment）的反叛。此所谓“魅”（enchantment）涉及韦伯所说的权力合法性的三种类型当中的前两种：（1）传统权威（Traditional Authority）（基于某种传统惯例的权力认同），韦伯对此其实并不看好；（2）魅力权威（克里斯玛权威）（Charisma Authority）（基于领袖个人魅力的权力认同），韦伯对此也不看好；（3）法理权威（Legal-rational Authority）（基于理性法律程序的权力认同），这是韦伯最为赞赏的，其实就是现代性的法制化的权力认同。[2]

所以，必须严格区分两种不同性质的“复魅”：一种是前现代主义的或原教旨主义的“复魅”，属于韦伯所说的传统型；另一种则是作为现代性的一种极端变异形式的极权主义的“复魅”，属于韦伯所说的魅力型或克里斯玛型。在目前的中国儒家里，这两种“复魅”倾向都存在着，而且具有某种合作、呼应的倾向。

在当今中国的一些儒家中，传统型“复魅”已成为了一种时髦。一些儒家或多或少地、或明或暗地宣扬家族主义、宗族主义、男权主义、父权主义、君主主义、专制主义，主张中国人回到前现代的生活方式，并以此抗拒自由、平等、民主、法治、科学等现代文明价值。但可以肯定的是：

---

[1] 参见黄玉顺：《前主体性对话：对话与人的解放问题——评哈贝马斯“对话伦理学”》，《江苏行政学院学报》2014 年第 5 期。

[2] 参见马克斯·韦伯：《经济与社会》，林荣远译，北京：商务印书馆 1997 年版；《学术与政治：韦伯的两篇演说》，冯克利译，北京：三联书店 1998 年版。

他们为此所进行的努力注定是徒劳的，正如孙中山所指出的："世界潮流，浩浩荡荡，顺之者昌，逆之者亡。"

（三）现代极权主义的立场：危险的克里斯玛型"复魅"

目前某些儒家当中的某种极权主义（totalitarianism）倾向，则属于韦伯所说的魅力型"复魅"思潮的。极权主义并不是前现代的或原教旨主义的现象，而是一种现代性的但不正常的现象。极权主义的"复魅"严格来说并不是"复"魅，而是"造魅"，亦即制造某种现代意识形态的精神崇拜、现代领袖形象的个人崇拜等。

极权主义对启蒙与现代性的"反思"与"批判"，本质上是对启蒙承诺——"人的解放"的背叛。这与后现代主义"反思启蒙"的方向正好相反。这里，李泽厚对"救亡压倒启蒙"的描述，同样适用："任何个人的权利、个人的自由、个人的独立尊严等等，相形之下，都变得不切实际。个体的我在这里是渺小的，它消失了。"[1]个体的消失，即意味着人的消失；剩下的只是作为空洞口号的"人民"、"国家"。所以，极权主义还有以下两个明显的特征：

现代极权主义还有一个特征，就是以"人民"的名义来利用民粹情绪。我曾说过，民粹主义（populism）其实并非什么"主义"，而是一种社会情绪，因而可以与任何主义结合，包括与极权主义结合。民粹主义的产生，往往是由于大众对社会之严重不平等的强烈不满；因此，极权主义往往假"平等"之名而行。但是，假如不强调以个人自由为前提，平等就可能成为极权主义的基础；除非"平等"是说的人人同等的自由。如果没有自由，平等就是极权主义的温床。

[1] 李泽厚：《中国现代思想史论》，第34页。

二、启蒙的普遍意义

本文的宗旨是通过对“反思启蒙”的反思，提出儒家的启蒙主义。为此，首先必须澄清“启蒙”的概念，即康德提出的问题“什么是启蒙”[1]。在“反思启蒙”的浪潮中，“启蒙”的本质其实仍然模糊不清。观察欧洲早期启蒙运动，其表象是针对封建势力，特别是政治领域的君主专制和思想领域的教会统治；因此，启蒙运动往往被叙述为“阶级斗争”、“阶级解放”。这其实是肤浅的认识，并且带来了严重的后果。

（一）启蒙与理性

有学者指出，有三种意义的“启蒙”：“启蒙主义在狭义上特指18世纪法国启蒙运动，而广义的启蒙主义则可以看做是从17世纪到19世纪近代哲学的基本精神。然而，还可以有更‘广义’的理解，不是把启蒙主义看做是某个国家（例如英国或法国）在某一个历史时期（例如近代）的历史性的思潮或思想运动，而是理解为人类必经的阶段，也是每个人必经的阶段，它标志着人的成熟。这种具有普遍意义的‘广义’的启蒙，是康德在《答复这个问题：‘什么是启蒙运动？’》中所阐发的观点。”[2] 显然，康德意在揭示启蒙的普遍性。以下是人们经常引用的康德的说法：

> 启蒙运动就是人类脱离自己加之于自己的不成熟状态。不成熟状态就是不经别人的引导，就对运用自己的理智无能为力。当其原因不在于缺乏理智，而在于不经别人的引导就缺乏勇气与决心去加以运用时，那么这种不成熟状态就是自己加之于自己的了。Sapere aude!（要敢于认识！——

[1] 康德：《答复这个问题：什么是启蒙？》，见《历史理性批判文集》，何兆武译，北京：商务印书馆1991年版。

[2] 张志伟：《启蒙、现代性与传统文化的复兴》，《中国人民大学学报》2015年第4期，第118-128页。

语出罗马诗人贺拉斯）要有勇气运用你自己的理智！这就是启蒙运动的口号。[1]

这个启蒙除了自由，并不需要任何别的东西，而且，一切可以称作自由的东西，最无害的就是这个东西，即在一切事情上公开运用自己理性的自由。[2]

在康德看来，启蒙意味着人类摆脱自己所造成的不成熟状态；所谓不成熟，是指的不会使用自己的理性，而这并不是由于人们缺乏理性，而是由于人们缺乏使用自己的理性的勇气和决心，而最根本的是由于缺乏自由。因此，启蒙的特征是理性，启蒙的前提是自由。

康德将启蒙普遍化，即启蒙不仅是法国的事情，也不仅是英国、德国的事情（据此也不仅是西方世界的事情），而是人类的事情，即是人类发展的一个必经的阶段。这无疑是正确的判断。但他根据自己的先验哲学，把启蒙归结为理性的事情（自由也不过是实践理性的共设之一）[3]，这未必是启蒙这个“事情本身”的实情。

诚然，如卡西尔（Ernst Cassirer）所说：“‘理性’成了 18 世纪的汇聚点和中心，它表达了该世纪所追求并为之奋斗的一切，表达了该世纪取得的一切成就”[4]；但正如施密特（James Schmidt）所说：“如果启蒙只是看到一个没有阴影、把一切东西都沐浴在理性的光芒之中的世界，那么这个梦想实际上就蕴含着一些不健康的东西：因为想看到一切东西，就是想站在上帝的立场上，或者想站在圆形监狱的瞭望塔中卫兵的立场

[1] 康德：《答复这个问题：什么是启蒙？》，见《历史理性批判文集》，第 22 页。

[2] 康德：《答复这个问题：什么是启蒙？》，见《历史理性批判文集》，第 24 页。

[3] 康德：《实践理性批判》，第 1 部，第 2 卷，VI。转自：《西方哲学原著选读》，下卷，商务印书馆 1982 年版，第 318-319 页。

[4] 卡西尔：《启蒙哲学》，顾伟铭、杨光仲、郑楚宣译，济南：山东人民出版社 1988 年版，第 3-4 页。

上。”[1] 所以，福柯批评康德：“我丝毫无意把它（指康德《什么是启蒙运动》——引者注）视为对‘启蒙’的恰当的描述；我想，没有一位史学家会对该文就18世纪末所发生的社会、政治和文化上的变革所作的分析感到满意。”[2] 不仅如此，而且：

> 首先，康德根本没有意识到，当时与启蒙运动那么紧密地联系在一起的现代化过程（生产力的发展，信念的理性化，官僚机构的成长，等等）会逐渐渗入人类的人格，而且可能像福柯本来会说的那样把人“标准化”，从而妨碍自主性。其次，他也没有意识到，自我必须发展在这里与个性和真实性相关的那种抵抗力中，以免被淹没在对世界的理性化过程之中。[3]

这种“理性化”、“标准化”的结果并不是人的解放，后果恰恰相反，“正是获得自由的人最终变成了‘群氓’”[4]。所以，德国经过启蒙运动、理性主义哲学[5]之后，出现了纳粹第三帝国那样的极权主义。

诸如此类的问题，促使人们反思启蒙，至少是反思德国的启蒙，而寻找别样的启蒙。例如美国学者希梅尔法布（Gertrude Himmelfarb）推崇英国的“苏格兰启蒙运动”，诸如哈奇森、休谟、亚当·斯密、托马斯·里德等。[6] 她批评道：“在一般的与启蒙运动相关特质——理性、权利、天性、自由、平等、宽容、科学、进步——的冗长陈述中，理性总是放在这

[1] 詹姆斯·施密特：《启蒙运动与现代性》，徐向东、卢华萍译，上海人民出版社2005年版，第31页。
[2] 福柯：《福柯集》，杜小真编选，上海远东出版社1998年版，第532页。
[3] 路易斯·亨齐曼：《自主性、个性和自我决定》，载詹姆斯·施密特：《启蒙运动与现代性》，第513页。
[4] Max Horkheimer, Theodor W. Adorno: Dialektik der Aufklaerung -- Philosophische Fragment, 13. Auflage, 2001, Fischer Verlag, S. 19.
[5] 康德所开启的德国理性主义哲学，实际上开启了意志主义，参见黄玉顺：《论西方近代哲学的转向与德国古典哲学的性质》，《四川大学学报》2001年第3期。
[6] 格特鲁德·希梅尔法布：《现代性之路：英法美启蒙运动之比较》，上海：复旦大学出版社2011年版，第8页。

个列表的最前面。引人注意的是‘美德’这个词的缺失。”[1] 在她看来，英国、美国的启蒙运动恰恰是把“美德”摆在首位，因此，“英国和美国启蒙运动能容纳不同意见，很多信仰与怀疑都可与之并存。在这些国家，没有‘Kulturkampf’（德国的文化斗争）那样的事发生，从而分散老百姓的注意力，并分化他们。它们也没有让过去与现在斗争，让开明的见识与落后的习俗对抗，在理性与宗教之间制造不可逾越的鸿沟。相反，宗教派别的多样性本身就是自由的保证，在大多数情况下，正如它是精神得救的工具一样，它也是社会改革的工具。”[2]

其实，希梅尔法布与康德一样，将启蒙的根基、不同国家启蒙的差异及其后果，归结为某种纯粹精神性的东西，而恰恰忽视了这种精神性的东西的存在论渊源、即生活渊源。其实，启蒙乃是一种时代现象，即是一个现代性问题，它渊源于现代性的社会生活方式，即是人类社会转型的产物。

（二）启蒙与现代性

值得注意的是：康德亦曾将启蒙视为一个关乎“时代”的问题。他说：

> 我们的时代是真正的批判时代，一切都必须经受这种批判。通常，宗教凭借其神圣，立法凭借其威严，想要逃脱批判。但在这种情况下，它们就激起了对自身的正当怀疑，并无法要求获得不加伪饰的敬重，理性只把这种敬重给予能够经得起它的自由的和公开的检验的东西。[3]

然而，康德没有、也无法给出存在论的说明：这个“批判时代”究竟是一个什么时代？究竟是怎样的生活情境造成了这么一个“批判的时代”？

---

[1] 格特鲁德·希梅尔法布：《现代性之路：英法美启蒙运动之比较》，第 3 页。
[2] 格特鲁德·希梅尔法布：《现代性之路：英法美启蒙运动之比较》，第 13 页。
[3] 康德：《纯粹理性批判》，第一版前言的注释，北京：中国人民大学出版社 2011 年版，第 5 页。

为此，我们必须追究“时代”问题。黑格尔曾经说：经过启蒙运动，“自由变成了世界状态，与世界史结合起来，变成了世界史上的一个时代：这是具体的精神自由，具体的普遍性；笛卡儿哲学是抽象的形而上学，现在我们有了具体物的原则。”[1]这个原则就是个体的自由，即是“启蒙承诺”；这个“普遍性”意味着“自由……变成了世界史上的一个时代”，就是所谓“现代”社会。

因此，可以明确一点：“启蒙”与“现代性”密切相关，所以所谓“反思启蒙”与“反思现代性”密切相关。这就牵涉到“现代性”的问题。一般来说，人类社会的基本生活方式的转变带来社会的转型，进而带来观念的转换。大致来说，人类社会经过这样三大阶段：古代社会（例如西方的古希腊、古罗马的时代，中国的商周时代）；第一次社会大转型之后的中世纪社会（例如西方中世纪前期的罗马帝国时代、后期的封建时代，中国自秦朝至清朝的帝国时代）；第二次社会大转型之后的现代社会。所谓“启蒙”，总是发生于从中世纪社会向现代社会转型的过程之中；因此，启蒙所批判的对象总是中世纪的政权（制度方面）与教权（观念方面），例如西方的启蒙运动针对西方的专制王权和基督教权，中国新文化运动的启蒙也针对中国的专制皇权和“礼教”[2]。

当今西方的所谓“反思启蒙”和“反思现代性”，缘于他们的现代化已经完成，“启蒙运动”已经过去，而“人的解放”即个体自由的“启蒙承诺”却未真正兑现；其所针对的其实并非追求个体自由的启蒙精神、“现代性”（modernity），而是具体的“现代化”（modernization）模式的结果。

然而后现代主义者自己对此也是不太明了的，甚至稀里糊涂地将一般的“现代性”追求与具体的“现代化”模式混为一谈。例如《反思现代性》

[1] 黑格尔：《哲学史讲演录》，贺麟、王太庆译，北京：商务印书馆 1982 年版，第四卷，第 219-220 页。

[2] 参见黄玉顺：《新文化运动百年祭：论儒学与人权——驳“反孔非儒”说》，《社会科学研究》2015 年第 4 期。

的作者艾森斯塔特（Shmuel N. Eisenstadt）认为：长期流行的观点以为，“在现代欧洲发展起来的现代性文化方案和那里出现的基本制度格局，最终将为所有正在现代化的社会及现代社会照单全收；随着现代性的扩张，它们将在全世界流行开来”；然而实际情况正好相反，“现代性确实蔓延到了世界大部分地区，但却没有产生一个单一的文明，或一种制度模式，而是产生了几种现代文明的发展，或至少多种文明模式，也就是产生了多种社会或文明的发展，它们具有共同的特征，但依然倾向于产生尽管同源、但迥异的意识形态动态和制度动态。”[1] 由此，他倡导所谓“多元现代性”（multi-modernity）。他没有意识到，“具有共同的特征”的正是一般的“现代性”本质，“几种现代文明”毕竟还是同质的“现代文明”；而“几种现代文明”和“制度模式”却是具体的不同的“现代化”模式。“现代化”模式是多元的，这里可以诉诸特殊主义；而“现代性”本质却是一元的，即是普遍的，这里只能诉诸普遍主义。在这个问题上，康德关于启蒙的普遍主义立场必须坚持。

所谓“多元现代性”诱使人们寻求独特的“现代性”，而其后果可能是灾难性的。历史已经表明，造成这种灾难性后果，只须满足两个条件：“现代性”被理解为“强国”——寻求一个民族国家的强大、甚至世界霸权；“多元现代性”被理解为某种“特色”——这个民族国家的“现代性”是独一无二的。当年的纳粹德国就是如此，其后果是极权主义带给人类的灾难。而我们注意到，目前一些儒家恰恰抱有这样的特殊主义企图。这是非常危险的！

（三）启蒙与个体性

因此，必须强调：启蒙的本质就是“人的解放”，这个“人”不是任

[1] 艾森斯塔特：《反思现代性》，北京：生活·读书·新知三联书店 2006 年版，第 5-7 页。

何集体，而是个体（individual）、个人（person）。“启蒙的承诺”就是个人的解放，这是现代性的生活方式的必然要求，现代性的核心就是个体性。所以，胡克（Sidney Hook）指出：“对启蒙思想家来说，人权的存在是共同的信条，……大家一致认为，所有个体都拥有这些权利，这些权利不由任何社会、国家或政府所创设或授予；后者在道德上是否有权存在，能够而且应当以其是否推进人权事业为判断依据。”[1]

显然，从根本上来说，现代性就是个体性。这种个体性在哲学层次上的表达，就是笛卡儿的著名命题“我思故我在”[2]，这里，作为个体的“我”乃是作为理性的“思”的前提，而“思”是一切存在者的前提，于是，个体自我便成为了存在论的根基。这种对个体性的自我的强调，在宗教领域中同样体现出来：马丁·路德（Martin Luther）否定了教会的集体主义的上帝：“基督已死，而基督是上帝，因此上帝已死”[3]；帕斯卡尔（Blaise Pascal）接着以个体主义的方式论证上帝：“我存在；故一种必然而永恒的存在存在”[4]。这与笛卡儿的哲学化表达“我思故我在”如出一辙。所以，哈贝马斯指出：“启蒙使个体获得了洞察力，并转化为行为动机，从而打破了集体力量的束缚。”[5]

现今之所以出现“反思启蒙”、“反思现代性”的思潮，并不是由于别的什么原因，而是因为追求个体解放的“启蒙承诺”未能真正兑现。笔者曾撰文说：

今天之所以仍然需要提出“人的解放”这个启蒙命题，是因为迄今为

[1] 转引自尼尔森：《马克思与启蒙计划》，姚远译，载《金陵法律评论》，2014 年秋季卷，南京师范大学法学院编，法律出版社 2014 年 12 月版，第 211-222 页。

[2] 笛卡儿：《谈谈方法》，王太庆译，北京：商务印书馆 2000 年版，第 26-27 页。“我思故我在”王太庆翻译为“我想，所以我是”。

[3] 转引自黑格尔：《精神现象学》，先刚译，北京：人民出版社 2013 年版，第 462 页。

[4] 参见卡西尔：《启蒙哲学》，第 11 页。

[5] 哈贝马斯：《现代性哲学话语》，曹卫东译，南京：译林出版社 2004 年版，第 123 页。

止，现代化并没有导致真正的“人”的诞生。前现代的“臣民”（subject）尽管变成了现代化的“公民”（citizen），但是，这种“人民”（people）其实并未成为真正的“人”（person），而是成为了“大众”（mass），即成为了被某种或某些社会势力所控制的“大众传媒”（mass media）的奴隶，换言之，成为了奴隶的奴隶。仿照一句常言“上帝面前人人平等”，也可以说：大众传媒面前人人平等。但这种“人人平等”意味着：人人都等于零。只要某种或某些社会势力成为了至高无上的上帝，那就人人都等于零。真正的人尚未诞生。[1]

这里的“人民”（people）：“大众”（mass）是先发国家的状况，“臣民”（subject）是后发国家的状况。

回到刚才对康德的追问：为什么这是一个“批判的时代”？再进一步追问：如果说自由根本上意味着个人自由，那么，为什么这个时代会出现批判的前提，即个体“自由”的观念？答案就是：这个时代的社会生活方式决定了这是一个个体的时代、个人的时代。前现代社会是以某种集体——诸如氏族、宗族、家族等等为主体的社会；那里没有真正的个体、个人；而现代社会则是、或应该是以个体为主体的社会，这里的任何集体都是“自由人联合体”（马克思语），也就是说，作为这种“联合体”的前提的“自由人”都是个人。

三、启蒙的中国话语

现代汉语的“启蒙”乃是西语“enlightenment”的汉译，这就意味

[1] 黄玉顺：《前主体性对话：对话与人的解放问题——评哈贝马斯“对话伦理学”》，《江苏行政学院学报》2014 年第 5 期。

着两者之间存在着某种“可对应性”[1]，所以可以互译；而汉语的“启蒙”却有其深远的历史文化背景。

（一）汉语“启蒙”的普遍涵义

将“enlightenment”翻译为汉语的“启蒙”，出自《周易·蒙卦》的“发蒙”[2]，“发”者“启”也，如孔子说“不愤不启，不悱不发”[3]，故有汉语“启发”一词。在后来的汉语历史发展中，“发蒙”或“启蒙”主要是指对儿童的早期教育，这已经偏离了《周易》“发蒙”（启蒙）观念的普遍性意义。

汉字“蒙”本义指一种藤蔓植物，《说文解字·艸部》：“蒙：王女也。”[4]“王女”是指的女萝，又名唐蒙，常常依附缠绕生长于松树上，如《诗经·小雅·頍弁》说“茑与女萝，施于松柏”[5]，所以又名松萝。女萝附着于松树，而形成帷幔一般的遮蔽，故引申出“蒙蔽”的含义；进而又引申出（被遮蔽而）暗昧、愚昧、蒙昧等等含义。例如汉代应劭《风俗通义》：“每辄挫衄，亦足以祛蔽启蒙矣。”[6]所以孔颖达《周易正义》说：“蒙者，微昧闇弱之名。”“发蒙”本义是说的采拔女萝；[7]拔去了女萝，也就去掉了蒙蔽。去掉蒙蔽，带来光明，这正好与西语“enlightenment”（照亮、启蒙）的含义对应。

按《周易·蒙卦》第一爻：“发蒙，利用（于）刑人，用说（脱）桎梏。”这显然是一种比喻，这是《周易》的一个特点，犹如《诗经》的“比兴”手法。[8]

[1] 参见黄玉顺：《爱与思——生活儒学的观念》，成都：四川大学出版社2006年版，第4-8页。
[2] 《周易·蒙卦》：“初六：发蒙。利用刑人，用说（脱）桎梏；以往，吝。”《周易》：《十三经注疏·周易正义》，北京：中华书局1980年影印版。
[3] 《论语·述而》。《论语》：《十三经注疏·论语注疏》，北京：中华书局1980年影印版。
[4] 许慎：《说文解字》，徐铉等校定，北京：中华书局1963年版。
[5] 《诗经》：《十三经注疏·毛诗正义》，北京：中华书局1980年影印版。
[6] 应劭：《风俗通义·皇霸·六国》，中华书局1981年版。
[7] 参见黄玉顺：《易经古歌考释》，修订本，上海古籍出版社2014年版，第65页。
[8] 参见黄玉顺：《易经古歌考释》，修订本，绪论，第12-13页。

孔颖达解释道："发去其蒙"；"蒙既发去，无所疑滞，故利用刑戮于人，又利用说（脱）去罪人桎梏"。这个解释的前半段"发去其蒙"是对的，意谓给予受蒙蔽者以启发，如荀子所说的"解蔽"[1]；后半段解释则有误，实属自相矛盾：既"刑戮于人"，又"脱去罪人桎梏"。其实，《周易》"利用"之"用"的意思是"于"，"用脱"之"用"的意思是"以"，两个"用"都用作介词。[2]这句爻辞是说：（本爻意谓）启发受蒙蔽者；（占筮的结果）有利于刑徒，以解脱桎梏。

显然，"启发受蒙蔽者"是汉语"发蒙"或"启蒙"的普遍意义。至于"有利于刑徒，以解脱桎梏"，则是《周易》作为占筮之书的特点，即是针对求卦之人所问的具体问题而言的。不过，就"启蒙"（enlightenment）的意义而论，未尝不是"解脱桎梏"，包括去掉思想上的桎梏、制度上的桎梏，这也正是"人的解放"的意义。

汉语"启蒙"或"发蒙"所具有的"启发受蒙蔽者"的普遍涵义，在中国由前现代社会向现代性社会的转型之中获得了一种特定的时代涵义，这就体现为我们用汉语的"启蒙"去翻译西语的"enlightenment"，即个体的"人的解放"的涵义。

（二）儒家"启蒙"的时代意义

关于汉语的"启蒙"，笔者曾经在讨论"儒教"概念时指出："对于'儒教'一词的实际所指，主要存在着两种不同的理解：一是指'儒家的宗教'（Confucian Religion）；一是指'儒家的教化'（Confucian Enlightenment）"；并在脚注中说，"这里将'教化'翻译为'enlightenment'（照亮、启蒙），意在敞显儒家教化的某种更其本源的意义。'启蒙'作

[1] 《荀子·解蔽》。《荀子》：[清]王先谦《荀子集解》，《新编诸子集成》本，北京：中华书局1988年版。
[2] 参见黄玉顺：《易经古歌考释》，修订本，第62页。

为一种普遍的‘照亮’，本来乃是荀子所说的‘解蔽’（解除蒙蔽）的意思，这种蒙蔽包括形而上学的、形而下学的种种‘蔽于一曲’的偏见。只要存在着形而上者与形而下者的区分、及形而下者之间的种种区分，那就存在着偏曲、蒙蔽。因此，照亮‘万物’、万象通明，其实就是‘无物’。在儒家教化，这就是‘万物一体之仁’。在这种意义上，欧洲‘启蒙运动’作为对某种主体性的张扬，其实恰恰不是启蒙，而是一种蒙蔽、或曰‘遮蔽’。”[1]

这也是一种“反思启蒙”，即是笔者对“欧洲‘启蒙运动’”的反思，亦即反思其形而上学，这与后现代主义的“反思启蒙”是一致的。这里讨论的“启蒙”，与本文讨论的“启蒙”之间是这样一种关联：人们在启蒙之前固有一种旧的主体性——前现代的臣民人格，而在启蒙之后则获得一种新的主体性——现代性的公民人格；新主体性的获得，源于旧主体性的解构；而解构意味着消解主体性，即消解某种存在者，此即所谓“无物”，这就给新主体性的诞生留下了空间、敞开了可能性。

所以，启蒙问题的关键在于“主体”问题。这就是说，这里存在着几个基本问题：受蒙蔽者是谁？受到谁或什么东西的蒙蔽？祛除蒙蔽者又是谁、即由谁来祛除这种蒙蔽？

1. 启蒙的对象或其消极主体：从臣民到国民

受蒙蔽者是人，祛蒙蔽者也是人，即都是主体，这就意味着启蒙之中存在着两种主体：祛蒙蔽者是积极主体；受蒙蔽者是消极主体，即是前者的启蒙对象。

但是，“主体”并不仅仅是一个哲学上的抽象概念，而是现实的“社会主体”的一种哲学抽象，即是一种与“社会”有密切的内在关系的观

[1] 黄玉顺：《儒教论纲：儒家之仁爱、信仰、教化及宗教观念》，原载中国人民大学孔子研究院《儒学评论》第五辑，河北大学出版社 2009 年版；收入黄玉顺《儒教问题研究》，人民出版社 2012 年版。

念。所以，哲学才会在近代发生“认识论转向”，其实就是“主体性转向”（subjective turn），这并不是偶然的，而是因为近代社会发生了“现代性转向”（modernistic turn），社会主体发生了转变。

社会主体的转变乃是社会生活方式转变的结果：

> 生活方式的演进乃是一切历史及观念史的本源。生活方式，梁漱溟谓之“生活的样法”，并以之为“文化”的“源泉”。具体来说：（1）生活方式的转换导致社会主体的转换。有怎样的生活方式，便有怎样的人的主体性，诸如宗族、家族、公民个人等。……（2）生活方式及其主体的转换导致社会情感倾向的转换，其根本是“仁爱”情感对象的转换。……人是“制礼作乐”——建构社会规范及其制度（弘道）的主体，而非相反。（3）社会主体及其情感对象的转换导致社会规范及其制度的转换，于是乎有历史形态的转换，如王权社会、皇权社会、民权社会等。[1]

就中国的历史看，王权时代的社会主体是宗族，皇权时代的社会主体是家族；而民权时代的社会主体是国民（civics）。[2]“仔细体味这样的‘国民’概念，不难发现它同时含有两层意谓：一层意谓是集合性概念，对应于‘nation’（全体国民），这个英文词还可以翻译为‘国家’或‘民族’；而另一层意谓则是个体性概念，对应于‘citizen’（公民）或‘civilian’（市民）等。”[3]

所以，“启蒙”是一个历史性的概念、或时代性的概念。简而言之，儒家启蒙的时代涵义就是：将前现代的人——臣民从皇权专制及其观念形态中解放出来，使之成为现代性的人、个体性的人——国民、公民。因此，

[1] 黄玉顺：《论儒学的现代性》，《社会科学研究》2016 年第 6 期

[2] 参见黄玉顺：《论儒学的现代性》，《社会科学研究》2016 年第 6 期。

[3] 黄玉顺：《国民政治儒学——儒家政治哲学的现代转型》，《东岳论丛》2015 年第 11 期。

李泽厚说："以西方的个人主义来取代中国传统的封建集体主义，就是陈独秀一九一六年开始倡导新文化运动的主题。"[1] 李泽厚这个判断的唯一错误，是把"个人主义"看作"西方的"，殊不知早在"西学东渐"以前，儒家的个体主义观念已经产生（详后）。[2]

2. 启蒙的祛魅对象：皇权专制及其观念形态

将臣民从皇权专制及其观念形态中解放出来，这涉及两种对象：

（1）中华帝国皇权制度。中国的皇权专制，从秦朝到清朝，持续了两千年之久，到辛亥革命才被推翻，然而其现代变种却依然存留，不断出现各种形式的"复辟"。这是因为这种制度的社会基础非常顽强，而这一切又是因为中国人的那种前现代的生活方式尚未改变。

近来竟有某些所谓儒家为皇权专制辩护，认为那不是"专制"；有人甚至认为那是"儒家宪政"，比现代民主宪政更高明。但这类概念游戏并不能改变事情的实质："乾纲独断"的皇权制度乃是启蒙的祛魅对象，必须接受理性的批判；否则，这种制度下的"人民"只会永远是没有人权的卑贱温顺的"臣民"。

直到最近三十多年的改革开放，中国人的前现代的生活方式才算真正发生了彻底的转变，尽管这种转变的制度效应暂时尚未展现出来。在这个意义上，"改革"其实是最彻底的"革命"。但是，人们的思想观念依然严重地滞后，在相当程度上依然抱持着中华帝国的观念形态：

（2）中华帝国意识形态。这种意识形态的核心就是"三纲"。近来竟有某些所谓儒家主张恢复"三纲"，这实在是儒家的耻辱。为了中国"人的解放"，以"三纲"为核心的伦理政治观念体系必须作为启蒙的祛魅对象，接受理性的批判；否则，这种观念下的"人民"同样只会永远是没有自由

[1] 李泽厚：《中国现代思想史论》，北京：东方出版社 1987 年版，第 17 页。
[2] 参见黄玉顺：《论儒学的现代性》，《社会科学研究》2016 年第 6 期。

的“臣民”。

3. 启蒙的积极主体：儒家

这里所说的作为启蒙的积极主体的“儒家”，不是说的历史上的所有儒家。儒家从来不是一成不变的，而是“与时偕行”的，所以才会有王权时代的列国儒学，有皇权时代的帝国儒学，有走向民权时代的现代新儒学。正如孔子乃是“圣之时者”[1]，真正的儒家总是回应着时代的呼唤，儒学也由此而“常新”。今天的儒家，理应成为启蒙者；其中从事理论工作的，应当自觉地成为启蒙思想家。

这里首先必须承认一个历史事实：任何新时代的来临，总有先知先觉者；任何时代的观念转型，总如孟子所说的“以先知觉后知，以先觉觉后觉”[2]；这些先知者，通常都是知识人，诸如第一次社会大转型时期的“诸子”，第二次社会大转型中的“学者”。

先知者的启蒙，乃是“自得”。孟子指出：“君子深造之以道，欲其自得之也。自得之则居之安，居之安则资之深，资之深则取之左右逢其原。故君子欲其自得之也。”[3]所谓“自得”，其实乃是一种“生活领悟”[4]，亦即在某种特定生活方式中的感悟。有一些人特别具有敏锐的感悟能力，如艺术家、记者、思想家等，他们率先听见“生活”的“河水洋洋，北流活活”[5]。

后觉者的启蒙，其实也是一种“自得”。孟子指出：“圣人有忧之，使契为司徒，教以人伦……。放勋曰：‘劳之来之，匡之直之，辅之翼之，使自得之；又从而振德之。’”[6]放勋所说的“使自得之”，即后知后觉

[1] 《孟子·万章下》。

[2] 《孟子·万章上》。

[3] 《孟子·离娄下》。

[4] 参见黄玉顺：《面向生活本身的儒学——“生活儒学”问答》，见《面向生活本身的儒学》，成都：四川大学出版社2006年版，第65-73页；《爱与思——生活儒学的观念》，第40、113-128页。

[5] 《诗经·卫风·硕人》。《诗经》：《十三经注疏·毛诗正义》，北京：中华书局1980年影印版。

[6] 《孟子·滕文公上》。

者的“自得”。在特定的生活方式中，人们总有一天是会觉醒的。正是在这个意义上，被启蒙者也是主体；而且，经过启蒙之后，他们成为这个社会的真正主体。

这里将真正的儒家视为启蒙的积极主体，并不意味着其他各家各派就不能成为启蒙的主体；恰恰相反，真正的儒者应当敞开胸襟，与其他启蒙者相互呼应，共同为“人的解放”努力。

四、儒家启蒙的历史

普遍存在着一种错误观念，视儒学为一种前现代的东西，也就是启蒙的祛魅对象；殊不知，不仅已有标准版的现代儒学，而且前现代的儒学当中也有一些具有现代性的倾向；换句话说，儒家的启蒙早已是历史事实，前者有帝国后期的一些儒家学派，后者的典型则是20世纪的现代新儒家。

谈到中国的启蒙历史，不能不谈一下中国马克思主义者所提出的“早期启蒙”说。此说实发端于梁启超的《清代学术概论》，而为马克思主义者所继承和发展，如张岱年的论述，吕振羽的《中国政治思想史》，侯外庐的《中国早期启蒙思想史》，萧萐父、许苏民的《明清启蒙学术流变》等。他们认为：“从晚明到‘五四’，历时三百多年，中国的启蒙思潮经过漫长而曲折的发展，就其思想脉络的承启贯通而言，确可视为一个同质的文化历程。”[1] 萧萐父、许苏民指出：

> 从明嘉靖初至清道光中的三个世纪，在我国社会发展史、思想文化发展史上都是一个特殊的历史阶段。史实表明，明清启蒙学术思潮正是这一历史时期思想文化的主流。……中国走出中世纪、迈向现代化及其文化蜕变，是

[1] 萧萐父、许苏民：《明清启蒙学术流变》，辽宁教育出版社1995年版，第24页。

中国历史发展的产物；西学的传入起过引发的作用，但仅是外来的助因。……明清早期启蒙学术的萌动，作为中国传统文化转型的开端，作为中国式的现代价值理想的内在历史根芽，乃是传统与现代化的历史接合点。[1]

这种“早期启蒙”说是有道理的，也是有充分的历史资料支持的。最重要的是他们注意到了这样的历史事实：中国的启蒙“是中国历史发展的产物”，也就是中国的内生现代性；西学“仅是外来的助因”。确实，早在“西学东渐”之前，中国的启蒙便已发生。但这种“早期启蒙”说也有明显的不足之处：过于“严谨”的唯物史观、阶级分析的方法，遮蔽了物质生产领域、经济生活领域之外的、更为广阔的社会生活领域的社会转型现象；同时，也因此对启蒙的本质缺乏更为深刻的认识，即没有认识到启蒙的更为普遍的本质即“人的解放”——人类个体的解放；对中国社会发展史、社会转型史的把握还不够全面，实际上，这个历史过程还可以追溯到更早，乃至宋代；由于意识形态立场的限制，没有明确地提出“儒家的启蒙”概念。事实上，在很大程度上，中国的启蒙是儒家主导的，即是儒家的启蒙。

儒家启蒙的祛魅对象，可以在两个层面上加以分析：形而下的层面，是对以“三纲”为核心的皇权专制的伦理政治制度的反思与批判；形而上的层面，是对以“天理”为核心的帝国儒学形而上学的反思与批判。因此，儒家的启蒙，对内是儒家的自我批判，对外是针对帝国伦理政治的社会批判。

儒家启蒙的历史，可以分为以下两大阶段：

（一）帝国时代后期的儒家启蒙

所谓帝国后期，是指的唐宋以来的中华帝国。自秦汉始，唐代以前是

[1] 萧萐父、许苏民：《明清启蒙学术流变》，第 24 页。

中华帝国的上升时期，即中国中世纪的前期（对应于西方中世纪前期的罗马帝国时期），至唐代而鼎盛；宋代以后、或南宋以来则是中华帝国逐渐走向衰落的时期，即中国中世纪的后期（对应于西方中世纪后期的封建时期），至晚清而衰竭。正如西方的现代性肇始于中世纪后期，中国的“内生现代性”同样肇始于中世纪的后期，其典型表现是伴随着工商业之发展的城市繁荣、市民生活方式的兴起，及其在各种观念形式中、包括在儒学中的反映。

西方中世纪后期转入封建化，而中国中世纪后期却没有发生这种转变，依然顽固地保持着皇权独大的专制帝国制度，缺乏皇权之外的某种独立的、可以与之抗衡的社会力量（例如独立的教权、贵族权力、市民权力），其中的缘由尚待探讨，但这对于后来历史的影响却是显而易见的：其现代化的过程异常艰难。但尽管如此，中国走向现代性的历史大趋势依然不绝如线，因为这是不可抗拒的历史趋势。

这里尤其值得注意的是：与西方的基督教的情况相比较，中国的儒家没有成为专制皇权之外的独立力量；相反，儒学沦为了皇权统治的工具，这里既有被动的无奈，也有主动的趋附。儒家尽管在理论上强调“道统”高于“治统”，但实际上，在整个帝国时代，始终是“政权”高于“教权”；不仅如此，到了清代的所谓“康乾盛世”，甚至是皇帝本人成为了“道统”、“教权”的化身，成为了“君师合一”的“圣王”，士大夫对之战战兢兢地、甚至心悦诚服地顶礼膜拜，拱手让出了“道统”话语权，乃至造成了一种“权力即是真理”的传统。

但是，这并不是儒家原来的秉性。儒家真正的秉性乃是“匹夫不可夺志”[1]、“与时偕行”[2]、“损益”变革的精神。事实上，宋代以来的帝

[1] 《论语·子罕》。
[2] 《周易·彖传》。

国后期，在中国内生现代性的背景下，儒家一直就在推进着自己的“启蒙运动”。限于篇幅，我们这里简单列举南宋以来的一些儒家人物的名字，他们的思想中或多或少具有现代性启蒙的因素：南宋的胡安国、郑樵、胡宏、杨万里、薛季宣、唐仲友、陈傅良、陈亮、叶适、黄震等人；元代的谢应芳、刘基等人；明代的罗钦顺、王廷相、黄绾、颜均、韩乐吾、夏叟、杨慎、吴廷翰、王畿、王襞、高拱、罗汝芳、何心隐、邓以赞、李贽、许孚远、吕坤、唐鹤徵、唐伯元、杨东明、顾宪成、邹元标、高攀龙、徐光启、李之藻、刘宗周等人；明清之际的孙奇逢、黄道周、朱之渝、陈确、傅山、潘平格、方以智、黄宗羲、顾炎武、王夫之、费密、李颙、吕留良、唐甄等人；清代的颜元、李塨、戴震、庄存与、钱大昕、章学诚、汪中、焦循、方东树等人。这些人物思想中的现代性的启蒙因素，都被今天的“宋明理学”、“中国哲学史”等研究模式遮蔽了，需要我们重新清理、加以揭示。

这里尤其值得讨论的乃是所谓“心学”。笔者曾经谈到阳明心学：

王阳明本人的思想也是需要重新认识的。作为帝国时代儒学的集大成者，阳明心学具有一种复杂的性质。简而言之，就其“形而下学”层面、即其伦理学与政治哲学而论，它基本上是维护专制主义、反现代性的；然而就其“形而上学”层面而论，它却敞开了走向现代性的可能性，唯其如此，才可能导出上述倾向于现代性的阳明后学。这种可能性之敞开，关键在于其“心学”的本体论与工夫论之间的某种紧张：一方面是“良知”作为宇宙本体的普遍性；而另一方面是良知作为“心性”体验的个体性。这就在本质上蕴涵着一种可能：个体之“心”的自我体验成为宇宙本体的终极根据，个体性成为普遍性的根基。这正是现代性的最基本特征：个体性。于是，当这种“形而上学”下贯于“形而下学”的时候，也就敞开了个体本位的伦理学与政治哲学的大门。鉴于阳明心学的上述双重意义，可以说，阳明是帝国时代的最后一位伟大哲学家，同时也是中国现代性的首席哲学家。[1]

然而，帝国时代的儒家心学，其来甚远，可以提到：南宋的王频、吕祖谦、陆九渊、杨简等人；元代的陈苑；明代的陈献章、湛若水等人。心学以个体的“心”来确证本体的“理”，颇类似于胡塞尔（Edmund Husserl）的“本质直观”（Wesenserschauung）：非个体性的、非经验性的一般本质，居然基于个体性的、经验性的自我体验——良知所发之“意”（王阳明）或“意向性”（Noesis）（胡塞尔）。这种心学传统不仅开辟了儒家形下学的现代化道路，如黄宗羲对君主专制的深刻批判；[2] 而且开辟了儒家形上学的现代化道路，如王船山对儒家传统的先验人性论的批判 [3]、戴震的径直视人情、人欲为天理的思想 [4]，等等。

上文说过，现代性的本质乃是个体性。在这方面，儒家也有突出的表现。在王门后学中，以王艮为代表的泰州学派，最鲜明地表现出了个体精神。笔者曾撰文说：

倾向于现代性的阳明后学，最典型的是王艮创立的泰州学派。王艮本人的思想就极具现代性：首先是他的平民主体意识，认为“百姓日用是道”，“百姓日用条理处，即是圣人条理处”（《年谱》）[5]，“圣人之道，无异于百姓日用”，“愚夫、愚妇与之能行，便是道”（《语录》）[6]；由此而有平等意识，乃至认为“满街都是圣人”（《传习录下》）[7]；其“淮

[1] 黄玉顺：《论“重写儒学史”与“儒学现代化版本”问题》，《现代哲学》2015 年第 3 期；《新华文摘》2015 年第 18 期全文转载。
[2] 黄宗羲：《原君》，《明夷待访录》，中华书局 2011 年版。
[3] 王夫之：《尚书引义・太甲二》，中华书局 1976 年版。
[4] 戴震：《孟子字义疏证・理》，中华书局 1982 年版。
[5] 王艮：《王心斋全集》，江苏教育出版社 2001 年版，第 71-72 页。
[6] 王艮：《王心斋全集》，第 10 页。
[7] 王阳明：《王阳明全集》，上海古籍出版社 1992 年版。

南格物”说，诸如“身是本，天下国家是末”，“吾身是个矩，天下国家是个方”（《答问补遗》）[1]，其实是现代个体本位精神的一种表达；因此，其“明哲保身”说，其实是个体生命至上观念的一种表现；其“复初”说，“知不善之动者，良知也；知不善之动而复之，乃所谓‘致良知’，以复其初也”（《复初说》）[2]，其实是要复归上述本然状态。[3]

王艮的“明哲保身”、“身是本，天下国家是末”、“吾身是个矩，天下国家是个方”之说，可谓儒家个人主义的早期宣言。

（二）社会转型时期的儒家启蒙

所谓社会转型时期，包括历史学中所谓“近代”、“现代”、“当代”，这是中国由前现代社会向现代性社会转变的时期。较之帝国后期的儒家启蒙，这个时期的儒家启蒙具有了更为鲜明的现代价值取向。

1. 近代儒家的启蒙

近代儒家的启蒙，维新儒学是最典型的。维新儒学不仅从形而下的政治层面的“立宪”追溯到形而上的根据，而且尤其涉及了作为启蒙与现代性的核心的个体问题。

康有为所提出的“独人”概念就是一个典型，他说：“人道进化皆有定位……由独人而渐为夫妇，由夫妇而渐定父子，由父子而兼锡尔类，由锡类而渐为大同，于是复为独人。”[4] 将它与《易传》的一段话加以比较，不难看出观念的转换：“有天地然后有万物，有万物然后有男女，有男女然后有夫妇，有夫妇然后有父子，有父子然后有君臣，有君臣然后有上下，

[1] 王艮：《王心斋全集》，第 34 页。
[2] 王艮：《王心斋全集》，第 28 页。
[3] 黄玉顺：《论“重写儒学史”与“儒学现代化版本”问题》，《现代哲学》2015 年第 3 期。
[4] 康有为：《论语注》，见《康有为全集》第六集，北京：中国人民大学出版社 2007 年版，第 393 页。

有上下然后礼义有所错（措）。”[1]《易传》是从形上学和关系伦理出发（这与理学从“天理”出发是一致的），而康有为则是直接从形下的个体本位出发。学者指出：“‘独人’与‘合群’是康有为对人类生存状态最基础的理解和描述。……在康有为看来，人类生存中“群—独”之间的结合与关联构成了人类历史的据乱、升平和太平‘三世’的依次演化。在这种‘三世’演化的历史观中，包含了康有为对现代性生存中个体化特点之深刻理解：随着现代社会之个人化、单子化越来越明显，群体状态发生了根本性的结构改变，人与人之间的关系并不是单向性地变得疏远或者紧密，而是在现代性生存状况下发生了深刻重组。”[2] 这个分析颇为深刻。

梁启超所倡导的“新民”，同样是典型的启蒙观念。尼尔森（Kai Nielsen）指出，启蒙运动的核心信条之一是：“启蒙运动致力于打造新人新、社会，这些新人比我们现在大多数人更合乎理性，也更有人情味。”[3] 梁启超在其创办的《新民丛报》创刊号指出：“本报取《大学》新民之意，以为欲维新吾国，当先维新吾民。”[4] 改造国家的前提乃是改造国民、即塑造出作为一种“新人”的国民，也就是个体性的现代人格。

说到维新儒家，必须提到严复。严复是儒家，同时是启蒙思想家。严复是首次系统地引进西方自由主义的儒家，他对穆勒（John Stuart Mill）的著作 On Liberty（《论自由》）的编译《群己权界论》其实是儒家对自由主义的一种诠释，而不仅是简单的翻译。此书虽然始译于 1899 年，初版于 1903 年，却是严复自维新时期以来的一以贯之的思想观念的体现。这种自由主义意在划定“国群”与“小己”（自由个体）之间的权限之分界；强调个性的自由发展不仅是促进社会进步的重要因素，而且是人的本质要

[1] 《周易·序卦传》。

[2] 蒋孝军：《“群”与“独”：个体性问题——康有为政治儒学研究》，合肥：安徽人民出版社 2015 年版，第 15 页。

[3] 尼尔森：《马克思与启蒙计划》，载《金陵法律评论》2014 年秋季卷，第 211 页。

[4] 梁启超：《新民丛报》创刊号，1902 年 2 月 5 日。

求。笔者认为，严译《群己权界论》应当被奉为今日儒家的经典。

2. 新文化运动与儒家的启蒙

新文化运动当然是一场启蒙运动。陈独秀在《新青年》发刊词《敬告青年》中指出："国人而欲脱蒙昧时代，羞为浅化之民也，则急起直追，当以科学与人权并重。"[1] 这里的"蒙昧时代"是指的皇权帝国时代，"蒙昧"即指的皇权帝国意识形态，而"人权"的获得即是启蒙承诺——"人的解放"。

通常以为新文化运动是"反孔非儒"的。笔者曾撰文指出：新文化运动其实并非"反孔非儒"[2]；在某种意义上，毋宁说是一种别样的儒家启蒙。陈独秀《敬告青年》号召青年以孔子为楷模："吾愿青年之为孔、墨，而不愿其为巢、由。"他明确表示："孔教为吾国历史上有力之学说，为吾人精神上无形统一人心之具，鄙人皆绝对承认之，而不怀丝毫疑义"[3]；"在现代知识的评定之下，孔子有没有价值？我敢肯定地说有"[4]；"孔学优点，仆未尝不服膺"[5]。胡适谈到："有许多人认为我是反孔非儒的。……我在我的一切著述中，对孔子和早期的'仲尼之徒'如孟子，都是相当尊崇的。我对十二世纪'新儒家'的开山宗师的朱熹，也是十分崇敬的。"[6] 他还表示："关于'孔家店'，我向来不主张轻视或武断的抹杀。你看见了我的《说儒》篇吗？那是很重视孔子的历史地位的。"[7] 李大钊说得最明白："余之掊击孔子，非掊击孔子之本身，乃掊击孔子为历代君主所雕

[1] 陈独秀：《敬告青年》，原载 1915 年 9 月 15 日《青年杂志》创刊号。

[2] 黄玉顺：《新文化运动百年祭：论儒学与人权——驳"反孔非儒"说》，《社会科学研究》2015 年第 4 期。

[3] 陈独秀：《答俞颂华》，原载 1917 年 3 月《新青年》第 3 卷第 1 号；见《陈独秀著作选》第 1 卷，上海人民出版社 1993 年版，第 279 页。

[4] 陈独秀：《孔子与中国》，载 1937 年 10 月 1 日《东方杂志》34 卷 18、19 号；见《陈独秀著作选》第 3 卷，第 377-379 页。

[5] 陈独秀：《答常乃悳》，载 1917 年 2 月《新青年》第 2 卷第 6 号；见《陈独秀著作选》第 1 卷，第 265 页。

[6] 唐德刚：《胡适口述自传》，台北：传记文学出版社 1983 年版，第 258 页；另见葛懋春、李兴芝编《胡适哲学思想资料选》，华东师范大学出版社 1981 年版，下册，第 265-266 页。

[7] 胡适：《至陈之藩》，见耿云志、欧阳哲生编《胡适书信集》中册，北京大学出版社 1995 年版，第 1137 页。

塑之偶像的权威也；非掊击孔子，乃掊击专制政治之灵魂也。”[1]

笔者认为，这些人物或多或少亦可以称之为“儒家”，正如贺麟所说，他们“表面上好象在反对儒家思想，而骨子正代表了儒家思想，实际上反促进了儒家思想”[2]。他们有一个特点：在引进西方的启蒙与现代性观念的时候，往往用儒家的话语来加以表达和诠释。例如蔡元培这样讲：“对于公民道德的纲领，揭法国革命时代所标举的自由、平等、友爱三项，以古义证明说：自由者，‘富贵不能淫，贫贱不能移，威武不能屈’是也；古者盖谓之义。平等者，‘己所不欲，勿施于人’是也；古者盖谓之恕。友爱者，‘己欲立而立人，己欲达而达人’是也；古者盖谓之仁。”[3]这种“格义”乃是学术转换的一种必然，也是儒学现代转化的一种必然。

因此，作为现代儒家代表人物的贺麟指出：

> 五四时代的新文化运动，可以说是促进儒家思想新发展的一个大转机。……新文化运动的最大贡献在于破坏和扫除儒家的僵化部分的躯壳的形式末节，乃束缚个性的传统腐化部分。它并没有打倒孔孟的真精神、真意思、真学术，反而因其洗刷扫除的工夫，使得孔孟程朱的真面目更是显露出来。[4]

贺麟的意思，新文化运动并不是儒学的毁灭，而是“促进儒家思想新发展的一个大转机”。这里最值得注意的有两点：第一，必须“破坏和扫除儒家的僵化部分的躯壳的形式末节”；第二，其目的是将“个性”从儒家的“传统腐化部分”中解放出来，即个人的解放，这正是启蒙精神的核

[1] 李大钊：《自然的伦理与孔子》，载1917年2月4日《甲寅》日刊，署名“守常”；见《李大钊全集》第1册，人民出版社2006年版，第247页。

[2] [82] 贺麟：《儒家思想的新开展》，见贺麟《文化与人生》，上海书店《民国丛书》第2编第43册，第1页。

[3] 蔡元培：《我在教育界的经验》，见《蔡元培教育论著选》，高平叔编，北京：人民教育出版社1991年版，第707页。

[4] 贺麟：《儒家思想的新开展》，见贺麟《文化与人生》，第2页。

心与实质。由此才会有贺麟所预言的“儒家思想的新开展”——现代新儒家的兴起。

3. 现代新儒家的启蒙

20 世纪的现代新儒家的启蒙与现代性的性质，那是更无疑义的，这里无须赘述。李大钊曾经说：“使孔子而生于今日，或更创一新学说以适应今之社会，亦未可知。”[1] 这其实正是现代新儒家所做的工作。他们“适应今之社会”的方法，通常说是“返本开新”或“内圣开出新外王”，即开出“民主与科学”；然而从启蒙的眼光看，他们的工作本质上是启蒙承诺、即“人的解放”，这尤其体现在他们的那种“儒家自由主义”的努力，例如张君劢、徐复观的工作。

结语：儒家启蒙主义的当代使命

鉴于上述儒家启蒙的历史事实以及当前出现的逆向思潮，为儒家计，为中国计，为人类计，今天亟需旗帜鲜明地建构“儒家启蒙主义”（Confucian Enlightenment）。为此，需要重新斟酌迄今为止的“启蒙反思”的理论与实践，认真总结儒家自身的启蒙历史的经验与教训，从而明确当今时代儒家启蒙的基本任务：顺应现代性的生活方式，确立个体性的主体观念，开出现代文明的价值体系。

这并不是完全否认后现代主义者“反思启蒙”的意义，而是超越“反思启蒙”，而让儒家回归真正的启蒙精神。例如，作为保守主义者的柏克（Edmund Burke）曾表示：“在这个启蒙的时代，我十足敢于宣称，我们总的来说乃是具有天然的情感的人们；我们不是抛弃我所有的那些旧的成见，而是在很

[1] 李大钊：《自然的伦理与孔子》，原载 1917 年 2 月 4 日《甲寅》日刊（署名“守常”）；见《李大钊全集》第 1 册，第 246 页。

大程度上珍视它们；而且大言不惭地说，因为它们是成见，所以我们珍视它们；它们存在的时间越长，它们流行的范围越广，人们便越发珍视它们。”[1] 这番话不应被理解为对启蒙的否定。相反，假如所谓“天然的情感”是说的儒家的仁爱情感，假如所谓“成见”是指的儒家关于仁爱情感的见解，那么，柏克这个说法是有道理的；这就是说，现代文明价值观念，都应当、且可以由儒家的仁爱观念来加以阐明：一方面，儒家仁爱中的“差等之爱”或“自爱”[2]，乃是个体、自由等价值的天然情感基础；而另一方面，儒家仁爱中的“一体之仁”或“博爱”[3]，则是平等、民主等价值的天然情感基础。简言之，儒家启蒙主义纲领的核心，就是以“仁爱”情感来阐明“人的解放”这个宗旨。

（黄玉顺，山东大学儒学高等研究院教授）

[1] 埃蒙德·柏克：《法国革命论》；转引自詹姆斯·施密特：《启蒙运动与现代性》，第 17 页。
[2] 《荀子·子道》：“知者自知，仁者自爱。”
[3] 韩愈《原道》开宗明义：“博爱之谓仁。”见《韩昌黎文集校注》，马其昶校注，上海古籍出版社 1986 年版。

企业年金改革面临抉择：扩大参与率的历史时刻

郑秉文

经过十几年的发展，作为补充养老保险的企业年金制度不断成长，取得了令人瞩目的成就[1]：建立年金的企业数量 7.5 万个，参与职工的数量 2316 万人，积累基金 9526 亿元；更为重要的是，年金市场逐渐完善，市场规模正在形成，制度运行走向成熟。

但总体而言，相较于第一支柱的基本养老保险制度，作为第二支柱的企业年金制度始终处于奋力爬坡的艰难前行之中，与我国经济总量排名第二的地位很不相称，在养老保险制度架构中始终没有发挥其应有的作用，在国民福利制度结构中始终处于无足轻重的地位，在构建“多层次”社会保障制度的目标中仍是一个尚需实现的梦想。

当前，养老保险总体顶层设计正在紧急制订，企业年金政策正在修订，我们站在十字路口，面临抉择：是否应该挑起历史重担，将改革进行下去？如何为企业年金的滞后现状进行把脉，给出一揽子解决方案？笔者给出的

[1] 人力资源和社会保障部社会保险基金监督司：《全国企业年金基金业务数据摘要（2015 年度）》，人力资源和社会保障部官网，2016 年 3 月。

判断是：企业年金发展存在的最大威胁是参与率太低，参与率难以扩大的最大障碍是来自于某些制度设计的陈旧过时及其存在的诸多瑕疵；采取系列改革措施扩大企业年金参与率迫在眉睫，是当前“十三五”时期的头等大事，也是“十四五”期间的重要任务。

基于上述分析判断，本文接下来对企业年金参与率太低的主要原因及其后果，对扩大参与率所必须采取的五项核心措施和五项辅助措施，对实施这些改革措施应该注意的问题等进行了详述。

一、企业年金制度存在的主要问题与改革“窗口期”

如果说第一支柱基本养老保险制度存在的主要问题是可持续性问题，那么，第二支柱企业年金制度存在的主要问题就是由于其参与率太低而导致的公平性问题，其中，被广为诟病的“富人俱乐部”之称便是一个生动写照。对即将诞生的第三支柱个人商业养老保险来讲，鉴于目前有关各方对它的认识和博弈，考虑到纳税人数量等诸多因素，其存在的主要问题很可能是公平性与可持续性兼而有之。

这里特别要注意的是，2015年是企业年金参与率下滑的一个历史拐点：新建企业年金的企业数量增长率仅为3%，为6年来最低；新建年金的职工人数增长率仅为1%，为建立年金制度以来最低，相比之下，2007-2014年每年新建年金的职工人数的增长率分别是11.7%、15.2%、13.6%、13.2%、18.1%、17.1%、11.3%和11.5%[1]。2015年出现的“3%”和“1%”的增长率，这是一个重要信号，如不实施强有力的系列改革措施，从此，企业年金参与率就有可能停滞下去并成为一个“新常态”（见表1）。

[1] 根据人力资源和社会保障部公布的历年《人力资源和社会保障事业发展统计公报》计算得出，见人力资源和社会保障部官网。

表 1　　　2007-2015 年企业年金制度的参与企业数量与参与人数增长

年份	企业数（个）	增长率（%）	职工数（万人）	增长率（%）
2007	32000	-	929	-
2008	33100	3.44%	1,038	11.73%
2009	33500	1.21%	1,179	13.58%
2010	37100	10.75%	1,335	13.23%
2011	44900	21.02%	1,577	18.13%
2012	54700	21.83%	1,847	17.12%
2013	66100	20.84%	2,056	11.32%
2014	73300	10.89%	2,293	11.53%
2015	75500	3.00%	2,316	1.00%

资料来源：2010-2015 年的数据引自中国人力资源和社会保障部《全国企业年金基金业务数据摘要（2015 年度）》；2007-2009 年的数据引自人社部调研数据。

（一）企业年金成为"短板"的主要表现

企业年金参与率太低，其主要表现可被概括描述为三个"失衡"和一个"排除"。

第一，与基本养老保险覆盖率相比严重失衡。第二支柱的规模太小，与其地位相比很不匹配，与基本养老保险制度相比不成比例。截至 2015 年底[1]，建立企业年金的企业数量不到全国企业法人单位的 10%，参与的职工人数只是城镇职工基本养老保险参保人数的 6.55%，占城镇就业人口的比例只有 2.99%，年金基金积累规模只占城镇基本养老保险基金累计结余 3.6 万亿元的 26.95%，占当年 GDP 的比例不到 1.5%，而美国 2015 年底第二支柱的企业参与率和雇员参与率都超过了 50%，基金积累达 16.6 万亿美元，相当于当年 GDP 的 97% 左右，如果再加上第三支柱"个人退休账户"（IRA）养老资产 7.3 万亿美元，两个支柱养老基金规模高达 24 万亿美元，相当于股市的市值[2]。

[1] 人力资源和社会保障部：《2015 年度人力资源和社会保障事业发展统计公报》，见人力资源和社会保障部官网。

[2] ICI, Investment Company Fact Book 2016, the 56th edition, 2016, ICI, Washington DC., p.137, figure 7.5.

第二，地区发展严重失衡。从地区分布来看，发达地区与欠发达地区的企业年金参保比例、基金规模相差悬殊，呈现很强的区域性特点：不仅在规模上存在东、中、西梯度分布的结构特点，发展增速上也呈现出区域性差异。2015年的数据显示[1]，只有北京和上海的职工账户数超过百万，分别为120.39万人和113.53万人；东部省份相比中西部省份人数明显较多，如广东省为72.17万人、江苏省44.13万人、山东省47.74万人；而一些经济落后省份，如广西仅有16.28万人、贵州省仅有15.46万人。

第三，覆盖行业和企业严重失衡。建立年金计划的企业大多为能源、电力、铁路、交通、烟草等垄断型和资源型企业，还有银行、证券和保险等盈利性很好的金融领域企业，还包括相关行业的龙头企业；从缴费额占年金积累总额的比例来看，大约四分之三为国有企业，民企占比很小，基本被排除在外。民企是解决中国就业问题的主力军，但却成为企业年金制度的一个“痛点”。

第四，小微企业基本被排除在外。根据国家统计局的数据[2]，中国的小微企业法人单位785万家，在全国工商登记注册企业中占97%以上；小微企业从业人员1.47亿人，吸纳了城镇就业人口的50%以上；小微企业资产高达138万亿元。但总体看，为国民经济发展作出巨大贡献的小微企业基本与年金制度无缘。

（二）企业年金发展相对滞后的后果

长期来看，企业年金这个“短板”如果不“补”，其后果主要有三：

第一，职工退休收入水平不足。多年来，基本养老保险制度下的退休收入水平始终处于持续下滑通道上，2010-2014年城镇在岗职工平均替代

[1] 人力资源和社会保障部社会保险基金监督司：《全国企业年金基金业务数据摘要（2015年度）》，人力资源和社会保障部官网，2016年3月。

[2] 《第三次全国经济普查主要数据公报（第一号）》，见国家统计局官网，2014年12月16日。

率大约在 42%-44% 区间。企业年金本来应成为退休收入的重要来源之一，但由于参与率太低，企业年金的养老金领取人数仅为 90 万人，2015 年领取总金额是 260 亿元[1]，假定一次性领取的话，人均仅为 2.9 万元，如果平均到每个月，仅为 209 元，不到基本养老保险的 10%[2]。2015 年企业年金实际领取金额与有些推算结果完全吻合，即男职工企业年金替代率 95% 的置信区间为 [8.993%，9.176%]，女职工企业年金替代率 95% 的置信区间为 [8.885%，9.060%][3]。

第二，与机关事业单位全员建立年金制度相比，形成新的社会不公。机关事业单位养老金制度改革已经启动，根据新制度的设计，机关事业单位全员建立职业年金制度并已经开始缴费。这种"自动加入"的职业年金运行方式必将引发社会的广泛关注，随着机关事业单位养老金改革的不断推进，参与率的巨大反差有可能再次引发关于养老金公平问题的社会大讨论。如果私人部门的企业年金参与率没有根本性改变，这轮机关事业单位养老金改革的目标就没有完全达到，甚至有可能引发新的潜在矛盾和社会风险。这样的潜在后果应予以考虑，以防止由于年金制度的巨大反差而导致公共部门与私人部门之间出现"社会撕裂"。

第三，"多层次混合型"养老保障的制度目标将渐行渐远。构建"多层次混合型"养老金制度是建立中国特色社会保障制度的必由之路，是国民福祉的根本所在，是对福利模式进行权衡后的大国之道[4]。作为一个社

[1] 人力资源和社会保障部社会保险基金监督司：《全国企业年金基金业务数据摘要（2015 年度》，人力资源和社会保障部官网，2016 年 3 月。

[2] 意指分期领取，按 139 个月平均到每个月。2015 年全国的月人均养老金是 2251 元（见人社部社会保险事业管理中心:《中国社会保险发展年度报告 2015》，中国劳动社会保障出版社，2016 年 7 月，第 19 页）。

[3] 见郑秉文主编：《中国养老金发展报告 2016》，分报告五，经济管理出版社，2016 年 12 月。

[4] "多层次"是指以国家举办的基本养老保险为主体、雇主举办的企业年金和机关事业单位举办的职业年金为补充、居民投资购买的个人养老保险为基础的三层次养老保障网络，意指国家、企业与个人共同支撑和三位一体的三支柱养老保障制度框架；"混合型"是指缴费型的养老保险制度为骨干、非缴费型的老年救助制度为兜底、慈善事业和社会力量的扶老助残为增益的调动多种养老资源参与的老年安全网络，意指养老基金、保险基金和财政转移支付等多种融资来源的 PPP 型养老保障模式。中国特色"多层次混合型"养老保障体系是国家治理体系的重要子系统和治理能力现代化的重要体现。

会共识，在理论上这是毋庸置疑的。但是，如果在实践中企业年金参与率的问题始终不能得到较好解决，“多层次混合型”养老保障必将长期处于纸上谈兵或束之高阁的所谓“试点”状态，社保制度的自信必将受到影响，社会保障制度作为一个重要的“软实力”，有可能长期成为“硬实力”GDP增长的一个“累赘”，甚至成为与美国等发达国家相比一个难以弥合的“社会鸿沟”。

（三）扩大企业年金参与率的“窗口期”与深远意义

第一，企业年金改革面临四个契机，历史节点在此交汇。当前是企业年金改革的重要“窗口期”：一是在供给侧结构性改革中降低社会保险费是重要任务之一，这为扩大企业参与率提供了空间；二是《企业年金试行办法》已实行 13 年，《企业年金规定（征求意见稿）》已公开征求意见[1]，企业年金政策修订和制度升级势在必行；三是第三支柱个人商业养老金政策正在最后完善过程之中，打开两个支柱个人账户之间的通道并给出第二和第三支柱的一揽子顶层设计正当其时；四是机关事业单位职业年金制度刚刚启动，诸多细则需要补充完善，诸多条例需要建立，公共部门与私人部门之间的人员流动、企业年金与职业年金两个制度之间的相互转换需要对年金制度统筹兼顾，建立一个年金平台。

第二，养老保险顶层设计正在制订，亟需配套制订一揽子措施。上述 4 个事件是历史性的改革机遇，应抓住这 4 个契机，在构建“多层次混合型”社保体系中解决扩大参与率的制度设计问题，尤其是一揽子解决中小微企业的进入门槛问题。中小微企业的主要特征是生命周期短，职工流动性大，据官方统计，生存时间 1 年以内的企业占全国企业总量的 14.8%，

[1] 人力资源和社会保障部：《关于〈企业年金规定（征求意见稿）〉公开征求意见的通知》，见人力资源和社会保障部官网。

3 年以内的占 40.4%，五年以内的占 49.4%，5-10 年的占 32.9%[1]。要针对中小微企业的这些主要特征，增强制度的激励性、可及性和灵活性，给出一揽子改革方案。

第三，扩大企业年金参与率意义深远，影响巨大。企业年金改革的题目貌似虽小，难入决策部门的“法眼”，但关涉的却是经济增长的后劲、财政的负担、国民的福祉，是一件大事；参与率低下，构建“多层次混合型”社会保障制度就必将成为一句空话，福利模式的选择和试错过程就必将长期处于摸索之中，甚至资本市场的发育与成熟也必将长期处于目前的幼稚阶段[2]。这不是危言耸听，哗众取宠，而是确实是一项具有前瞻性、战略性、总结性、可操作性，相互具有内在联系的重大改革任务：之所以说具有“前瞻性”，是因为扩大企业年金参与率是以社会保障的长期发展为着眼点，是以经济发展速度进入新常态条件下的供给侧结构性改革为出发点，是以促进国民福祉和“补短板”为落脚点；之所以说具有“战略性”，是因为扩大企业年金参与率是从“多层次混合型”的整体逻辑出发，从二个支柱关系的战略布局出发，从年金制度的理想模式和最优目标出发；之所以说具有“总结性”，是因为扩大企业年金参与率是来自年金市场运营第一线的切身感受，源自不同业界专业人士和学者科研人员的思想撞击火花，来自不同年金运营机构和金融市场机构所面临的困惑与经历；之所以说具有“可操作性”，是因为扩大企业年金参与率来自 12 年来的年金市场实际操作业务流程中遇到的呼声，汲取了欧美发达国家半个多世纪以来的经验教训，甚至有来自美国“2006 年养老金改革”、英国“2008 年养老金改革”、中国香港地区正在进行的“2016 年强积金改革”的直接启发。

[1] 国家工商总局企业注册局和信息中心：《全国内资企业生存时间分析报告》，2013 年 6 月，第 2 页，图表 1。
[2] 关于福利模式的划分和模式选择，详见郑秉文等著《中国养老金发展报告 2015》的“主报告”。

二、美英等发达国家扩大参与率的国际经验比较

在过去的10年里，无论是欧美发达国家，还是中东欧新兴市场，它们都不约而同地将扩大第二支柱的参与率作为各国政府改革社会保障制度的首要目标。经过多年的探索，不断总结经验教训，它们纷纷立法，在社会保障史上掀起了一场前所未有的改革浪潮。其中，改革力度之大，目标之明确，立法之密集，当属美国、英国、澳大利亚和一些欧陆国家。值得注意的是，美国的“2006年改革”和英国的“2008年改革”为中国扩大企业年金参与率的改革提供了很多重要启示。

（一）美国“2006年改革”及其深远影响

2006年美国通过了《2006养老金保护法案》（Pension Protection Act of 2006），从而掀起了促进养老金大发展的一场革命。《2006养老金保护法案》内容十分丰富，原文连同3个技术文件附件共计超过一千多页[1]，是继1974年通过的《雇员退休收入保障法案》（ERISA）以来最为重要的养老金立法。但是，归纳起来，从扩大参与率的角度看，美国《2006养老金保护法案》的历史性贡献主要有三个。

第一个贡献是引入“自动加入”（auto enrollment）机制。

为扩大养老金参与率，一些实行“自愿加入”的国家逐渐引入“自动加入”制度。《2006养老金保护法案》长达400多页，通过了一系列重要条款，其中“允许”从2010年开始建立自动加入制度。这项改革对扩大年金参与率发挥了巨大作用。Vanguard的大数据可窥测一斑[2]：纵向比，2006年的参与率是66%，2014年提高到77%；横向比，采取自愿加入的企

[1] 中国社会科学院世界社保研究中心将之组织翻译成中文，2017年夏将由中国社会科学出版社予以出版。

[2] 以下数据引自：Vanguard, How America Saves 2016, 2016 The Vanguard Group, Inc. p.29, figure 25, p.31. figure 28.

业里，年金参与率是58%，而采用自动加入的参与率则高达88%。自动加入的优势主要表现在以下几个方面：

一是对低收入群体扩大参与率具有良好的效果。例如，纵向比，年收入3万美元以下的群体，2006年的参与率仅为43%，2014年提高到62%；年收入3-5万美元的，2006年参与率是63%，2014年提高到75%。对中高收入阶层的激励效果不明显，例如，年收入5-7.5万美元的，2006年参与率是74%，2014年仅提高到79%；7.5-10万美元的，2006年是84%，2014年降到83%；10万美元以上的，2006年是91%，2014年仅提高到92%。横向比，2015年，在实行自愿加入的企业里，年收入3万美元以下的群体年金参与率仅为29%，而实行自动加入的则高达82%；3-5万美元的，前者仅为53%，后者则高达90%；而10万美元以上的，前者的参与率是85%，后者是96%。

二是对刚参加工作的群体具有明显激励效果。纵向比，参加工作1年以下的新雇员，2006年的参与率是45%，2014年大幅提高到67%；2-3年的，2006年是58%，2014年提高到75%；4-6年的，2006年是67%，2014年是79%；7-9年的，2006年是73%，2014年是79%；10年以上的，2006年是79%，2014年仅提高到84%。横向比，2015年，参加工作不到1年的，实行自愿加入的企业里其参与率仅为33%，而在实行自动加入的企业里则高达82%；2-3年的，前者是56%，后者是92%；工作10年以上的，前者是73%，后者是93%。

三是对青年职工的激励效果更为明显。纵向比，25岁以下的群体，2006年参与率是33%，2014年提高到57%；25-34岁的参与率，2006年是58%，2014年提高到74%；35-44岁的参与率，2006年是69%，2014年提高到79%；45-55岁的参与率，2006年是71%，2014年是81%；55-64岁的参与率，2006年是72%，2014年提高到82%。横向比，2015年，25岁以下的青年人，在实行自愿加入的企业里，参与率仅为25%，而在实行自动加入的企业则高达 81%；25-34 岁的群体里，在前者的参与率是 51%，后者高达 88%；55-64 岁的群体里，前者是 69%，后者是 91%（见表 2）。

表 2　美国实施“自动加入”前后与是否实施“自动加入”的参与率对比

类型	不同群体的参与率（%）		2015 年不同计划类型的参与率（%）	
	2006	2014	自愿加入	自动加入
全 部	66	77	58	88
收 入				
3 万美元以下	43	62	29	82
3-4.99 万美元	63	75	53	90
5-7.49 万美元	74	79	62	92
7.5-9.99 万美元	84	83	69	94
10 万美元以上	91	92	85	96
年 龄				
25 岁以下	33	57	25	81
25-34 岁	58	74	51	88
35-44 岁	69	79	61	88
45-54 岁	71	81	65	90
55-64 岁	72	82	69	91
65 岁以上	57	75	64	87
性 别				
男性	66	78	56	89
女性	64	79	63	88
工作年限				
0-1 年	45	67	33	82
2-3 年	58	75	56	92
4-6 年	67	79	63	92
7-9 年	73	79	68	92
10 年以上	79	84	73	93

资料来源：Vanguard, How America Saves 2016, 2016 The Vanguard Group, Inc. p.29, figure 25, p.31. figure 28.

改革之后，美国企业采用自动加入制度的养老金计划，必须满足选择性缴费和匹配缴费的非歧视原则，其主要硬性要求有：计划发起者必须为没有选择缴费费率的雇员制定一个默认的费率并自动代扣代缴；及时将相关信息告知雇员，雇员有权利改变缴费水平；在加入养老金计划的第一年，缴费率不得低于法定标准；雇主可采用自动升级政策，从第二年起每年将费率自动提高 1%，直到费率达到 6%。雇主应该为雇员提供配套缴费，对于雇员的费率 1% 以内的缴费，雇主提供 100% 的配套缴费；对于雇员的费率 1% 以上、6% 以内的缴费，雇主提供 50% 的配套缴费 [1]；雇员有权利选择或更改投资组合，但如果雇员没有做出明确的投资选择，雇主还有权为雇员选择一个默认的投资组合。这种默认投资组合只要符合劳工部的有关规定，就可以获得信托责任保护；当雇员临近退休时，其个人退休账户中的资金将被转移到低风险、收益稳定的投资组合中。当达到退休年龄时，雇员领取的养老金需要缴税；如果雇员在 59 岁之前提前领取养老金，还需要缴纳 10% 的附加税。

第二个贡献是引入“合格默认投资工具”机制。

《2006 养老金保护法案》强制性规定，企业雇主要为其雇员提供合格默认投资工具（以下简称 QDIA），供雇员选择。QDIA 在这里主要是指“目标日期基金”（TDF）。TDF 诞生于上世纪 90 年代初。1991 年巴克莱在美国市场上率先推出第一只 TDF 产品“BGI 2000 Fund”，主要市场对象是 401(k) 养老基金，这是因为，长期以来美国养老金市场上存在一种诡异的现象：账户持有人在选择市场投资品种上常出现两个极端，即或有一些人 100% 地持有股票，或有一些人 100% 地持有银行存款，在三维图中如同两面“山墙”。

一些资管公司针对“山墙”现象研发出 TDF。1996 年富达发行了该公司旗下的第一只 TDF 产品“Fidelity Freedom 2000”，接着，Nest Eggs、Principal、T. Rowe Price、Vanguard 等其他投资公司相继于 1999、2001、2002 及 2003 年推出了各自的 TDF，TDF 开始形成气候。

TDF 对养老金投资者来说具有很多优势：首先，它可以规避出现“山

[1] GAO. Retirement Savings: Automatic Enrollment Shows Promise for Some Workers, but Proposals to Broaden Retirement Savings for Other Workers Could Face Challenges. GAO-10-31. Washington, D.C.: October 23, 2009.

墙病”的偏差，401（k）计划参与者只需选择一个与其退休日期最为接近的产品即可自动获得风险收益，避免出现投资失误与损失之苦；其次，它省时省力，简单易懂，下单之后剩余的工作全部交给投资经理来完成，权益类资产配置根据年龄的增长而顺着下滑轨道自动减少，任何年龄段的职工均可根据自身年龄在不同序列产品间作出选择；再次，投资者无需费时学习投资知识，任何受教育背景的人都可进行投资并获得同样的风险收益；最后，具有明显的规模效应，包括成本控制、业绩提升和费率下降等。

由于TDF具有上述诸多优点，它很快就流行开来并风靡全美，甚至受到其他国家养老金市场的追捧。在院外集团的游说下和市场需求的压力下，美国政府认识到了TDF的重要性，逐渐看到它可导致养老金市场的受益人、委托人、投资管理人乃至资本市场实现“多赢”。在TDF流行了多年之后，美国政府最终作出重大决定，在《2006养老金保护法案》中对雇主作出必须向雇员提供TDF的强制性规定，以立法的形式予以背书，强力推动TDF。从此，TDF将美国养老基金的发展推向一个新阶段。

美国2006年通过立法以来，TDF的规模和影响都有了长足的发展。据统计[1]，2004年TDF的总规模仅为440亿美元，2015年则高达7630亿美元，其中，DC型养老基金持有的TDF在2004年只有290亿美元，TDF资产仅占2%，到2015年则分别提高到5110亿美元和14%。众所周知，401(k)在美国DC型养老金中占有相当的重要地位，在过去的10年里，TDF在401(k)养老金市场中的地位日益提高。其中，2006年提供TDF的401(k)计划的比重是57%，2014年提高到72%；2006年TDF覆盖的401(k)参与人占比是62%，2014年提高到73%；2006年401(k)中持有TDF的投资者是19%，2014年激增至48%；重要的是，2006年401(k)基金中TDF资产占比仅为5%，

[1] ICI, Investment Company Fact Book 2016, the 56th edition, 2016, ICI, Washington DC. p.162, figure 7.25; p.163, figure 7.26; p.148, figure 7.14.

到 2014 年提高到 18%。

第三个贡献是将"罗斯免税账户"永久化。

美国的免税账户最初诞生于第三支柱"个人退休账户"（以下简称 IRA），此前均为后端缴税型（EET）。1989 年美国俄勒冈州参议员 Bob Packwood 和特拉华州参议员 William Roth 提出了动议，建议允许个人每月可在没有直接抵扣税收的账户中投资限额最高 2000 美元，退休后在提取投资收益时可以免税。经过十多年的努力，1997 年通过的《纳税人减税法案》终于将"免税账户"引入 IRA，并按其主要立法提案人 William Roth 的姓氏予以命名。"罗斯账户"很快就受到美国居民的欢迎，到 2001 年，建立罗斯账户的家庭数量达 1060 万个，占全部 IRA 家庭数量的 9.8%，资产达 790 亿美元，占 IRA 总资产 2.62 万亿的 3.0%[1]。由于免税账户对扩大 IRA 的参与率起到意想不到的作用，2001 年美国将免税账户引入到第二支柱年金 401（k）和 403（b）[2]。《2006 养老金保护法》的贡献在于，它撤销了 401(k) 和 403(b) 的罗斯账户将在 2011 年到期的条款，使 TEE 型的免税账户在第二和第三支柱的应用永久有效。此后不久，2010 年美国又将免税账户的应用扩到 457(b)，于是，2012 年美国联邦政府雇员的年金制度即"节俭储蓄计划"（TSP）也正式引入了罗斯免税账户。

免税的激励力量促使养老金计划快速发展，截止 2014 年底，IRA 账户持有人中有 33% 持有罗斯免税账户，持有资产占 IRA 全部资产的 12%，即在 7.3 万亿美元资产中有 8760 亿美元为免税账户资产[3]。免税账户尤其受到青年人的喜爱。在 DC 型企业年金中，罗斯账户也越来越受到青睐，大约有 27% 的账户持有人开设的是罗斯账户，2012 年罗斯账户参与率是

[1] ICI, The Evolving Role of IRAs in US. Retirement Planning, Nov. 2009, Vo. 15, No. 3. Figure 12 and 13.

[2] 401(k) 指企业建立年金的规定，403(b) 指非政府组织建立年金的规定，457(b) 指政府组织建立年金计划的规定。

[3] 以上数据引自 ICI, Ten Important Facts About Roth IRAs, August 2016, figure 1 and 2.

8.1%，到2014年上升到11.0%[1]。

（二）英国“2008年改革”及其对扩大参与率的促进

英国私人部门的企业年金的“有效参与人数”（active members）在上世纪80年代以来持续下降，从600万人（不含领取养老金者和保留账户者，下同）下降到2007年的360万人，到2011年进一步下降到290万人，而同期公共部门参与人数始终维持在500万以上[2]。鉴于企业年金制度面临空前的威胁，英国效法美国“2006年改革”的做法，于2008年及时推出了《2008养老金法案》(Pensions Act 2008)，拉开了企业年金改革的大幕。《2008养老金法案》的贡献主要有三个方面：

第一个贡献是强力推进“自动加入”机制。

自动加入机制的引入，挽救了英国企业年金的颓势。按照规定，2012年全英开始实施自动加入，2013年1月仅有33个企业和95.8万雇员自动加入企业年金计划，但到2016年12月，建立年金的就多达8.75万个企业和2380万雇员[3]。法案规定最迟到2018年，雇主有义务为年龄在22周岁以上、退休年龄以下，在英国工作年收入超过10000英镑，且没有参加任何职业养老金计划的雇员提供可供选择的职业养老金计划，并进行最低缴费。在雇主按照日程安排将合格雇员自动加入到职业养老金计划中后，雇员在一个月内可以选择退出，或者不再成为活跃缴费成员，该计划会退还雇员已经缴纳的费用。三年之后，雇主需要再次自动将雇员自动加入到职业养老金计划中，使雇员获得再次评估资产和选择加入职业养老金计划

[1] Ana Hewitt, Roth Usage in Defined Contribution Plans, Retirement Research, April 2014, p2.

[2] Office for National Statistics, Occupational Pension Schemes Survey: 2011, in Statistical Bulletin, p.7. Table 2. 如果加上领取养老金者、保留账户者和公共部门的人数，英国企业年金的参与人数超过2千万。

[3] Automatic Enrolment: Declaration of Compliance Report, July 2012-December 2016, The Pensions Regulator. Published: January 2017, p.2 and p.7.

的权利。雇员在第一次退出职业养老金计划之后如果想重新加入，可以向雇主申请重新加入，雇主应该允许其加入；但是，如果雇员第二次退出职业养老金计划后再来申请重新加入，能否重新加入就取决于雇主意愿。为了保证职业养老金计划自动加入制度的落实，英国制定了详细的过渡计划，给雇主和雇员一个“适应期”。这个过渡计划主要包括两个方面：一是逐步提高最低缴费比例，最终达到 8% 的目标。这是 DC 型养老金计划，2012 年 10 月之前的最低缴费为雇员工资的 2%，其中，1% 来自于雇主，0.8% 来自于雇员，剩下的 0.2% 来自于税收优惠；在 2012 年 10 月之后至 2018 年 4 月之前，最低缴费提高至 5%，其中，2% 来自雇主，2.5% 来自于雇员，剩下 0.5% 来自于税收优惠；在 2018 年 4 月之后至 2019 年 4 月之前，最低缴费提高至 8%，其中，雇主缴纳不低于 3%，雇员不低于 4%，税收优惠不低于 1%。二是根据预扣个人所得税的雇员人数或其他条件为不同的雇主制定了不同的履行自动加入义务时间表；拥有 250 人以上雇员的大型雇主应该在 2012 年 10 月 1 日至 2014 年 2 月 1 日期间建立职业养老金计划自动加入制度，拥有 50-249 名雇员的中型雇主履行自动加入义务的时间是 2014 年 4 月 1 日至 2015 年 4 月 1 日，拥有 30-49 名雇员的小型雇主和拥有 30 名以下雇员的微型雇主履行自动加入义务的时间分别是 2015 年 8 月 1 日至 2015 年 10 月 1 日和 2016 年 1 月 1 日至 2017 年 4 月 1 日。

第二个贡献是建立推进自动加入的专门机制“国家职业储蓄信托”。

国家职业储蓄信托（以下简称 NEST）建立于 2010 年，是一种信托型企业年金计划，是为了支持和落实企业年金“自动加入”改革而专门成立的重要工作平台，旨在使雇主和雇员能够更容易地自动加入进来。NEST 提供的线上自动加入系统十分方便，沟通机制十分便捷，并具有高质量的治理结构，提供高水平的投资系统。

专门负责执行 NEST 年金计划的运营机构是 NEST Corporation（以下

简称 NEST 公司），它是一个非政府的公共组织，负责提供稳定、有效和低价的个人账户缴费、投资与交易平台，其前身是根据2007年通过的《2007养老金法案》成立的“个人账户服务管理局”（以下简称 PADA），NEST 继承了 PADA 的全部资产与业务，并在此基础上大大扩展了年金业务的范围。实际上，NEST 公司是 NEST 计划的受托人，它有责任运营 NEST 计划并以受益人利益最大化为唯一目标。在治理结构上，值得注意的一个特点是，根据《2008 养老金法案》，该受托人接受来自“雇员代表小组”和“雇主代表小组”的指导，他们分别代表雇员和雇主的利益；作为受托人，它向这两个小组咨询的事项包括合规问题和修改 NEST 章程等。与其他任何养老金计划的受托人不同，它具有公共服务的义务，只要雇主能满足使用 TEST 和符合建立计划的条件，它就不能拒绝任何打算建立计划和运用 NEST 的雇主。雇主的条件每年都要检查一遍。加入到计划的成员有权进入到个人线上账户，查看个人所有信息，可以额外缴费更改他们的投资或停止缴费。每个人均可终生使用 NEST，不管他的个人就业情况和环境是否发生变化。雇主及代表雇主的第三方机构免费使用 NEST。雇员使用 NEST 是付费的，无论是什么类型企业，无论缴费水平如何和投资的是什么基金，付费标准是统一的。费用由 2 部分构成：一部分是“供款费”，标准是每月缴费的 1.8%[1]；一部分是年度“管理费”（AMC），标准是每年账户养老金总规模的 0.3%。这样的付费标准远低于现有其他个人养老金计划和寿险养老金产品的标准。作为受托人，该机构每三年发布一次报告，将投资信息、市场数据、资产状况、费用成本、个人成本等汇总起来。第一份报告发布于 2015 年。

实际上，NEST 公司的功能相当于一个覆盖全国的“一站式”服务的大

[1] 以下数据和资料均引自以下文献，不做专门说明：NEST Corporation, National Employment Savings Trust Corporation annual report and accounts 2014-2015, Nest Corporation, Presented to Parliament pursuant to schedule 1 to the Pensions Act 2008, Ordered by the House of Commons to be printed on 7 July 2016.

型养老金管理公司，其主要功能有 4 个：一是养老金计划的行政管理运营；二是 NEST 公司的组织管理；三是投资运营服务；四是自动加入机制以外的所有潜在雇主的阶段性招募。这 4 个功能带来了 5 个明显的重大变化：一是 NEST 公司对所有雇主和雇员开放，只要愿意加入 DC 型养老金计划，就没有进入门槛限制，这非常有利于中小企业雇主和雇员拥有职业养老金计划；二是不以盈利为目的，管理费用低，运营风险小，对中低收入者比较有利；三是受到政府一定程度的制约和指导，通过就业和养老金部对议会负责，带有一定的公益性质；四提供多种集合计划和选择，信息比较透明；五是由于 NEST 公司的开放性和便携性，与之签约进入自动加入业务的中介机构越来越多，目前已达 8900 个中介公司，包括个税咨询公司、会计事务所、雇员福利咨询公司、独立的金融服务公司（IFAs）等。这意味着，除了便捷的网上注册的自动加入功能以外，还有为数众多的中介机构也发挥着重要作用。

正是由于上述诸多制度特征，NEST 公司成立 5 年来，自动加入的人数和企业数量逐年增加，对扩大年金参与率和促进年金发展起到了难以估量的作用。NEST 公司给出的大数据显示，在 NEST 提供的服务面前，英国人“选择退出”的比例平均仅为 7%[1]，这个比例也是 41-50 岁群体的平均比例。其中，越年轻的群体，选择退出的比例越小：36-40 岁和 31-35 岁选择退出的分别是 6%，而 26-30 岁的群体则下降到 5%，22-25 岁的群体下降到 4%，而 22 岁以下的群体则更下降到 2%。就是说，40 岁以下的青年人自动加入的比例高达 95% 左右。截止 2016 年 3 月底，自动加入 NEST 计划的成员已高达 290 多万人，其中自雇者人数是 1900 多人，自动加入的企业数量达 8.6 万个。随着自动加入的人数逐年增加，缴费收入规模也逐年增加，2015 年是 590 万英镑，2016 年是 900 万英镑。目前，受托投资管

[1] “选择退出”（opt-out）和“选择加入”（opt-in）是自动加入制度的重要内容。雇员在入职之后便“自动”加入到企业年金制度里，但因为这是自愿性的补充养老保险，个人有权“选择退出”，须提交“选择退出”的申请书。

理的资金规模高达 8.27 亿英镑。

第三个贡献是由 NEST 公司提供默认投资工具。

目前，NEST 的外部投资管理人共有 9 家，分别是东方汇理资产管理公司（Amundi）、贝莱德集团（Black Rock）、BMO 全球资产管理公司、汇丰银行（HSBC）全球资产管理公司、英国法通保险公司（Legal & General）、北美信托银行有限公司（Northern Trust）、皇家伦敦资产管理公司（Royal London）、道富银行（State Street）以及瑞士联合银行集团（UBS）[1]。NEST 提供的所有投资工具都是默认的“养老金产品”，主要分为两种，即“默认基金”(default fund)和“另类基金”(alternative fund)。前者实则为生命周期基金，主要指目标日期基金（英国称之为“退休日期基金”）；后者为目标风险基金，包括道德基金、伊斯兰基金等。

NEST 追求的是长期投资业绩，自 2011 年建立 NEST 以来，其基金投资业绩均高于长期目标基准，不仅击败了通胀，而且业绩斐然。NEST 总计提供 50 只基金产品，根据最新公布的数据[2]，先以几只主要的“另类基金”为例，将其投资收益率（均为名义收益率，下同）列出如下：

——道德基金的 1 年期年化收益率是 20.4%%，3 年期是 12.4%，5 年期是 12.7%，成立以来的年化收益率是 11.4%；

——伊斯兰基金的 1 年期年化收益率是 35.1%，3 年期是 16.1%，5 年期也是 16.1%，成立以来的年化收益率是 13.6%；

——较高风险基金的 1 年期年化收益率是 29.6%，3 年期是 13.1%，5 年期是 14.1%，成立以来的年化收益率是 11.8%；

——较低增长基金的 1 年期年化收益率是 0.4%，3 年期也是 0.4%，5

[1] NEST quarterly investment report (End of June to end of September 2016), National Employment Savings Trust.

[2] NEST quarterly investment report (End of June to end of September 2016), National Employment Savings Trust.

年期是0.5%，成立以来的年化收益率也是0.5%；

——临近退休基金的1年期年化收益率是10.6%，3年期也是6.4%，5年期是5.8%，成立以来的年化收益率是6.4%。

至于默认基金，这里给出几乎所有退休日期基金的收益率列表，其中，请着重关注NEST 2040、NEST 2022和NEST 2060等三只具有代表性的主要基金产品（见表3）。

表3　NEST提供的不同退休日期基金产品年化收益率　单位：%

退休日期基金	1年期	3年期	5年期	成立以来	退休日期基金	1年期	3年期	5年期	成立以来
创始基金	17.72	9.61	9.85	9.07	2037	23.64	11.72	11.64	10.34
2062	–	–	–	12.48	2036	23.65	11.72	11.63	10.34
2061	17.03	–	–	8.59	2035	23.62	11.72	11.63	10.33
2060	17.12	–	–	8.51	2034	23.64	11.72	11.64	10.34
2059	17.17	9.21	–	9.53	2033	23.65	11.73	11.64	10.35
2058	16.95	9.14	–	9.05	2032	23.65	11.73	11.63	10.33
2057	17.58	9.29	9.62	8.85	2031	23.64	11.72	11.60	10.31
2056	18.26	9.47	9.71	8.94	2030	23.65	11.72	11.64	10.34
2055	19.58	9.88	9.93	9.15	2029	23.65	11.73	11.63	10.34
2054	20.95	10.31	10.18	9.39	2028	23.66	11.64	11.58	10.29
2053	22.30	10.82	10.50	9.69	2027	23.67	11.73	11.67	10.38
2052	23.66	11.35	10.92	10.10	2026	23.23	11.60	11.56	10.27
2051	23.66	11.58	11.20	10.28	2025	21.94	11.33	11.40	10.11
2050	23.66	11.71	11.35	10.33	2024	20.56	10.95	11.19	9.92
2049	23.66	11.72	11.54	10.42	2023	19.18	10.42	10.85	9.59
2048	23.66	11.73	11.63	10.42	2022	17.83	9.73	10.23	8.99
2047	23.66	11.73	11.64	10.34	2021	16.46	9.13	9.60	8.55
2046	23.66 %	11.73	11.66	10.36	2020	9.64	7.76	8.54	7.71
2045	23.66 %	11.73	11.66	10.36	2019	7.49	7.05	7.84	7.20
2044	23.66 %	11.73	11.66	10.36	2018	4.62	6.07	6.98	6.53
2043	23.65 %	11.73	11.63	10.33	2017	2.49	2.35	3.50	2.98
2042	23.66 %	11.73	11.63	10.33	2016	0.71	1.36	2.48	2.08
2041	23.65 %	11.72	11.63	10.34	退休后基金	0.56	–	–	0.52
2040	23.66 %	11.73	11.65	10.35	CPI	1.03	0.71	1.39	1.59
2038	23.65 %	11.73	11.65	10.35	CPI + 3%	4.06	3.73	4.43	4.63

资料来源：NEST quarterly investment report (End of June to end of September 2016), National Employment Savings Trust.

NEST 提供的目标日期基金和目标风险基金的资产配置风格鲜明，在几大类资产分布中很有讲究，这是击败通胀和业绩优异的主要原因之一。

（三）账户型养老金改革的国际发展趋势

二战后以来，公共养老金改革的重要趋势之一是引入个人账户，概括起来，可分为三个批次：第一批是 1955 年新加坡建立的中央公积金模式引入个人账户，从而带动了十几个英国前殖民地国家先后建立起中央公积金制度；第二个批次是 1981 年智利将 DB 型现收现付制养老金改革为 DC 型完全积累制养老金，重要特点是建立个人账户，随之 12 个拉美国家予以效法；第三个批次是上世纪 90 年代初以来大洋洲的澳大利亚和新西兰、中东欧前计划经济国家在经济转型过程中纷纷建立账户型养老金，目前已有十几个国家建立起类似的账户养老金制度。美国 80 年代以来私人养老金的改革趋势主要是放弃现行的 DB 型、重新建立 DC 型养老金制度，其主要特征是建立个人账户，欧洲的瑞典等一些国家也开始纷纷效法。

在上述引入个人账户的公共养老金和私人养老金计划里，其制度改革与创新的重点可分为三个发展阶段：第一个阶段的发展特点是在制度建立之初就基本确立了个人投资选择权。在将近 40 个引入个人账户的强制性公共养老金制度里，绝大部分最初就确立了个人投资选择权。当然，这不包含中央公积金模式，它们至今也未实施个人投资选择权。在自愿性 DC 型私人养老金制度里，几乎也都实行了个人投资选择权，包括瑞典等欧洲国家。第二阶段的发展特征是随着改革的深入和实际需要，采用“默认机制”逐渐成为一个潮流并被各国所认同，其中“目标风险基金”在这个阶段比较流行，因此这可被视为是对个人投资选择权制度的一个完善，旨在规避个人投资风险。第三个阶段是近 20 年来“目标日期基金”出现后纷纷成为默认机制的主要选择，并受到政府的认可和推动；其中，自动加入机制的引入和普及是在这个阶段的后期开始出现的，也就是说，默认机制的运用是先流行后立法，而自动加入的引入是先立法后执行。从这个意义上说，第三个阶段最具代表性和最具影响力的改革是美国和英国，他们引入自动加入机制，实行 QDIA 等一系列便利化改革，掀起了当前全球养老改革新浪潮。

三、扩大企业年金参与率的五个核心措施

（一）引入“自动加入”机制是扩大年金参与率的突破口

企业年金总体发展态势滞后，除了制度设计的其他原因之外，门槛太高是一个重要因素。现行的《企业年金试行办法》是 2004 年发布的，有些规定已不适宜。其中规定，建立年金计划的企业需要满足三个基本条件：一是依法参加基本养老保险并按时足额缴费；二是已建立集体协商机制，民主管理制度比较健全；三是企业要有盈利。但事实上，在以民营企业为主的许多中小企业内部，治理结构还不完善，不仅与现代企业制度相去甚远，而且工会组织运行不够规范，还没有形成比较健全的民主管理制度。更重要的是，中小微企业存续周期较短，经济实力较弱，获利能力不强，现金流缺乏，员工流动性大，同时满足上述三个条件很困难，尤其第三个条件要求建立企业年金前一年无亏损，建立企业年金前 3 年须有两年无亏损且该 3 年总体无亏损。

很显然，建立企业年金的三个门槛当初主要是针对国企的，目的是为了防止国企发生道德风险，影响国企上缴利润。在十多年后的今天，建立企业年金的国企比例越来越高，这个矛盾已基本不存在，对广大中小微企业来讲，这样的门槛就成为他们建立年金制度的障碍。“自动加入”机制必将为雇主建立年金增加一定的压力，使职工成为推动年金发展的动力。

例如，美国的自动加入机制可分为“资格的自动缴费机制”（EACA）与“合格的自动缴费机制”（QACA）即“安全港自动加入机制”。雇员一旦承认“自动加入”，此后的一系列程序也将自动开启，例如，缴费率每年自动上升的“自动升级机制”，也包括自动加入“合格默认投资工具”（QDIA）等。英国的自动加入机制规定，所有年收入超过一定标准（每年进行上调，例如，2015-2016 年度为 10000 英镑）、年龄在 22 岁到法定养老金领取年龄之间、未参加任何职业养老金计划的雇员都将“自动加入”年金计划，并且，“自动加入”采用分阶段实施的方式，从规模大的用人单位开始，逐渐推行到小规模用人单位。

自动加入机制实为“委婉的强制性制度”，对推动年金制度的发展来说效果十分明显。确立自动加入机制是扩大年金参与率和覆盖面的关键，在这轮改革中应及时将其作为重要改革举措纳入到“年金新政”之中；在修订政策过程中应抛开“自愿建立”与“自主建立”的概念纠结和文字游戏[1]。众所周知，机关事业单位人员百分之百地建立职业年金的做法，体现的本质实际就是自动加入。2015 年发布的《国务院关于机关事业单位工作人员养老保险制度改革的决定》（国发〔2015〕2 号）和《国务院办公厅关于印发机关事业单位职业年金办法的通知》（国办发〔2015〕18 号）与 2016 年 9 月刚颁布的《职业年金基金管理暂行办法》（人社部发〔2016〕92 号）奠定了职业年金的制度框架。这三个文件的主要内容之一就是要求全国所有机关公务员和事业单位人员全部加入第二支柱职业年金计划。毫无疑问，这是一种“半强制性”的补充养老保险制度，只不过，其表述方式有所不同，比如《国务院办公厅关于印发机关事业单位职业年

[1] 《企业年金规定（征求意见稿）》的第二条给出两个方案，一个使用的概念是“自愿建立”，一个使用的是“自主建立”。其中具体表述是这样的：“方案一：本办法所称企业年金，是指企业及其职工在依法参加基本养老保险的基础上，自愿建立的补充养老保险制度。建立企业年金，应当按照本规定执行。方案二：本规定所称企业年金，是指国家制定政策、企业自主建立、市场化运营管理、政府行政监管的补充养老保险制度”。

金办法的通知》第三条的“委婉表述”是“本办法适用的单位和工作人员范围与参加机关事业单位基本养老保险的范围一致”。其实，这属于典型的“自动加入”机制。虽然职业年金的制度框架与企业年金差别不是太大，他们都是根据“中国版”的401(k)的思路设计而来的，具有DC型信托制的主要特征，但可能考虑到机关公务员和事业单位人员的组织化程度很高等实际情况，同时，也考虑到公共部门的号召力要大大好于私人部门等机构特征，在自动加入方面，职业年金大大向前迈了一大步[1]。

虽然这是一件好事，但是，如果企业年金在这次改革中没有相应建立起同样的自动加入机制，势必再次造成“制度不公平”的后遗症，“制度的不公平”将埋下公共部门与私人部门对立和矛盾的隐患，有可能成为未来“二次改革”的导火索。

（二）放开个人投资选择权是引入“自动加入”的充分条件

自2004年建立企业年金制度至今，除金融、外资银行以及IT行业少数几个企业的职工享有个人投资选择权以外，绝大多数建立年金计划的企业实行的都是单一计划制，即全体企业职工在一个计划里享有一个平均的收益率，企业与受托人负责制定企业层面的投资策略和进行资产配置。这种“企业选择代替个人选择”的制度模式的确立是有历史原因的。

例如，在制订年金制度时主要是出于安全性、操作简便性的考虑，由企业作为委托人和受托机构作为受托人共同作出决策，选择计划的管理机构，行使监督权，并为全体职工提供单一的计划和单一收益率。单一计划做起来简单易行，职工之间没有攀比；此外，在年金计划引入初期，职工对年金知识的理解还不足，主动参与意识不强，尚未形成个人参与养老基

[1] 随着2015年4月国务院办公厅《关于印发机关事业单位职业年金办法的通知》（国办发〔2015〕18号）的发布，当年10月1日全国机关公务员和事业单位人员开始实施缴费。

金投资的习惯。

在过去的12年来，国企是年金制度的第一批建立者和受益者。在实际运作中，国企退休职工的补偿问题非常突出，即国企的“中人”有年金制度，而已退休的“老人”没有年金，由此存在一定的攀比和公平性冲突。于是，作为国企，考虑到企业的社会责任和社会稳定，他们不得不对“老人”和即将退休的“中人”制订一些过渡期的补偿政策。在这种情况下，企业实行统一计划应是最优选择，这样可以采取统一的补偿政策，有利于企业“中人”群体的稳定，为化解不同群体之间的矛盾创造良好的环境，但同时也限制了个人选择权政策的推出过程。

在职工个人投资选择权缺位和企业统一投资模式的条件下，企业的投资决策必然趋于保守，宁可选择低风险的投资策略，也不允许年度投资业绩出现亏损。例如，按目前的政策规定，企业年金的股票投资比例上限为30%，但近几年企业平均投资股票的比例很少超过上限的一半。从现实冲突看，一个企业参加年金计划的职工少则几十人，多则成千上万人，职工的年龄、收入和退休储蓄情况因人而异，企业统一投资的方式不可能满足每个职工的要求。因此，企业唯一可行的投资目标只能是保证整个计划资产不受亏损，从而最大限度地减小管理者的法律责任，因此企业年金运营的重点只能是“保值”而不是“增值”。也就是说，整个基金的资产配置、投资收益率的参照、风险偏好的定位等，必然以年龄偏大职工群体为基准，青年雇员只能跟随老年雇员，长期看就必然“拉低”青年员工的终生投资回报率。

企业年金制度属于DC型制度，其账户是典型的个人资本化账户，其投资模式在全世界大概有四种：第一种是由中央政府制订的所有养老金账户资产的“全国统一投资决策模式”，新加坡等十几个国家实行的中央公积金制就是这样的投资决策体制。这显然是一种强制性“公共养老金”采取的投资决策模式，不适合企业年金的“私人养老金”制度[1]。第二种是由账户持有人决定的“完全个人选择模式”，这是典型的“分散投资决策”，美国 2006 年改革前和香港强积金 2016 年改革前实行的就是这个模式，改革后实行的是混合模式，既允许个人完全选择，又提倡鼓励选择养老金产品。例如，智利为职工提供了包括生命周期基金在内的养老金产品，美国 2006 年提供的是“合格默认投资工具”（QDIA），香港强积金 2016 年改革提供的是“预设投资系统”（DIS）。第三种是中国目前独有的“企业统一投资模式”。这个制度的缺陷在于它不能同时满足所有人的风险偏好；不同风险偏好和不同年龄的人群不加区分地只由一个统一的产品计划覆盖进来，只能降低风险容忍度，甚至将其作为最大公约数，实施保本战略；它必将带来低风险低收益，保本的低风险偏好必然降低整体收益水平，这就意味着全体职工享受一个比较低的养老金收益水平；它将“阉割”养老基金作为长期投资基金的属性，短期化投资运作与投资决策必将不利于提高收益水平，且投资管理人的长处不能发挥出来，全国基本是一个格式化的配置，产品缺乏多样性和灵活性，同质化严重，缺乏市场服务意识。换言之，在个人选择权缺位的情况下，上百万人的企业或十几万人的企业，所有雇员享受的是一个收益率，不同的年龄层不加区分，收益率就不可能区分得出来，这就不利于青年雇员。第四种是由账户持有人在雇主提供的标准化产品的范围内进行“有限个人选择模式”，即购买和投资的范围只是养老金产品，而不能在二级市场上投资购买个股，以规避市场风险。美国 2006 年改革后既保留了此前实行的“完全个人选择权”，允许个人投资二级市场的个股，又鼓励购买投资目标日期基金等养老金产品，两种方式并存。不同于美国、智利和香港，中国实施“有限个人选择模式”应该

[1] “私人养老金”(private pension)包括第二支柱——雇主举办的企业养老金(企业年金)和第三支柱——居民投资购买的个人商业养老保险产品。“公共养老金”（public pension）是与“私人养老金”相对应的由国家举办的强制性基本养老金制度。

只允许投资购买养老金产品，包括目标日期基金。

放开个人投资选择权是引入“自动加入”的一个制度条件，是解决目前企业年金普遍存在的企业统一投资困境的一把钥匙，是建立自动加入机制的一个配套改革，是提高企业年金风险收益率的一项重要途径，它既可改善目前企业统一投资模式的弊端，也可规避美国 2006 年改革前出现的“山墙病”，避免完全暴露在市场风险之下。重要的是，实施“有限放开选择权”可将年金基金的投资期限区分开来，进而将长期投资基金分离出来，避免“长钱短跑”，资本市场可获得几十年期限的长期基金，这将十分有利于资本市场的建设，减少市场波动，抑制市场的投机行为。

（三）建立“合格默认投资工具”是放开个人投资选择权的必然结果

如果说引入自动加入机制和有限放开个人选择权是这轮年金制度变革的重要内容，那么，随之而来的引入“合格默认投资工具”（QDIA）就是其必然结果。当“有限个人选择权”放开之后，可选择的投资范围就是“合格默认投资工具”。这个机制的引入、建立和普及在很大程度上将简化个人选择决策的尴尬境地，极大地改善因个人资产配置不合理所导致的一系列衍生问题。

合格默认投资工具从广义上讲是指“生命周期基金”和“生命特征基金”，前者主要是“目标日期基金”，后者主要是“目标风险基金”。后者在 2013 年扩大投资范围的改革后发挥了重要作用，受到业界普遍好评[1]。生命周期基金可以较好解决目前中国企业年金基金投资存在的诸多困境。首先，可解决年金基金管理期限较短和无法长线投资的问题，即“长钱短跑”的问题。从 2005 年正式开办企业年金业务至今，委托人逐渐缩

[1] 指 2013 年人社部和银监会、证监会、保监会联合颁布的两个重要文件：《关于扩大企业年金基金投资范围的通知》（人社部发〔2013〕23 号）、《关于企业年金养老金产品有关问题的通知》（人社部发〔2013〕24 号）。

短合同年限，比较普遍的是三年期限，很少有五年的，而一年期的越来越多，导致投资管理人难以做出有效的长期投资安排。其次，可解决年金资产变更频繁和考核体系不完善的问题。投资管理人在短期化的考核制度下，变更比较频繁，委托人或调减管理资产规模，或取消投资管理资格，其名下的管理资产也随之变现转移或更名过户，这都给委托人带来了一定的转换成本。再次，可解决资产配置单一与无法满足员工个人需求的问题。最后，可解决组合数过多和投资效率低下的顽疾。企业年金资产配置单一，但投资组合数目却很多，这是因为许多相对大型的公司都会建立一个或多个企业年金投资组合。根据人社部 2016 年 12 月最新发布的数据[1]，企业年金基金规模 10666.31 亿元，投资组合 3152 个，平均每个组合的资产仅为 3.38 亿元；相比之下，截止 2016 年底[2]，公募基金规模为 91367 亿元，组合共将近 3000 个，平均每个组合的资产超过 30 亿元，是企业年金每个组合平均资产的 10 倍。因此，没有生命周期基金就不能享受资产规模效应产生的收益，同时还导致更多的时间成本和人力资源的投入，投资效率十分低下。

重要的是，企业年金作为长期投资者，如果引入生命周期基金就实实在在使之成为一支重要的长期投资基金，这对资本市场来说是一次重大的结构性改革，进而它可充当起资本市场的稳定器。众所周知，生命周期基金大部分以 FoF 形式存在，企业年金基金是资本市场重要的机构投资者，而以生命周期基金为主的投资模式则使机构投资者的形成与壮大成为可能，这必将有利于促进养老金市场和资本市场的协同健康发展和良性互动，反过来，资本市场的健康发展又有利于养老基金的长期投资和博取较高的风险收益。

---

[1] 人力资源和社会保障部社会保险基金监管局：《全国企业年金基金业务数据摘要（2016 年三季度）》，见人力资源和社会保障部官网，2016 年 12 月。

[2] 徐文擎：《2016 年基金排名竞跑》，载《中国证券报》，2017 年 1 月 3 日，第 3 版。

如果在这轮年金改革中及时将自动加入、有限放开投资个人选择权、鼓励提供生命周期基金这三项革新引入到一揽子改革之中，还可为改革机关事业单位职业年金目前实施的“多计划”模式提供“改革试点”。诚然，在企业年金、职业年金甚至个人商业养老保险的投资体制中引入目标日期基金等默认选择机制，目前还存在一些大众认知、行为习惯和文化氛围等方面的问题，需要加强宣传和逐步推进。尤其是 2016 年 6 月底我们在实地考察中国香港强积金引入“预设投资系统”（DIS）的改革时，经过对十几个机构的走访调研，明显感到引入生命周期基金作为默认工具需要一个宣介教化、积极引导和政策立法的渐进过程，因为账户持有人每月的缴费由雇主自动扣除后不断地交由专业机构打理，在感觉上远离投资行为，在视觉上看不到市场收益，既没有进入股市亲力亲为进行个人投资决策的“市场体验”，也没有企业统一决策模式下的“投资快感”，看上去只有在几十年退休后才“属于”自己。考虑到在短期内生命周期基金可能受到冷落，有关部门应通过政策手段、制度机制和激励手段尽量缩短这个认知过程，并对这个过程的存在要有充分的思想准备。

过往 10 年的历史基本印证了这个判断。早在 2006 年，国内市场上就发行了三只目标日期基金[1]：“汇丰晋信 2016”（去年到期）、“汇丰金鑫 2026”（2008 年成立，2026 年到期）和“大成财富管理 2020”（2020 年到期），虽然三支基金的投资业绩不俗，成立以来的收益率分别高达 176%、109% 和 143%，其中“汇丰 2016”年化收益率超过 10%，战胜了通胀，跑赢了大盘，但是，现存规模分别仅为 5.6 亿元、0.8 亿元和 28.1 亿元，总体看小于发行规模（只有“大成 2020”大于发行规模）。这既说明生命周期基金在中国还需一个适应的过程，又说明机构投资者的投资非常有限，并且呈逐年下降趋势：“汇丰 2026”从 40% 降到 0.4%，“大成

[1] 以下数据资料由汇丰环球资产管理和汇丰金鑫基金提供，作者表示感谢。

2020”从5%降到0.9%；既说明机构投资者的长期基金规模十分有限，也说明他们掌握资产配置权利的意愿更为明显。由于生命周期基金市场受挫，从2012年开始，“养老主题”的公募基金应运而生，目前大约有17只，总规模不到230亿元。概而言之，“养老主题”的公募基金的市场认可度和市场规模要明显好于生命周期基金，但很显然，这只是公募基金的销售策略和营销手段而已，其赎回的特征与生命周期基金没有任何关系，也没有完全服务于养老的需求和目标。一方面，养老主题基金的崛起意味着生命周期基金在国内市场处于下行航道的沉寂期，另一方面也显示出短期的投资行为与习惯是根深蒂固的。据调查[1]，个人投资者持有单只基金平均5年以上者仅占17%，3-5年者占16%，而1-3年者占23%，1年以下者竟高达44%。

概而言之，养老资产的储备和长期基金的投资亟需税收杠杆的调节，亟需政策支持和立法先行，比如建立资本利得税，同时在第二支柱企业年金里亟需有限放开个人选择权，尽快建立第三支柱个人商业养老保险制度，以促进生命周期基金的成长与壮大，减少个人投资决策的失误带来的养老资产的损失。

（四）完善EET型税优政策是扩大参与率的首要任务

2004年建立企业年金以来，只有雇主缴费享有税前列支的待遇，雇员的税收优惠政策始终没有出台，执行的是不完整的“部分EET”税优模式。2013年颁布的《关于企业年金、职业年金个人所得税有关问题的通知》（财税〔2013〕103号）（以下简称103号文）弥补了这个空白，对雇员缴费赋予了4%的延迟缴纳优惠政策，从而正式确立了符合国际惯例的“完全EET”

[1] 中国证券投资基金业协会：《基金投资者情况调查分析报告2014》，见中国证券投资基金业协会官网，2015年6月，第28页，图32。

模式。103号文明确了年金个人税优政策，对年金缴费、收益、领取三个阶段如何征税进行了确认，正式确立了我国第二支柱养老体系EET模式的基础。

经过三年多的实践，103号文规定的EET税优模式对推动企业年金发展起到了一定的示范效应，体现了政府的决心，但也带来一些意想不到的问题亟待解决：2013-2015年[1]，企业年金基金规模分别为6035亿、7689亿、9526亿，整体规模增长并不明显；建立年金的企业数量分别为66120、73261、75454个，增长率分别为20.80%、10.80%、2.99%，呈明显下降趋势。除经济大环境等外部条件发生变化的因素以外，还与103号文执行过程中遇到的诸多问题有关，这些问题在相当程度上制约了目前年金参与率的扩大。

第一，2013年底前历史缴费已完税的认定问题。在103号文出台前，企业年金的个税根据国税函〔2009〕694号文要求需要合并工资计税后再缴纳至年金账户。但103号文之前的历史缴费是否都按照国税函〔2009〕694号文要求进行了扣除，如何认定此前已进行完税处理，可在待遇支付时予以税前扣除，就成为一个具体问题。目前税务部门难以配合企业向企业年金管理机构出具证明材料，大多数管理机构只能采用由企业出函的方式明确历史缴费已完税，对相应缴费进行完税登记。对于完税的具体缴费区间，还存在按实际缴费时间为时点还是按应计提缴费区间为时点的争议。

第二，缴费时可税前扣除个人缴费额度的确认问题。103号文规定，4%标准内的部分暂从个人当期的应纳税所得额中扣除；工资计税基数为本人上一年度月平均工资；月平均工资超过职工工作地所在设区城市上一年度职工月平均工资300%以上的部分不计入个人缴费工资计税基数。但在目前实际操作中，各地对该规定理解不尽相同，执行标准不完全统一。

[1] 人力资源和社会保障部社会保险基金监督司：历年的《全国企业年金基金业务数据摘要》，见人力资源和社会保障部官网。

第三，个人缴费超出税优比例并已完税部分在领取时重复计税的问题。103 号文明确的个人缴费税优比例为 4%，目前部分年金计划缴费比例按《企业年金试行办法》规定为 8%，对超出 4% 的部分在缴费时需要进行个人所得税的缴纳。但根据 103 号文的规定，待遇支付时可税前扣除的部分为新政实施之前的已纳税缴费部分，即在 2014 年之后即使个人缴费超出税优部分已经进行了个税缴纳，在领取阶段这部分资金仍然无法进行税前扣除，这就造成了这部分资金的重复计税。为避免重复计税，目前很多企业将缴费比例降在 4% 以内，这显然不利于企业年金的壮大与发展。

第四，领取时可抵扣的已完税部分计算规则理解问题。这是 103 号文发布以来理解最不一致和最有争议的地方，即对新政实施前加入年金计划、新政实施后进行待遇支付的情况如何进行待遇支付的税前扣除计算。这个规定对于分期领取和非分期领取有两种不同的计税办法，对于分期领取是按照已纳税的缴费占总缴费的比例进行税前扣除，即已纳税的缴费对应的投资收益部分也是免税的；但是对于非分期领取的情况下，可理解为税前扣除的仅为缴费本金，收益部分是需要计税的。因此各地市、各参加计划企业及各管理机构均对领取时的已完税部分税前扣除规则有不同的理解。

第五，领取时商业年金保险的计税规则尚未明确的问题。103 号文对《企业年金规定（征求意见稿）》和《职业年金基金管理暂行办法》中允许的购买商业年金保险的领取方式，并没有明确具体的计税规则。目前由于没有该项支付类型的领取规则，在操作上也无法支持此类待遇支付类型。

企业年金 EET 型税收政策是建立第二支柱的主要税收模式。103 号文的发布一方面赋予了职工个人税优政策比例，使 EET 型政策最终得以完善起来，但另一方面导致出现的上述遗留问题对扩大企业年金参与率形成明显的不利因素，2014 和 2015 年出现的参与率下跌现象不能说与之无关。为确保 EET 模式的准确性、完整性和系统性，在如下几个方面应尽快制订补充政策，使中国特色的EET模式能够再次运转起来：

第一，退休后领取企业年金时应有计税起征点。103号文生效后，大部分参加年金计划的企业和员工普遍认为，在退休后领取企业年金时应按“工资、薪金所得”计税，即扣除个税免征额，但在实际操作中，各地经与监管机构和税务部门沟通后确认为没有免征额，只有很少一部分地区采取了免税额制度。为统一企业年金领取的税收规则，应尽快明确计税起征点，这是国际惯例。

第二，对投资收益部分是否在领取阶段征税要十分慎重。目前，在整体税收体系中不征收资本利得税的情况下，年金基金增值部分征收个人所得税显然是有负激励的，不利于扩大年金参与率，应尽快对此予以明确。目前国内尚未实施综合税制，资本利得税在国内也未有先例，从企业年金、职业年金此类养老金开始征收资本利得税不具备公信力，且具有重复征税之嫌。

第三，企业年金转为商业年金产品后应考虑给予一定税优政策。由于商业年金保险具有终身领取的优点，可考虑从税收政策上对商业保险公司给予一定的支持，可考虑对于转出时的年金计税视同一定领取月数分摊计税，或在转商业年金保险时不计税，待从保险公司按期领取时计税，由保险公司进行个人所得税的代扣代缴。

第四，明确存量缴费视同已完税缴费。在分期领取的情况下，计税规则应将新政前的缴费存量视同已纳税缴费。因此，103号文实施之前的历史缴费应视同已纳税处理，若企业历史缴费未完税应及时与当地税务部门进行补交处理。

第五，提升年金税收优惠政策的立法层次。长期以来，中国的年金制度及年金税收相关规范文件立法层次较低，均以《决定》、《通知》、《办法》等政策性文件出现，我国立法机关对相关税优政策没有明确出台法律文件。相比之下，美国《2006年养老金保护法案》和英国《2008年养老金法案》

等均为国家立法，由国家最高领导人签署生效。

第六，提高税优比例及其激励力度。为提高激励性，扩大年金参与率，企业年金税优和缴费比例应进一步提高。2015 年 3 月颁布的《机关事业单位职业年金办法》规定，单位缴费比例为 8%，个人缴费为 4%；刚结束征求意见的《企业年金规定（征求意见稿）》规定，企业单位缴费不超过 8%，企业和个人缴费合计不超过 12%。在这轮改革中，为了保持与职业年金的一致，建议将企业缴费税优比例从 5% 提高到 8%，以充分调动两个缴费主体的参与年金的积极性，推动企业年金的发展。

（五）建立中国版的 TEE 型“免税账户”是扩大参与率的另类机制

在目前累进制的个税政策和 EET 型的企业年金税优模式下，假定某人每月工资 1 万元，假定每月单位缴费 833 元，个人缴费 400 元，按照 5% 的投资收益率复利计算，积累 20 多年后，年金账户资产余额就可超过 50 万元。于是，退休时如果一次性领取 50 万元须缴纳个税 21.1 万元，如果分 12 个月领取须缴纳 11.7 万元，如果分 120 个月领取须缴纳 3.7 万元。即使退休时个人账户的累积年金余额是 20 万、30 万或 40 万元，缴纳个税的负担也是很明显的（见表 4）。

表 4　　不同账户余额对应不同领取方式缴纳个税数额　　（元）

账户余额	200000	300000	400000	500000
一次性领取	76495	121495	166495	211495
分摊至 12 个月领取	37940	62940	87940	116940
分摊至 120 个月领取	7400	17400	27400	37400

资料来源：作者根据个税税率计算。

由此可看出，在目前实行的 EET 模式下，账户持有人在退休后避税的最佳方式是分期领取，且分摊的年限越长，避税效果越好。这在一定程度上抑制了建立企业年金的积极性。尤其当职工比照基本养老保险的 EEE 模式时，其领取条件是免征个税的，这个反差显然不利于提高职工参与企业年金的积极性。

相反，如果企业年金制度能够提供一个 TEE 的免税账户并允许一次性领取，那么，账户持有人就可以不用缴纳个税了，这将会导致激励性的巨大反差，这种反差是在不知不觉之中产生的，尽管在缴费阶段账户持有人是税后缴费的，但内心的感觉则是天壤之别。因此，为最大限度扩大年金参与率，应为城乡居民多提供一个简便易懂的投资选择，为白领阶层提供了一个合理避税的“投资港湾”，满足居民多层次的投资需求，在“延税账户”的基础上应再增设一个“免税账户”。政策供给和制度设计要充分考虑满足这部分群体的需求，这是扩大第二和第三支柱参与率的途径之一，对此，决策部门不应予以忽视。

当然，开设 TEE 型的免税账户亟需税制改革先行为基础条件。一是需要开征资本利得税。证券投资的资本利得税如果缺位，TEE 的免税账户吸引力就基本荡然无存，第二支柱企业年金和第三支柱个人商业养老保险的 TEE 税优账户就难以发挥作用，建立免税账户的效果就流于形式。二是间接税向直接税的转变要进入决策者视野。中国税制是以间接税为主，个税收入占财政收入的比重很低，这也是企业年金参与率太低的原因之一，纳税人数量规模很小，税优政策敏感度还不明显。三是以分项所得税为主的税制要加快改革转型，向分项与综合所得税相结合的税制转变，否则，建立 TEE 型免税账户面临一些不利因素。加快发展第二支柱、尽快建立第三支柱、增设两个支柱的免税账户等改革，均可“倒逼”税制改革，甚至成为税改的内在动力，同时，城乡居民还可从中受益，进而形成个税体制改革与养老金制度改革的良性互动。

四、扩大企业年金参与率的五个辅助措施

（一）第二支柱和第三支柱账户之间建立自由转换机制

第三支柱个人商业养老保险的税优政策即将出台，在其个人账户与企业年金（包括职业年金）个人账户之间应建立一个通道机制，允许账户资产在二者之间可以相互转移。大量灵活就业人员在中小微企业就业（雇员）、自主创业（自雇者）与回乡务农（农民）之间不断转换，企业年金的建立与断档必然也会不断重复发生。根据规定，断档期的企业年金处于“保留账户”状态，职工将遭受一定的经济损失（支付账户管理费等），因此，企业年金这时就变成了一个“软肋”。

在第三支柱的顶层设计中，应建立企业年金与个人养老保险之间个人账户资产自由转移机制（不到法定退休年龄不得提前提取），满足人员流动的需求，当中小微企业就业人员离职后，允许将其企业年金资产转入第三支柱个人养老账户，允许按照有关规定“自费”进行个人缴费，允许对其账户资产实施个人决策投资，允许再次进入中小微企业或大型企业、机关事业单位就业后再转换为相应单位的企业年金或职业年金；等等。换言之，企业年金个人账户的性质可随其持有人的身份转变而转变，即当进入中小微企业成为雇员时账户就成为企业年金账户，当回乡务农或自主创业时就可转换成为个人养老保险账户。

在两个支柱的顶层设计中建立自由转换通道机制，既可增强年金制度的吸引力，扩大年金参与率，又可反过来鼓励城乡居民自主建立第三支柱个人养老保险账户的积极性，使之成为扩大第三支柱参与率的动力机制。否则，第三支柱的参与率将不容乐观。须知，企业年金制度的建立已有 12 年的历史，在有雇主配比缴费的激励下参与职工人数尚且如此，没有单位配比缴费的第三支柱参与率可想而知。因此，第三支柱的顶层设计关乎其

成败的关键，打通两个制度之间的通道十分重要。在某种意义说，在第三支柱建立之初，年金账户是拉动其发展的重要动力之一。

其实，美国第二支柱企业年金和第三支柱 IRA 之间的转移衔接是一个很好的样板，无论是 EET 还是 TEE 的税优模式，转移衔接机制的建立是促进美国养老金制度举世无双的重要原因之一，其具体做法和经验值得我们思考与借鉴。

（二）打造中国特色的企业年金 IT 系统平台

建立第二支柱（企业年金和职业年金）与第三支柱个人养老金的自由转换机制，亟需建立一个全国范围的 IT 系统平台予以技术支持。这样，对第二支柱的账管人来讲可以采取少许付费的办法，对第三支柱的城乡居民来讲也可以采取免费的原则，否则，企业年金账户由众多的受托人（账管人）提供账户管理系统必将形成“碎片式”的账户管理状态，“接口”相互不一致，不利于打通两个支柱账户的通道，甚至成为自由转换的障碍。

建立全国范围的 IT 账户系统平台，可有三个思路予以解决：一是有关部门（税务部门）立项予以建设，国家予以投入，投资主体与运营主体为半公益性的机构，提供的服务为“半付费”的性质（有偿使用）；二是利用现存的相关资源略加改造，少许投入即可，例如证券业的登记结算系统和保险业的信息技术管理系统均有现成的平台可资利用，其运营维护的主办机构可维持现状不变，也可将其独立出去转由税务系统负责运维；三是采取政府购买的方式在现存的市场上流行的诸多企业年金账户管理系统中招标，将其设定为法定的 IT 服务平台，在全国划定 2-3 个区域为垄断性服务专区，带有“准竞争性”，账户持有人在他们之间可以自由选择，实行“用脚投票”的方式“购买”服务。

总之，建立全国范围的企业年金 IT 系统平台是一项重要的基础性工作，属于一国养老金制度的“社会基础设施”。条件成熟时，可采取“云服务”方式。建立这个“社会基础设施”具有规模经济效应，从成本角度讲也是划得来的。否则，就职业年金来讲，如果各省各自建立自己独立的IT账管系统，既增加了财政负担，使之成为“沉没成本”，又增加了各省之间IT系统接口不一致导致的便携性障碍；就企业年金来讲，各个受托人（账管人）分头建立的IT平台难以形成“规模经济”，不利于企业年金计划之间的转移、职工的跨区流动和两个支柱账户之间的衔接，持续的运维费用和硬件更新还将形成巨大的“制度交易成本”，造成巨大的重复建设和浪费；在顶层设计时，还要将其与第三支柱账户管理系统通盘考虑。

英国“2008年改革”为中国提供了较好的范例。2007年建立的“个人账户服务管理局”（PADA）也好，2008年更新代之的“国家职业储蓄信托”（NEST）也罢，其基本理念都是建设“养老金社会基础设施”的长期思维模式指导下的产物，旨在“为英国职工建立企业年金提供低成本的账管系统”[1]。澳大利亚2013年为超级年金设立的基础设施“超级信息流”（Super Stream）也是一个提高年金交易效率、实行缴费电子化、改善数据处理的信息平台。

（三）集合计划中要大力发展“行业年金”和“零售年金”

集合计划是帮助小微企业建立年金制度的一个重要通道。近年来，集合计划的发展进入快车道。2011年发布的《企业年金基金管理办法》和《关于企业年金集合计划试点有关问题的通知》正式明确了集合年金计划的法律地位，此前由金融机构发起设立的中小企业年金计划为“准集合年金计划”，此后设立的为规范的“集合年金计划”。2013年发布的关于扩大投

[1] Annual Report and Accounts 2009/10, presented by PADA, The Stationery office, London, pp. 50-51.

资范围和增加企业年金养老金产品的23号文《关于扩大企业年金基金投资范围的通知》和24号文《关于企业年金养老金产品有关问题的通知》，又进一步将计划引领到以“前端法人受托”为主和以“后端养老金产品”为辅的新阶段。

然而，实践证明，集合计划并没有明显提高中小微企业的参与率。截至2016年9月底[1]，集合年金积累基金958亿元，参与企业数量2.29万家，参与职工284万人，分别仅占全国总量的9.0%、3.0%和12.2%，与过去几年相比是集合计划增速最缓慢的一年。中小微企业建立集合计划的意愿和趋势不容乐观，原因有很多，例如，企业税费负担沉重，尤其是基本养老保险缴费比例太高，年金税收优惠比例有限，激励不足；工会集体协商力量不强；中小微企业职工流动性较高；雇主和雇员对年金的认知有限；雇员年龄结构相对年轻，更看重当期收入；年金管理机构开发集合年金市场的“投入产出比”过低，大多数机构持观望态度，投入的资源有限，等等。但是，制度创新还是有很大余地的。在这方面，“行业年金”和“零售年金”的集合计划都存在发展十分不足的问题。

所谓“行业年金”是指由同一行业（或同一区域）的多个企业雇主共同发起参与的集合计划，仅对特定的一个或多个行业（或区域）开放，既包括大型企业，也包括众多的中小微企业，且还可允许外部企业参与。目前虽然国内集合计划产品超过几十个，但基本属于“零售年金”的性质，“行业年金”形式的集合计划还处于空白状态。“行业年金”和“零售年金”应齐头并进，不可偏废，这是为中小微企业降低年金的门槛的重要表现。根据《中国统计年鉴2016》[2]，在“城镇私营企业和个体就业人员”1.90

[1] 人力资源和社会保障部社会保险基金监管局：《全国企业年金基金业务数据摘要（2016年三季度》，见人力资源和社会保障部官网，2016年12月。

[2] 以下数据引自《中国统计年鉴2016》（电子版），“4-7分地区按行业分城镇私营企业和个体就业人数”和“4-9分地区个体就业人数”。

亿人中（不包括农村），批发零售业有 8032 万人，建筑业有 913 万人，住宿和餐饮业有 1409 万人，交通运输和仓储与邮政业有 432 万人。在很多省份，有的行业的就业规模是比较集中的，例如批发零售业，广东为 1240 万人，江苏 595 万人，四川 518 万人，浙江 516 万人，山东 439 万人，湖北 397 万人，湖南 364 万人，安徽 344 万人；建筑业在江苏是 171 万人，四川 96 万人，浙江 70 万人，广东 64 万人。这些省份发展行业年金是有优势的。

所谓“零售年金”是指由法人受托机构发行的适合自雇型企业和个人加入的标准化集合年金产品，既适合社会大众，也适合中小微企业，通常采用“捆绑型”、“一站式购买”服务。作为鼓励个体就业人员参与年金制度的激励，可适当给予一定税收优惠倾斜。目前全国有个体户 5408 万个，个体就业人数 1.17 亿人。就目前来看，个体户这个庞大的就业群体与年金制度完全隔绝，他们应成为扩大参与率的主要目标群体之一。个体就业人数最多的是广东（1154 万人），依次是湖北（960 万人），山东（959 万人），浙江（724 万人），江苏（698 万人），河北（560 万人），辽宁（546 万人），河南（541 万人），四川（527 万人）。因此，有关专业化机构例如养老金管理公司，应着重开发零售年金，将这些省份作为其主要的潜在市场。

美欧等发达国家的行业年金和零售年金都十分发达，例如，人们经常听说美国的“XXX 教师养老基金”就是典型的行业年金，甚至几乎每个州都有一个或若干“教师养老基金”。澳大利亚、荷兰等国的行业年金与零售年金也都十分发达，成为学界研究的经典案例。

（四）养老金管理公司的监管体系亟待优化

2004 年建立企业年金以来，市场角色的“分散化”和受托人的“空壳化”

问题始终存在，主管部门迅速纵向整合年金资格，最大限度将 2 个以上资格叠加绑定授予给同一个机构；同时有关部门纷纷批准建立起养老保险公司，数量很快从两家（平安和太平）扩展到 6 家（后来又批准成立了国寿、泰康、长江和安邦）。为解决这个难题，经过十几年的努力，经国务院批准，2015 年 11 月 4 日，第一个养老金专业化管理公司——“建信养老金管理有限责任公司”终于诞生。

但在角色“分散化”的问题解决之后，受托人“空壳化”的问题依然存在，受托人的轴心地位依然难以确立起来，受托人大类资产配置的能力也有待提高，市场上亟需一个规范化、专业化、一站式服务的年金引擎即养老金管理公司承担起“撬动”年金市场的重任。一是账管人资格被纵向绑定之后并没完全真正解决困境。账管人的资格需要大量前期投入和运维费用，但其回报却远不能予以抵消，在托管人——银行那里逐渐边缘化，且承担的责任大，工作繁杂而琐碎。二是年金市场上缺少“撬动”年金市场的旗舰。目前，年金市场上受托人有 10 个，账管人 17 个，托管人 10 个，投管人 21 个[1]，它们几乎没有 1 个可以成为发掘行业年金市场的“旗舰”。三是年金市场缺少专业化的受托人，其“空壳化”现象主要表现为无力制订出大类资产的战略配置策略，对 FoF 的理解、对作为长线基金的企业年金和职业年金的长期资产配置策略的思考、对不同投资管理人的投资风格的掌握等，难有专业性能力和权威性判断，或跟着市场跑，或跟着产品走。

建立养老金管理公司的重要目的之一是为中小微企业提供行业年金和零售年金产品，以此成为扩大年金参与率的发动引擎。但是，一年多的运行实践显示，养老金管理公司的生态环境存在着一些亟需解决的体制性障碍，短期内难以担当起撬动行业和零售年金市场的作用。

[1] 人力资源和社会保障部社会保险基金监督司：《全国企业年金基金业务数据摘要（2015 年度）》，见人力资源和社会保障部官网，2016 年 3 月。

第一，在监管体系上养老金管理公司应列为一个独立的金融业态。目前金融监管体系对其监管的原则是“谁的孩子谁抱走”，这在其初创阶段是一个过渡性的办法，但长期看，这种“随着股东走”的监管原则将会出现“监管套利”，即建信养老金管理公司由银监会负责监管，如果将来第二个养老金管理公司的大股东是来自保险业，则保监会对其负有监管责任；这样下去，养老金管理公司的监管体制将形成碎片化和分散化，甚至有可能出现“监管套利”。从性质上讲，养老金管理公司的本质是资产管理公司，应属于信托业务，因此，应根据其信托型资管公司的性质进行监管。

第二，在数量上养老金管理公司应形成一定规模。要成为一个独立的金融业态，在市场上就应有一定数量的同业竞争者，这样在监管上才容易制订统一的监管规则和业务流程规范，避免暂时和例外的监管规则的出现，否则，业务归类、业务申请批准、业务流程制订等存在很多“例外”，有些业务的审批存在障碍。例如，在银行间市场开户时划归哪一类等就成为问题。再例如，当需要在外地建立分支机构时不知由谁来审批。又例如，申请股权投资应由哪个部门来审批和监管存在模糊地带，开拓业务受到一定的政策限制。只有市场上存在一定数量的同业竞争者时或问题积累到一定程度时，才有条件打破部门、行业的本位利益，对所有同类公司实施统一监管。因此，在条件允许的情况下，应建立若干养老金管理公司，对其建立起一套完整和独立的监管体系。

第三，在地位上养老金管理公司应属特许授权的资产管理公司。与任何养老保险公司和其他资产管理公司不一样，养老金管理公司作为一个新生金融业态应赋予特殊地位和特殊功能，应以国务院的名义颁布《养老基金管理公司管理条例》即以“行政法规”的层级明确其特殊的监管框架，将托管、账管和投管等资格以“特许”的形式固定下来。养老金管理公司承担着“撬动”中小微企业行业年金和零售年金市场的特殊使命，这既是第二支柱企业年金和职业年金实施赶超战略的需要，也是实现“多层次混合型”社会保障制度的需要，同时还是繁荣资本市场的需要。

（五）企业年金基金投资范围亟需扩大

2011 年人社部等四部委发布的《企业年金基金管理办法》扩大了投资范围；2013 年人社部联合银监会、证监会和保监会又连续发布了 23 号文和 24 号文，进一步扩大了企业年金投资范围，允许发行企业年金养老金产品。扩大投资范围的改革是自 2004 年建立企业年金制度以来的一次重要变革，成效卓著。但总体看，目前我国企业年金的资产配置和投资范围依然十分狭小。

目前，中国的年金基金还处在发展的初期阶段，安全性高的固定收益类资产投资比例较高，但未来随着积累规模变大、资本市场不断完善、专业投资能力不断提升，进一步放开投资范围和比例将成为一种必然趋势。扩大年金基金投资范围可提高年金基金的投资回报率，进而提高替代率。这轮年金改革应在 2013 年发布的 23 号和 24 号文基础上，继续深化投资体制改革，以有效分散投资风险。

第一，进一步扩大企业年金投资品种，鼓励开展长期投资。企业年金基金资金来源稳定，积累规模庞大，投资周期较长，应更多地进入长期投资领域，改变只在二级市场博取收益的状态，实现风险收益的最大化。为此，应进一步扩大企业年金投资品种，全面放开企业年金股权投资和不动产投资，允许企业年金直接投资资产证券化产品，以降低交易成本。

第二，进一步放开企业年金参与金融衍生品交易，形成多元化投资策略。利用股指期货的套期保值和资产配置功能可有效规避股票市场的投资风险。应进一步放开金融衍生品种类，为形成更加多元化的企业年金投资策略（比如保本策略）创造更有利的条件，更好地对冲企业年金投资过程中面临的各类市场风险。

第三，进一步放开企业年金权益投资上限。企业年金权益投资的名义上限为30%，但在实践还远达不到30%的上限。为了引入生命周期基金和走向境外股票市场投资，应进一步提高权益投资上限，鼓励加大权益资产配置。

第四，进一步转变监管模式，由数量限制规则逐渐向审慎人规则转变。审慎人规则允许投资管理人在坚持投资多样化的前提下，实行投资的自由选择，这将有利于发挥投资管理机构的专业能力，培育差异化的竞争格局，有利于通过更加分散化、多元化的资产配置达到最优的风险和收益均衡。应适当放开大类资产的投资比例限制，增加大类资产配置和投资品种选择的灵活性。

第五，进一步扩大企业年金投资区域，适时开展境外投资。企业年金境外投资的起步阶段，可先行投资港股通，另外也可以通过投资于各类QDII基金和在内地注册的香港基金，来实现全球资产的配置，并通过港股通、QDII基金和内地注册的香港基金，以人民币的形式在境内投资境外市场，一定程度上免除货币频繁转换带来的净值损失，减少汇率风险。

五、基本结论与深层思考

坚持党的十八届三中全会精神，将社会保障体系改革进行下去，这仍是当前全党全国面临的重要任务。十八届三中全会提出的“全面深化改革”在社会保障体系建设中，无疑表现为扩大企业年金参与率，以确保构建多层次社会保障制度目标的实现。第二支柱企业年金参与率如果始终不能得到有效提高，第一支柱基本养老保险必将承受巨大压力，这将不利于降低社会保险费和为企业减负，不利于经济发展，不利于提高老百姓的获得感，因此，扩大企业年金参与率是“十三五”乃至“十四五”期间的重要任务。

扩大企业年金参与率的“五个核心措施”是一揽子的，它们互为前提，相互制约，环环相扣，难以单兵突破。撬动年金市场的“五个辅助措施”具有内在逻辑联系，虽然可移动先后顺序，但却不可偏废。“五个辅助措施”是“五个核心措施”的改革延伸和充分条件，是确保前者顺利进行的基础。十个措施合在一起形成企业年金的改革链条，相当于这轮企业年金改革的顶层设计。纵观十个措施，它们基本没有超出一般的国际惯例与通行做法，因此，国际化的视野胸怀与中国本土的具体国情应该结合起来，这对决策者的勇气与担当提出挑战。

企业年金的发展容易受到忽视。从字面上看，“企业年金”是企业的事，与政府和百姓的关系似乎不大，与“五险一金”相比，其份量和地位不可比肩，没有受到应有的高度重视；在一些官员眼里，企业年金不属政绩范畴，自然受到冷落；企业年金顶层设计缺失，改革发展严重滞后，其主要原因可能在此。但在很多发达国家，养老金法令与法案的生效是由议会通过、国家元首签署的，甚至很多养老基金运营机构的CEO都是由元首亲自任命的。养老金在发达国家之所以受到重视，是因为它属于社会基础设施，是重要的软实力。对这些社会基础设施，如同对待他们的市政基础设施一样，要经常维护，甚至需要保护。于是，“保护养老金”的提法日益流行。2005年英国成立“养老金保护基金”（PPF）是为了担保养老金而建立的一支基金，针对的是DB型计划；2006年美国通过的《养老金保护法案》（PPA）是为了保护DC型计划，尽管这两个国家的两部立法在手段上不尽一致，但从字面上看，包括这两国政府在内的很多政府签署的相关立法使用的字眼都是“保护”（protection）。

“保护养老金”是政府的重要责任之一，只有保住养老金才能保护养老金受益人的合法权益。显然，保卫养老金的手段是扩大养老金参与率，而扩大参与率的结果必将是既可实现保卫养老金的目的，间接地也可达到保护其受益人的目的。所以，可以理直气壮地说，下一阶段扩大年金参与率的目的就是为了保卫年金，本质就是保护其受益人，结果就是保证经济社会的健康发展。事实上，陷入危机而导致养老金垮掉的国外案例不在少数，即使在中国，2009 年“老农保”退出历史舞台，其本质就是遇到危机，其结果则是“新农保”诞生。所以，养老金是需要保护的！只有经常保护，它才能常新不老！

几乎每个国家的养老金发展史都有几个重要立法或重大事件彪炳千秋。例如，美国养老金发展史上有三个里程碑：1935 年的《社会保障法》（SSA）、1974 年的《雇员退休收入保障法案》（ERISA）、2006 年的《养老金保护法案》（PPA）。美国的养老金立法多如牛毛，修订案数不胜数，但是，这三部立法，不是拯救了经济危机，就是奠定了制度框架，或是促进了养老金制度的发展。中国正处于一个历史关头，三个支柱的养老金顶层设计处于成败的关键时刻。如果没有闯关精神，没有担当意识，没有壮志情怀，这个改革窗口将很快关闭。但我们宁愿相信，这次改革必将成为企业年金改革史上的一个里程碑。

（郑秉文，中国社会科学院美国研究所所长、研究员，中国社会科学院世界社保研究中心主任。因篇幅所限，本文略去参考文献，有需要的读者请向本刊编辑部索取：zlygl@cssm.gov.cn）

贯彻落实“四个全面”战略布局 加快国家治理现代化话语权建设

张光平

党的十八届三中全会提出要“推进国家治理体系和治理能力现代化”，2014 年习近平总书记提出“协调推进全面建成小康社会、全面深化改革、全面推进依法治国、全面从严治党”的“四个全面”的战略布局，成为三年多来全党学习和贯彻落实的重中之重。国家治理体系覆盖面广，“四个全面”目标明确，且“四个全面”的主要内容大多涵盖在国家治理的范围之内。因此，贯彻落实“四个全面”与推动国家治理现代化基本上是一致的。

2016 年 10 月，世界银行公布了 2015 年 215 个国家和地区的治理评估结果，为分析和研究近年来我国推动国家治理现代化和贯彻落实“四个全面”的进展提供了难得的数据。本文利用世界银行公布的 2015 年以及之前年份的评估结果，考察 2012 年以来我国推进国家治理现代化和贯彻落实“四个全面”战略布局所取得的显著成绩，探讨存在的相关问题，并提出建立我国国家治理监测和评估体系的必要性和迫切性。

一、贯彻落实“四个全面”与推动国家治理现代化的关系

“全面深化改革的总目标是完善和发展中国特色社会主义制度，推进国家治理体系和治理能力现代化”。国家治理概念的涵盖面广泛，包含的内容很多。世界银行二十年前就开始对国家治理进行系统的研究，并从1997年开始公布1996年以来全球绝大多数国家和地区每年的治理评估结果。2016年10月，世界银行公布了2015年全球215个国家和地区的腐败控制、法律效能、监管质量、政府效能、政治稳定性、话语权和问责等六个指标的评估结果，为我们分析近20年来我国国家治理方面的进展提供了难得的必要数据，也使得我们寻找和比较我国与主要发达和发展中国家及地区治理水平方面的差距成为可能。

虽然“四个全面”的提出才三年多的时间，但其中几个“全面”自2012年十八大以来就逐步提出。全面从严治党的主要内容是反腐倡廉，这与世界银行全球治理评估体系中的腐败控制指数高度相关；全面依法治国与世界银行全球治理评估体系中的司法效能指数高度相关；全面深化改革与世界银行全球治理评估体系中的政府效能和监管质量高度相关；全面建设小康社会的成就，应该以包括环保水平在内的人均包容性财富来衡量，然而由于包容性财富的概念2012年才由联合国提出，到目前仍然缺乏可比的数据，因此人均国内产值及其变化应该是小康社会建设成就最好的衡量指标。所以，利用世界银行公布的全球治理评估结果和国际货币基金组织公布的各国人均产值数据，我们即可看出近年来我国推动国家治理现代化和贯彻落实“四个全面”的成绩并发现相应的问题。

二、近年来我国推动国家治理现代化的显著成绩

（一）近年我国推动国家治理现代化的显著成绩

表 1 给出了全球 25 个主要经济体 2012 年到 2015 年治理评估结果的

表 1　　主要国家和地区治理评估结果（2012 年到 2015 年的变化）

国家或地区	腐败控制	法律效能	监管质量	政府效能	政府稳定	话语权和问责	平均	排名
美国	0.0%	-0.1%	0.3%	-1.0%	1.3%	-0.7%	-0.04%	15
中国	4.2%	3.0%	-0.2%	8.3%	-0.3%	0.0%	2.48%	3
日本	-0.1%	3.7%	1.2%	7.9%	0.9%	-1.3%	2.05%	5
德国	0.7%	2.8%	2.7%	3.3%	-1.1%	1.0%	1.59%	7
英国	4.6%	2.4%	4.4%	4.3%	3.0%	-1.1%	2.93%	2
法国	-2.8%	-0.4%	0.8%	2.2%	-5.6%	-0.8%	-1.12%	20
印度	3.7%	0.9%	1.6%	5.6%	6.5%	0.7%	3.19%	1
意大利	-0.5%	-2.2%	0.0%	0.8%	-3.3%	2.5%	-0.46%	17
巴西	-7.2%	-1.6%	-6.0%	-1.3%	-8.9%	-1.0%	-4.34%	25
加拿大	-1.5%	1.7%	0.4%	0.3%	3.0%	-0.1%	0.64%	11
韩国	0.5%	-0.4%	5.5%	-3.4%	-1.3%	-0.4%	0.08%	13
澳大利亚	-1.7%	2.1%	0.6%	-1.0%	-1.9%	-2.9%	-0.81%	19
俄罗斯	3.1%	2.0%	-3.3%	4.9%	-4.6%	-2.1%	0.01%	14
西班牙	-11.2%	-2.9%	-3.1%	1.4%	6.0%	-0.4%	-1.67%	22
墨西哥	-6.6%	1.8%	-1.4%	-2.2%	-3.9%	-4.5%	-2.82%	23
印尼	4.0%	3.7%	1.3%	1.4%	-0.5%	2.2%	2.03%	6
荷兰	-4.8%	1.8%	0.3%	0.8%	-4.8%	-1.2%	-1.30%	21
土耳其	-5.6%	-1.9%	-1.7%	-3.5%	-1.8%	-2.6%	-2.84%	24
瑞士	0.3%	3.2%	1.9%	2.7%	-1.8%	-1.8%	0.75%	9
沙特	2.4%	0.2%	-1.4%	3.7%	-1.7%	0.8%	0.66%	10
阿根廷	-2.1%	-1.7%	0.1%	3.3%	-2.7%	1.6%	-0.26%	16
台湾地区	1.6%	2.6%	3.3%	5.4%	-0.9%	1.5%	2.22%	4
香港特区	-0.8%	5.5%	4.7%	2.1%	0.2%	-2.9%	1.49%	8
新加坡	-0.5%	2.2%	6.0%	2.0%	-2.1%	-4.4%	0.52%	12
南非	2.2%	-0.4%	-1.6%	-1.1%	-3.5%	1.4%	-0.49%	18
15 个发达国家和地区平均	-1.1%	1.5%	1.9%	1.8%	-0.6%	-0.9%	0.5%	12
10 个发展中国家和地区平均	-0.2%	0.6%	-1.3%	1.9%	-2.1%	-0.3%	-0.2%	14

数据来源和说明：国家治理评估结果是将世界银行全球治理指数的评估结果转换成百分数，从而容易进行比较。表中国家和地区为 G20 国家和 2015 年全球前 20 大经济体相应的国家和地区，加上台湾地区、香港特区、新加坡和南非，共 25 个国家和地区。这 25 个国家和地区 2014 年的总产值占比高达 83.1%，对全球经济有较好的代表性；国内生产总值数据来自国际货币基金组织 2016 年 10 月公布的 2015 年以及之前的各个国家和地区数据。

变化。表 1 显示，2012 年到 2015 年印度和英国的六个参数平均提高幅度排列前两名，分别提高了 3.19% 和 2.93%；我国大陆、台湾地区、日本和印尼平均增幅分别为 2.48%、2.22%、2.05% 和 2.03%，增幅分别排名第 3 到第 6 位，这显示了十八大以来我国推动国家治理现代化的明显成效。

仔细观察表 1，我们发现，相比 2012 年而言，2015 年我国国家治理指标中政府效能的提高幅度最大，增幅高达 8.3%，比同期相应增幅排名第二、第三的日本和印度，分别高出 0.4% 和 2.7%。我国治理指标中增幅排名第 2 位的是腐败控制，在同期 25 个国家和地区中的排名也为第二位，2015 年比 2012 年增加了 4.2%，比该项排名第三、第四的印尼和印度，分别高出 0.2% 和 0.5%，显示出十八大以来我们党从严治党的显著成效。我国的法律效能同期增长了 3.0%，增幅仅略低于香港特区、印尼和日本，显示出近年来我国在推进依法治国方面的明显成效。同期，我国监管质量、政府稳定、话语权和问责等三个国家治理参数，不仅没有增长，反而略有下降，减缓了我国国家治理评估结果的总体增速，显示我国在这些方面与不少主要国家和地区仍有显著的差距。这可能是国际数据和模型的问题所致，下文会进一步讨论。

（二）十多年来我国国家治理现代化的显著成绩

上文介绍了 2012 年到 2015 年我国国家治理水平的提升情况以及与主要经济体的比较状况。图 1 给出了 1996 年到 2015 年我国国家治理六个参数的平均值，即我国国家治理水平总体程度的变化。图 1 显示，1996 年到 2002 年，我国国家治理水平大幅度下降，应该是当时我国应对东亚金融危机的宏观刺激政策所致；2002 年到 2008 年，总体呈现缓慢提高的态势；但是 2008 年到 2012 年，又步入总体下降的态势，应该是我国应对国际金融危机的相关政策所致；2012 年到 2015 年，特别是 2013 年到 2014 年，我国国家治理水平大幅度提高，2014 年比 2013 年提高 2.24%，比 2002-2013 年的累计提高幅度 1.06%，高出 1 倍多，达到了 1998 年以来的最高水平，显示了十八届三中全会以来贯彻落实“四个全面”和推动国家治理现代化的可喜成就；2015 年，我国国家治理水平与 2014 年持平，主要原因是政府效能和腐败控制的评估结果分别显著提高了 1.61% 和 1.25%，同时政府稳定、话语权和问责、法律效能、监管质量却分别下降了 1.94%、0.72%、0.20% 和 0.07%，累计增幅和累计降幅相互抵消。政府效能、腐败控制这两项的增幅与 2015 年国内成绩较为一致，但是其他参数的明显下降与国内情况不尽一致，表明世界银行在数据采集、模型分析方面存在问题，我们下文还会探讨。从数据的变化趋势看，随着全党全国“四个全面”的持续贯彻落实和国家治理现代化的进一步推进，今后我国的国家治理水平有望持续显著提高。

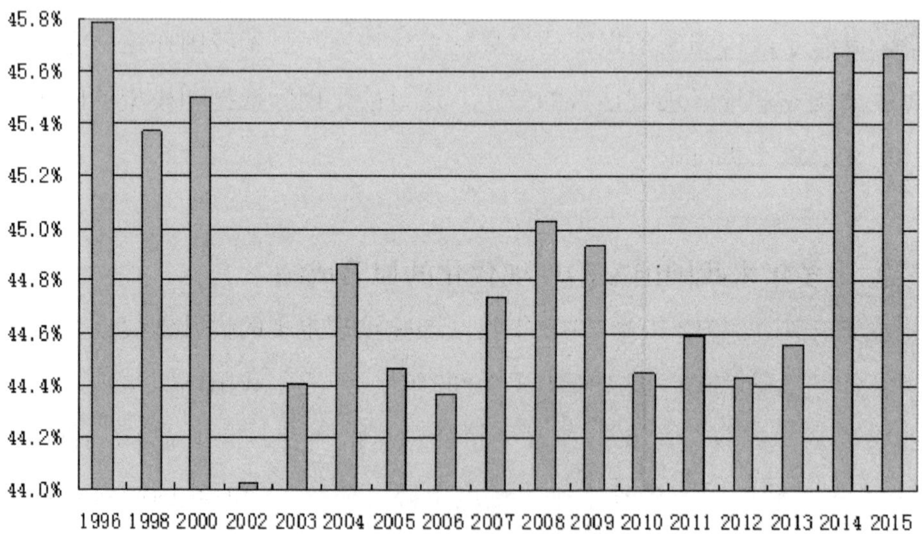

图 1：1996 年到 2015 年我国国家治理六个参数的平均值

数据来源：根据历年世界银行全球治理评估结果数据整理得出。

三、近年贯彻落实“四个全面”的可喜成绩

表 2 给出了 2012 年到 2015 年 25 个主要国家和地区以美元计价的人均产值增长幅度、腐败控制、法律效能、政府效能的变化。

表 2　　贯彻落实“四个全面”的显著成绩

（2012 年到 2015 年四个方面的提高程度及总体排名）

国家或地区	美元计价的人均产值年均复合变化率	腐败控制变化	法律效能变化	政府效能变化	平均变化	平均变化排名
美国	4.42%	1.17%	-0.32%	0.00%	1.32%	6
中国	10.29%	1.25%	-0.20%	1.61%	3.24%	1
日本	-10.15%	-2.40%	-1.78%	-0.60%	-3.73%	24
德国	-1.01%	-0.20%	-1.44%	0.20%	-0.61%	11
英国	3.18%	2.80%	-1.54%	2.40%	1.71%	5
法国	-2.47%	0.20%	-1.13%	0.80%	-0.65%	12
印度	4.37%	1.59%	0.58%	6.00%	3.14%	2
意大利	-3.73%	1.20%	-1.74%	1.40%	-0.72%	13
巴西	-9.85%	-1.00%	-2.16%	-0.80%	-3.45%	23
加拿大	-4.95%	0.60%	-1.05%	0.20%	-1.30%	17
韩国	5.10%	0.00%	-0.61%	-3.00%	0.37%	9
澳大利亚	-7.76%	0.80%	-1.55%	-0.60%	-2.28%	21
俄罗斯	-13.98%	0.20%	-0.17%	-2.00%	-3.99%	25
西班牙	-2.03%	-0.80%	-0.74%	0.60%	-0.74%	14
墨西哥	-0.92%	-0.20%	-0.39%	0.40%	-0.28%	10
印尼	-2.16%	2.52%	-1.28%	-4.20%	-1.28%	16
荷兰	-2.25%	-2.20%	-1.04%	0.20%	-1.32%	18
土耳其	-2.78%	0.20%	-2.00%	-3.00%	-1.89%	20
瑞士	0.17%	-0.40%	-0.92%	-2.40%	-0.89%	15
沙特	-5.12%	-0.80%	-0.38%	-0.30%	-1.65%	19
阿根廷	3.15%	-0.20%	2.11%	1.80%	1.72%	4
台湾地区	2.97%	-0.80%	-0.53%	0.80%	0.61%	7
香港特区	6.43%	0.68%	-0.48%	1.80%	2.11%	3
新加坡	0.43%	0.20%	-0.29%	1.20%	0.39%	8
南非	-7.59%	1.40%	-1.99%	-1.20%	-2.35%	22
15 个发达国家和地区平均	-0.78%	0.06%	-1.01%	0.20%	-0.38%	12
10 个发展中国家和地区平均	-2.46%	0.50%	-0.59%	-0.17%	-0.68%	14

数据来源：人均产值数据根据国际货币基金组织 2016 年 10 月公布的以美元计价的各个国家和地区 2012 年到 2015 年的人均国内生产总值数据计算得出，其他数据来自表 1。

表2显示，2012年到2015年，分别代表我国全面小康社会建设、全面从严治党、全面依法治国和全面深化改革的指标的人均产值增长率、腐败控制、司法效能和政府效能平均增长了3.24%，在25个国家和地区中排名第1位。我国不仅在表中10个主要发展中国家里排名第1，而且增幅也超过表中15个发达国家和地区，比排名第2到第5的印度、香港特区、阿根廷和英国相应的平均值，分别高出0.10%、1.13%、1.52%和1.53%，显示出近年来我国贯彻落实“四个全面”的显著成绩。

四、我国与其他国家的差距及存在的问题

在看到近年来我国在国家治理方面取得显著成绩的同时，我们也应清醒地认识到我国不仅与绝大多数发达国家和地区有着巨大的差距，而且与不少主要发展中国家仍有明显的差距。

（一）与主要发达国家和地区的差距

世界银行的治理评估结果显示，虽然2015年我国国家治理评估结果比2012年显著提高，但是我国国家治理六个参数的平均评估分值仅为41.3%，比同年15个发达国家和地区的平均评估成绩76.1%，低34.8%，在25个国家和地区中排名第24位（倒数第二），仅比排名倒数第一的俄罗斯（平均分值35.5%）略高5.8%，而且比同年我国人均产值的第22位排名还要低两位。这显示出我国在国家治理方面与发达国家和地区相比仍有较大的差距，今后仍有提升的广阔空间。

（二）与主要发展中国家的差距

世界银行的治理评估结果显示，2015年我国国家治理六个参数的平

均评估分值 41.3%，比 10 个发展中国家平均评估成绩 44.4%，还要低 3.1%，比同年巴西和印度的平均评估分值 46.6% 和 45.8%，分别低 5.3% 和 4.5%。这显示出我国的国家治理水平与一些主要发展中国家仍有一定的差距。

（三）存在的主要问题

表 1 给出的国家治理六个参数的变化数据显示，我国政府效能和腐败控制的增幅最高，分别高达 8.3% 和 4.2%，在 25 个国家和地区中分别排名第一和第二（我国腐败控制的增幅仅略低于英国同期的增幅 4.6%）。这些结果与十八大以来中央持续加大反腐力度及取得的效果基本一致。我国法律效能提高了 3.0%，在 25 个国家和地区中排名第五，也与中央全面推进依法治国的号召和实施状况基本一致。但是，同期我国的政府稳定、话语权和问责这两个指标却不增反降，特别是 2014 年到 2015 年，这两项分别下降了 1.94% 和 0.72%，与近年来我国相关领域的进展很不一致。这些结果的出现，既可能是我国相关进展在世界银行全球治理数据中未能得到很好的反映，也可能是世界银行国家治理数据和模型不够全面所致，也可能是因为这两项涉及政治体系，国际可比性较低。对此，下文还会进一步探讨。

五、“十三五”和两个一百年时国家治理和“四个全面”的目标

（一）“十三五”和建党一百年时国家治理和“四个全面”的目标

一般来说，发达国家和地区的人均收入国际排名与其治理水平的国际排名基本相当。人均产值越高的国家或地区，相应地其治理水平也越高，反之亦然。“十三五”规划的主要目标之一，是 2020 年人均 GDP 和城乡居民收入比 2000 年翻两番。届时，我国的国家治理水平也应该有显著的

提高，否则人均产值的提高将缺乏制度的保障。数据显示，2015 年我国国家治理排名从 2014 年的 124 位略降到了 125 位，但是 2015 年我国人均产值排名仅从 2014 年的 82 位提高到了 77 位。我国的国家治理排名与人均产值排名在 2014 年相差 42 位，在 2015 年相差 48 位，显示出我国的国家治理尚需进一步改善。到 2020 年，我国人均产值比 2010 年将提高一倍，那么我国的国家治理水平需要有更大幅度的提升。

2021 年是我党百年华诞，与“十三五”截至时间仅差一年，因此“十三五”期间的国家治理和“四个全面”奋斗目标应该与建党一百年的奋斗目标相近。根据历年来世界银行的全球治理数据，即使 2015 年到 2021 年，我国治理评估结果每年以 2012-2015 年的年均增幅 0.83% 这样的幅度来增加，那么到 2021 年我国的治理评估结果也将仅为 46.3%，比 2010 年的治理评估结果 38.9% 仅增长 7.4%，与同期我国人均产值的增幅有巨大的差距，国家治理排名与人均产值排名的差距将进一步拉大；即使从 2015 年到 2021 年，我国治理评估结果每年以 3% 的增幅（高于 2013 年到 2014 年我国国家治理水平 2.24% 的增幅）增加，那么到 2021 年我国的治理评估结果也将仅为 59.3%，接近及格的水平，比 2010 年的评估结果 38.9% 增长 20.4%，与同期我国人均产值的增幅仍有明显的差距，届时我国国家治理的排名与人均产值的排名仍将保持显著的差距。

（二）建国一百年时国家治理和“四个全面”的目标

“十三五”的时间较短，要在五年内大幅度提高国家治理水平不是很容易。但是，从 2015 年到 2049 年建国一百年仍有三十多年的时间，贯彻落实“四个全面”有望取得巨大的成绩。世界银行的全球治理评估数据显示，1996 年到 2015 年的 19 年内，表 1 中 25 个国家和地区有 14 个国家治理水平不仅没有提高，反而有不同程度的下降，降幅最高的五个国家分别为阿根廷、意大利、西班牙、南非和美国，累计降幅在3.5%到10.7%，我国和印度也在累计下降之列（分别略降0.2%和0.3%）；11个国家和地区的治理水平有不同程度的增长，其中年均增幅最高的五个国家和地区分别为香港特区、日本、台湾地区、印尼和韩国，年均增幅分别为0.52%、0.34%、0.30%、0.24%和0.20%，其中仅有印尼为发展中国家。这些数据显示，要在近20年的较长时间内保持国家治理水平持续提高确实不是件容易的事，而要保持在较长时间内持续较快提高更为不易。对于绝大多数发展中国家来说，要保持较高速度持续提高国家治理水平就更不容易了。

如果从2015年到2049年，我国治理水平能每年提高0.55%（1996年到2015年，表1给出的25个国家和地区年均增幅最高的为0.52%），而且其他24个国家和地区同期年均增幅也保持2013年到2014年的水平，那么到2049年我国治理水平将正好达到60%及格的水平，有望居于表中十个主要发展中国家之首，同时低于13个主要发达国家和地区。如果从2015年到2049年，我国治理水平能每年提高0.84%（亦即我国2013年到2014年增幅2.24%不到四成的水平），而且其他24个国家和地区同期年均增幅保持1996年到2015年的水平，那么到2049年我国治理水平将达到69.9%，不仅超过意大利和西班牙，而且还会超过法国和美国的治理水平68.87%和69.75%，我国国家治理将取得显著的成就。如果从2015年到2049年，我国治理水平能每年提高1.04%（亦即我国2013年到2014年增幅2.24%不到一半的增速），而且其他24个国家和地区同期年均增幅也保持1996年到2015年的水平，那么到2049年我国治理水平将达到76.61%，不仅超过上文的美国和法国，而且会超过韩国和英国等发达国家的治理水平，也将超过15个主要发达国家和地区76.6%的平均治理水平，我国国家治理将取得举世瞩目的成就，中华民族伟大复兴的中国梦将发出耀眼的光芒。

（三）努力创造国家治理现代化的世界奇迹

改革开放近四十年来，我国创造了年均增幅接近10%的世界经济增长的奇迹。随着“四个全面”的贯彻落实和国家治理现代化的持续推进，到“十三五”末期或到建党一百年，我国国家治理水平有望接近及格的程度；到建国一百年时，我国有望在创造经济增长奇迹后再创全球治理奇迹。世界银行1996年到2015年的全球治理评估数据显示，表1中25个国家和地区19年间治理水平累计不增反降的有14个，其中有8个是发达国家和地区（超过表1中15个发达国家和地区的一半），6个为发展中国家（也超过表1中10个发展中国家的一半）。这显示出大多数发达国家和地区治理水平达到一定程度后不增反降，而绝大多数发展中国家在长达19年的时间内国家治理水平或徘徊不前，或不增反降，保持国家治理水平的持续提高确实不易。因此，我们必须加倍努力，砥砺前行，争取创造全球治理奇迹。

六、结论

根据世界银行最新公布的全球治理评估结果显示，2012年到2015年我国国家治理水平提高了2.48%，累计增幅在25个主要有代表性的国家和地区中排名第3，尤其是2013年到2014年的增幅为2.24%，显示出近年来我国贯彻落实“四个全面”和推动国家治理现代化的显著成绩。随着全党全国持续推动国家治理现代化和贯彻落实“四个全面”，今后我国的国家治理水平有望保持甚至以更快的速度提高，到2021年我党百年华诞，我国国家治理水平有望显著提高；到2049年中华人民共和国百年华诞，我国国家治理水平有望达到甚至超过主要发达国家和地区的平均程度。这将是继我国经济增长的世界奇迹后，再创出国家治理的世界奇迹，中华民族伟大复兴的中国梦将发出更加夺目的光彩。

世界银行的数据显示，2014 年我国腐败控制程度仅比 2013 年提高了 0.4%，是六个参数中增幅最低的参数，这明显与十八大以来我党严惩腐败的显著成绩不很一致；另外，2015 年我国腐败控制程度和政府效能分别比 2014 年提高了 1.25% 和 1.61%，同时我国的政府稳定、话语权和问责、司法效能的分值却分别下降了 1.94%、0.72% 和 0.20%，这也与 2015 年我国在这些领域的成就很不一致。显而易见，2014 年和 2015 年我国国家治理的成就未能较好地反应在世界银行的全球治理评估体系中，表明世界银行全球治理数据的采集以至模型本身可能有不可忽视的问题。世界银行的全球治理模型主要是建立在发达国家法律体系、监管体系和政治体系等之上的，因此其评估结果与发达国家和地区的发展程度较为吻合，但是对广大发展中国家的实际情况的反映却有明显的差异甚至是不一致。另外，世界银行 2015 年的评估结果还可能与 2015 年以来国际上的唱衰中国论有关。所以，在与世界银行等国际机构加强国家治理相关领域的沟通和合作的同时，也应加强我国国家治理的相关研究，建立我国国家治理的理论模型。只有这样，我们才能摆脱对境外相关渠道和结果的依赖，有自己的第一手资料，使各项工作按照既定的路线图和时间表得以有效推进。如此，我国就有望在创造经济增长的世界奇迹后，继续在国家治理方面创造世界奇迹，同时在全球国家治理领域发出我国的声音。

此外，提高我国的国家治理水平，也是更好地发挥刚刚设立不久的亚投行和金砖银行这两大国际机构潜在功能的契机。我国国家治理水平的有效提高，必定会改善这两大机构的治理水平，进而更好地发挥这两大机构在国际金融体系改革中的重要作用。

（张光平，上海银监局巡视员）

《战略与管理》稿约

《战略与管理》是中国战略与管理研究会的机关刊物，创刊于 1993 年，关注于国家根本利益和中长期发展战略，重点开展政治、外交、经济、法治、科技、文化教育、安全等战略理论和各种宏观管理理论问题的研究。本刊一直倾注于中国的经济、社会和政治三维共进的现代性进程，以国家长治久安和持续发展、中华民族的长远福祉为终极目标。

《战略与管理》诚挚欢迎各学术机构、研究团队和广大学、政、企业界有识之士投稿。注意事项如下：

1. 所有稿件必须保证原创与首发。
2. 不限领域，不限字数，尤其欢迎基于实证调查的研究报告。
3. 以中文为主，海外学者可用英文投稿。英文稿件可由本刊组织翻译，由作者本人定稿。
4. 注释请用脚注。参考文献一律出现在文章的末尾，按引用先后排列，中文文献在前，英文文献在后。
5. 请勿一稿多投。如在一个月内未收到本刊的用稿通知，作者可另行处理稿件。

本刊稿酬为国内学术期刊一等水平。另外，欢迎来电来函探讨共同发起和组织新的课题研究。敬请各位同仁垂注支持。

《战略与管理》杂志地址：中国北京阜成路 2 号 • 钓鱼台国宾馆 6 号楼；邮编：100830；投稿邮箱：zlygl@cssm.gov.cn；电话：010-58590623；本刊网址：http://www.cssm.org.cn/zazhi/。